하나의 눈물로 핀 꽃

하나의 눈물로 핀 꽃

지은이 채송하
펴낸이 김명식
펴낸곳 (주)넥서스

초판 1쇄 발행 2013년 2월 15일
초판 2쇄 발행 2013년 2월 20일

출판신고 1992년 4월 3일 제311-2002-2호
121-840 서울시 마포구 서교동 394-2
Tel (02)330-5500 Fax (02)330-5555
ISBN 978-89-6790-180-6 03230

저자와 출판사의 허락 없이 내용의 일부를 인용하거나
발췌하는 것을 금합니다.

저자와의 협의에 따라서 인지는 붙이지 않습니다.

가격은 뒤표지에 있습니다.
잘못 만들어진 책은 구입처에서 바꾸어 드립니다.

www.nexusbook.com
넥서스CROSS는 (주)넥서스의 기독 브랜드입니다.

하나의 눈물로 핀 꽃

채송하 지음

넥서스CROSS

To. _______________________________

____

____

____

From. _______________________________

긴 터널을 뚫고 광명을 맞이한 것 같은 기쁨의 미소를 띠게 하는 책입니다. 여자로서 모든 행복을 박탈당한 것 같았지만, 믿음과 소망, 정신력을 잃지 않았으며, 기업의 대표로서, 목회자의 아내로서 자신의 치부를 드러낸다는 것은 여간 용기 있는 행동이 아닐 것입니다. 그럼에도 불구하고 채송하 사모님은 어린 시절의 삶부터 지금에 이르기까지를 진솔하게 토해 내면서 진정한 희망을 끌어내고 있습니다.

지금은 상상할 수조차 없는 어두웠던 시절이 도약의 발판이 되어 세상을 향해 힘껏 뛰어오르게 된 사모님의 파란만장한 인생 역전 스토리가 이 세상을 살아가는 사람들에게 희망의 선물이 될 것입니다.

마누카내추럴의 UMF15+ 마누카 꿀로 놀랍게 위장병을 완치하고 건강을 되찾은 우리 부부에게도 은인 같은 사모님의 기업에 축복과 은총을 기도합니다.

김영진 의원(제18대 국회의원)

여린 여자의 몸으로 태어나 세상의 거친 풍파와 맞서 홀로 싸운 채송하 대표의 삶에 박수를 보낸다. 책을 읽는 내내 문학 작품《여자의 일생》에 나오는 주인공보다 더욱 파란만장한 인생이 오버랩 됐다. 허구가 아닌 혼실 속에서 고난과 눈물의 특별한 삶을 통해 많은 젊은이에게 경종을 울릴 것이다.

위기의 상황에서도 오직 진실과 눈물로 인내하며 긁은 사람에게 인정받는 기업으로 우뚝 선 그녀의 모습을 지켜보며 죽음의 문턱에서도, 절망 가운데 피눈물을 흘리면서도 포기하지 않고 자신의 소명을 깨닫고 남은 인생을 선한 목적과 나눔, 치유에 모험을 건 그녀의 기적 같은 축복의 삶에 박수를 보낸다. 절망 가운데 방황하고 있는 많은 청소년과 국민에게 폭포수 같은 눈물과 감동의 실화를 선사할 것이다.

노병천 박사(《만만한 손자병법》 외 저자)

이 땅 위에 수많은 인생이 있지만 채송하 사모님과 같은 이토록 기구한 운명으로 살아온 삶이 얼마나 될까 생각해 보았습니다. 글을 읽는 내내 눈물이 줄줄 볼을 타고 흐르며 탄식과 비명이 절로 나왔습니다. 지금까지 3분의 2의 삶을 절망의 바닥에서 살아왔던 한 여인이, 주님의 손길로 살아난 기적과 감동의 이야기가 이 책의 핵심입니다.

이 땅의 많은 사람은 이만큼의 절망과 인생의 바닥에까지 이르기도 전에 먼저 죽음을 택하고 포기했을 것인데, 이 기가 막힐 절망 가운데 인생의 바닥에서 건지시고 살리신 위대하신 주님의 살아 계심을 이 한 권을 통해 감격하며 만나게 될 것입니다.

구원의 손길, 오늘도 그 은혜의 강에 뛰어놀 수 있는 우리는 행복한 사람입니다. 그 처절한 인생의 밑바닥을 수없이 짚고도 결국 광활한 대지 위에 우뚝 선 채송하 사모님은 이제 한 교회 담임목사의 사모로서, CEO로서 우뚝 서서 여생을 많은 영혼 구원을 위해 마음껏 불태우는 그녀의 눈물겨운 성공 이야기가 드라마처럼 펼쳐지는 이 책 속에 엄청난 감동의 메시지가 담겨져 있습니다.

박순애 전도사(《찔레꽃 그 여자》, 《절대희망》의 저자)

2011년 12월 어느 날 아무 예정 없이 첫 만남이 이뤄졌다. 저녁 식사 자리는 자연스럽게 채송하 사모님과 주민관 목사님의 간증으로 이어졌다. 나는 숨을 길게 몰아쉬고, 가슴을 쓸어내리지 않을 수 없었다.

"하나님, 너무 하십니다. 어찌 이리 가녀린 여성에게 잔인하고 가혹한 일들이 일어날 수 있단 말입니까?"

나는 상상하기 힘든 역경의 스토리에 놀라움을 감추지 못했다. 채송하 사모님은 비 오듯 눈물을 쏟아내며 한 번도 입에 담지 않았던 이야기까지 다 쏟아냈다. 그러나 인생 스토리는 마치 영화처럼 극적으로 반전됐다. 자살만을 생각하던 채송하 사모님이 하나님을 만난 것이다. 채 사모님 이상으로 시련과 고통을 겪은 주민관 목사님을 만나게 되고, 부부는 오직 주님만 의지하는 삶으로 인도됐다. 그리고 하나님은 이 부부를 통해 크고 비밀스러운 역사를 하나하나 이뤄 가셨다. 그것은 하나님 간증 스토리가 됐다.

박용수 상무(CBS기독교 방송)

이 책을 읽는 내내 욥의 친구들과 같은 기막힘이 공감되었습니다. 거듭되는 처참함의 흔적에 유구무언의 심정이었지만, 그래도 저자의 눈물로 걸어온 인생 여정 가운데 면면히 흐르고 있는 살아 계시고 역사 하시는 주님을 찬양합니다.

그리고 인생의 벼랑 끝에서 절규하며 신음처럼 올려 드린 기도들을 한 번도 거절하지 않으셨던 하나님의 한결 같은 은혜와 그리스도의 무한 사랑을 되새겨 봅니다. 이 책이 부디, 감당할 수 없는 위기 가운데 위축된 인생들, 절망의 바다

에 드러누워 일어서기를 포기한 인생들을 향해, 큰 위로와 웅전의 도전적 모본
이 되어지길 바랍니다. 이미 아름답지만 주님이 주신 자신만의 빛을 발할 때 더
아름다워질 것이며, 혼자만으로도 충분히 가치 있지만, 누군가를 위한 희생을
통해 더욱 무수한 생명을 결실할 저자의 찬란한 미래를 소망하며 축복합니다.

조용기 | 원로목사(여의도순복음교회)

이토록 연약하고 아리따운 자매가 어떻게 그토록 처절한 고통과 외로움을 견
뎌왔을까? 그녀의 인생 스토리를 읽고 참 많은 눈물을 흘렸습니다. 아버지의 마
음으로 오빠의 마음으로 그녀를 보호해 주지 못했음이 안타까울 뿐이었습니다.
하지만 지금은 한 교회 담임목회자의 사모로서, 기업의 대표이사로서 다른 이들
을 위해 자신의 모든 과거와 치부를 들어낼 수 있는 용기와 결단에 힘찬 응원의
박수를 보냅니다.

절망 가운데에서도, 자살 시도 앞에서도, 도저히 불가능하게 보이는 현실 앞
에서도, 꿈과 소망을 잃지 않고 끝까지 선한 목적을 향해 달려온 하나님의 심부
름꾼이 된 여인, 나와 다일 가족들에게는 늘 친동생 같고 든든한 후원자가 된 사
랑스럽고 자랑스러운 한 그리스도인의 삶을 통해 부디 많은 사람이 위로와 용기
를 얻기를, 방황하고 있는 청년들이 도전을 받으며 희망을 포기하지 않길 간절
히 소원합니다.

최근 나에게 가장 큰 감동의 눈물을 흘리게 한 이 책을 읽고, 많은 사람에게
따뜻한 밥과 함께 꿈도 퍼 주시는 사역의 동반자가 되길 소망합니다.

최일도 목사(다일공동체 대표, 밥 짓는 시인)

길고 흰 구름의 나라로

남태평양 바다의 석양이 지고 있는 오후, 나는 오클랜드 북쪽에 위치한 아름다운 마이랑기베이 해변가를 조깅하고 있다. 뉴질랜드 북섬에 위치한 오클랜드 해변가에는 모래사장과 잔디가 함께 어우러져 있으며, 거대한 소나무들이 멋진 그늘을 만들어 주고 있다. 마이랑기베이는 돌 화석이 해변가를 타고 뚝처럼 이루어져서 썰물이 시작되면 바닷가를 가르며 돌길 위에서 달릴 수 있다. 시원하고 탁 트인 바다를 바라보며 상쾌하게 불어오는 신선하고 촉촉한 공기를 원 없이 마시는 이 시간은 그동안 많이 지쳐 있던 나의 삶에 새로운 활력소를 불어넣어 주었다. 인간의 상상을 초월할 정도로 아름다운 뉴질랜드의 자연을 만끽하며 살 수 있다는 지금 나의 현실에 무한한 감사를 드릴 수밖에 없다.

내가 조깅을 좋아하는 이유는 두 마리의 토끼를 동시에 잡을 수 있는 시간이기 때문이다. 모든 것을 제쳐 두고 하루에 한 시간 반 정도 땀 흘려 운동을 하면 스트레스가 사라지고 체내에 엔돌핀이 분비된다. 그리고 달리고 있는 동안은 호흡 조절에 집중해야 하기 때문에 그 어느 누구에게도 침묵의 시간이 된다. 나에게 달리는 시간은 항상 바쁜 일상 속에서 조용히 기도하며 나의 생각을 정리할 수 있는 황금 같은 시간인 것이다.

아름다운 석양을 바라보며 나의 생각과 계획에 집중한다. 나의 모든 근육들은 고통 속에 몸부림치고 있을지라도, 길다면 긴 한 시간이 어떻게 지나갔는지 모를 정도로 빨리 끝나게 된다. 나도 여자의 나이 이제 마흔 초반에 접어들었다. 20년 전에 죽었어야 하는 내가 이렇게 살아서 숨 쉬며 이토록 아름다운 땅에 살고 있다. 행복은 그야말로 나에게 사치라고 생각했던 지옥과 같은 과거의 나날들…… 그리고 내가 상상할 수 없었던 삶이 시작되었다.

'세계에서 가장 아침 해가 빨리 뜨는 이 뉴질랜드 땅에서 내가 무엇을 할 수 있을까?'

"아오테아로아, 길고 흰 구름의 나라에 오신 것을 환영합니다!"
마오리 원주민 말로 'Aotearoa'는 'Land of long white clouds', 즉 뉴질랜드가 '길고 흰 구름의 나라'라는 의미이다. 이 나라는 북섬과 남섬으로 이루어져 있으며, 자연을 철저하게 보호하기 위해서 어떠한 경우에도 가스가 유출되는 공장 또는 산업을 설립할 수 없다. 많은 사람이 인정하듯이 뉴질랜드는 지구에 마지막 남은 지상낙원일 것이다. 그 유명한 영화 〈반지의 제왕〉 로케이션 촬영을 한 나라, 그리고 세계에서 가장 휴가를 가고 싶은 곳 1, 2위가 모두 뉴질랜드 남섬에 있는 밀포드 사운드와 퀸스타운이다.

그러므로 뉴질랜드는 1차 산업인 농업, 수산업, 목축, 관광업과 유학산업으로 경제를 이끌어 나가고 있다. 모든 공산품, 종이 한 장도 수입에 의존을 해야 하기 때문에 생필품 물가는 매우 높은 편이고, 뉴질랜드의 총 인구는 4백만이 조금 넘는 낮은 인구밀도로 인해 해외 인력이 많이 필요한 나라이다. 내가 알게 된 영국의 중년 부부 말을 들으면, 많은 영국인이 돈을 벌어서 일찍 은퇴를 한 후 가장 살고 싶은 나라가 뉴질랜드라고 했다.

뉴질랜드는 남태평양에서 유일하게 축복받은 자연과 열대지방처럼 매우 덥지도 않고 한겨울도 없는 좋은 기후를 가지고 있는 나라이다. 사람의 인구보다 양들의 수가 더 많은 나라, 그래서 양들이 방구세를 (양들이 뿜어대는 방구 가스 때문에 대기가 오염된다고 해서 내는 세금을 한인들은 이렇게 이름을 붙여주었다) 내고 있는 나라이다. 산업 개발을 과감하게 포기했지만, 세계 각국의 부호들이 해변가의 멋진 별장을 짓고 살고 있으며, 급속도로 발전하여 어마어마한 부을 축적한 많은 중국의 정치인 및 부호도 이 나라에서 두 살림을 차리기도 한다. 뉴질랜드는 돈을 벌기 위해서 아등바등하지 않아도 해외에서 돈을 싸매고 오는 나라인 것이다.

나는 뉴질랜드에 아무런 계획도 없이 오게 되었다. 남편과 함께 오직 선교를 위해서 떠나라고 명령하신 땅이었다. 그리고 15개의 이삿짐 박스와 10년 된 중고차 한 대를 살 정도의 돈만 들고 뉴질랜드를 향해 떠났다. 가족들이 보기에는 참으로 무모한 짓이었다. 안정된 한국에서의 사업과 익숙한 환경을 박차고 아무것도 예측할 수 없는 나라로 떠난다는 것은 나에게 그야말로 모험이었다. 중고 차 한 대와 아껴서 2개월 생활비를 하고 나니 돈은 곧 바닥이 났다. 지금은 아무것도 보이지 않지만 그분의 놀라운 계획을 찾아갈 것이다!

나는 너무나 머나먼 여정을 지나서 여기까지 왔다. 어린 시절 필리핀에서의 가난했던 이민 생활, 가출, 자살 시도, 알코올중독 그리고 우울증……. 나는 벌거벗은 몸으로 이 글을 써야 한다는 마음의 감동으로 펜을 들게 되었다. 그리고 지금 여기가 나의 종착역은 아니다. 나는 끝없이 도전할 것이며 계속 전진한다. 나처럼 더럽혀지고 버림받은 미천한 한 영혼을 통해서 상처 받고 방황하는 더 많은 사람을 위해, 그들 또한 어떠한 좌절 가운데에서도 꿈과 소망을 버리지 않도록 작지만 나의 모든 것을 내려놓는다.

채송하

MiRANDA
50 stuks 8.50

Dystany
50 stuks 10.=

목차

1장

저주와 축복의 갈림길에서

우주에서 가장 먼 거리는?
머리에서 심장까지.
머리의 지혜와 가슴의 뜨거움이 만나는 것이
인생에 가장 먼 여정이다.

“나는 누구인가?”
세상이 붙혀 준 직책, 대표이사, 사모, 여자…….
과연 이것이 나일까?

라구나에서의 비명

'콕콕콕' 바늘로 뱃속을 찌르는 것 같은 통증이 시작됐다. 몸속에 독약이 퍼지고 있음을 알리는 신호였다. 그리고 5분의 시간이 흐르자 바늘의 고통은 대못의 고통으로 변이돼 온 몸의 근육이 경직되게 못질을 하고 있었다. 이 상상을 초월하는 고통을 이 악물고 버텨보지만 숨이 확확 막혔다. 그렇게 잠시 통증이 멈추었나 싶으면 3초의 여유도 주지 않고 고통은 다시 시작됐다. 처음보다 더 큰 날카로운 무기가 뱃속을 휘젓기 시작하며 엄청난 공포로 몰아갔다. 앞으로 올 더 큰 육체적 고문을 예상하며 나의 온몸은 부들부들 떨리기 시작했다.

"유 아 쓰리 먼쓰? 유 슈어?"

옆에 있는 필리핀 아주머니가 나에게 3개월이 맞는지 물었다. 나는 고개만 겨우 끄덕였다. 말할 수 있는 여유가 나에게는 없었다. 독약은 자궁으로 빠르게 흘러 들어가, 그 고통의 강도를 점점 키웠고, 찢어지는 통증의 간격도 점점 좁혔기 때문이다.

"으으윽……."

"백까지만 세자."

난생 처음 겪는 이 육체적 고통은 나를 두려움의 도가니에 빠뜨렸고, 이제는 피할 수도 후회해도 소용없는 현실이 되자, 내 몸과 뇌는 검은 현실에 당황하기 시작했다. 그리하여 백까지 세면서 뇌를 세뇌시키려 했지만 이 고문은 정신을 혼미하게 했다. 인간이 육체적 고통을 참는 데에는 한계가 있었다.

내가 지금 누워 있는 곳은 필리핀 마닐라에서 2시간 정도 떨어진 '라구나'라는 온천 지방이다. 라구나도 마닐라와 별반 차이 없이 가만히 앉아 있어도 땀이 줄줄 흐르는 열대아 날씨라 동네 중심가를 제외하고는 거의 대부분이 판자집이었다.

나는 라구나에서도 조금 외각에 위치한 허름한 집에서 골방 같은 곳으로 인도되었다. 그리고 역겨운 피 비린내 나는 낡아 빠진 침대에 누워 있었다. 옆에 있는 필리핀 아주머니는 내 뱃속에 있는 아이를 낙태시키기 위해 내 몸속에 '애 떼는 독약'을 투입했던 것이다. 옷을 입은 상태에서는 내가 너무 말라서 몰랐는데, 누워 있는 나의 배를 보고 고개를 자꾸 갸우뚱거렸다.

"임신 4개월이 넘으면 위험해서 안 돼."

내가 이 시술을 하기 며칠 전 동네 어느 여자 정보통을 통해 알게 된 필리핀 야미 아줌마를 찾아갔을 때 그 아줌마가 말했다.

"나는 3개월밖에 안 되었어요. 걱정하지 마세요."

내가 사정조로 간곡히 말했다.

"5~6개월은 되어 보이는데? 난 송장 치우고 싶지 않아. 아주 위험한 시술이거든. 네가 죽을 수도 있어.”

야미 아줌마는 내가 벙벙한 옷을 입고 갔음에도 불구하고 나의 배를 만져 보더니 임신 기간이 어느 정도인지 눈치채는 듯 했다. 그러나 곧 내가 제시한 돈을 보고는 의심스러운 눈빛을 걷어내고 낙태 수술을 강행하기로 했던 것이다.

“내가 가지고 있는 전 재산이에요. 이 돈을 다 드릴게요.”

나는 정말 가지고 있는 돈을 다 주었다. 이제 이후로 나에게 돈 같은 것은 아무런 필요도 없기 때문이다.

또다시 상상을 초월하는 고통이 찾아왔다.

“으아 악…… 으악…….”

내 입에서 비명 소리가 저절로 터져 나왔다. 아무리 참으려 해도 그 고통은 인간이 참을 수 있는 한계를 넘어선 것 같았다. 숨도 제대로 쉴 수가 없었고, 온몸은 식은땀으로 흥건하게 젖어 있었다. 눈도 뜰 수가 없었다. 빗물로 얼룩진 천장에 매달린 희미한 형광등만이 좁은 방을 비추고 있었지만, 내게는 그 빛이 너무도 밝게만 느껴졌다. 한 손으로는 얼룩진 이불을 찢어지도록 움켜쥐었고, 다른 한 손은 나도 모르게 허공을 향해 도움을 청하고 있었다. 죽음을 준비하는 나의 처절한 비명 소리가 방 안을 가득 채웠다.

그때 내 입에 천 쪼가리와 나무토막이 물려졌다. 입에 물려진 나무토막을 악물으니 왼쪽 턱에서 우드득 소리가 나면서 악관절에 힘줄 같은 것이 끊어지는 느낌을 받았다. 그러나 그것은 지금 매우 가벼운 통증에 불과했고, 신경 쓸 여유도 없었다. 내 비명 소리는 입 속에 틀어 막혀진 천으로 인해 조금 덜 새어 나왔다.

나는 지금 자살하기 위해 이 길을 선택했다. 그리고 나는 지금 임신 8개월째이다. 나의 몸무게는 40kg 정도밖에 안 될 만큼 말라 있었고, 배만 똥배처럼 불룩 나와 있었기 때문에 아무도 임신 8개월이라고 예상하지 못했다. 나는 8개월 된 뱃속 아기와 함께 자살의 길을 선택했다. 살고 싶은 의욕도 없었고, 나의 삶에는 더 이상의 희망도 없었다.

이미 나의 인생은 밑바닥이었다. 필리핀 마닐라에 있는 집에서 가출한 지 9개월째가 되었다. 더 이상 갈 곳도 돈도 없었다. 다시는 보고 싶지 않은 아버지가 살고 있는 마닐라의 집에는 더더욱 돌아갈 수 없었다. 이제 나는 미래에 대한 꿈도 물거품처럼 사라져 버린 것이다.

'얼마나 졸업을 하고 싶었나…….'

'이 지긋지긋한 섬나라를 언젠가는 탈출할 수 있다고 믿었는데…….'

'나에게도 멋진 미래가 펼쳐질 수 있다는 희망을 가졌는데…….'

마닐라 명문대학 중 하나인 델라살 대학 전자공학과를 다니던 나는 2학년 2학기 때 전 과목 학기말 시험을 치르지 않고, 더 이상 공부의 목적을 잃어버린 채 방황하기 시작했다. 이 무더운 열대지방 필리핀 섬나라에서 지난 10년 동안 살아야 했고, 우리 집은 필리핀 사람들보다 더 가난하게 살아야 했다. 또 나를 버리고 가 버린 엄마가 너무나 원망스러웠다. 어렵게 들어간 대학교에서는 장학금을 받으려고 코피 터지며 밤새우고 공부를 했다. 이 지난 시간들이 하루아침에 물거품이 되어 버렸다.

9개월 전, 나는 학기말 고사가 실시되는 시험 당일 날 모든 과목에 결석을 했다. 그렇기 때문에 전 과목 낙제 성적표가 집으로 날아오기 전에 나는 빨리 계획을 세워야 했다. 그것이 가출이었다. 꿈과 희망을 잃어버린 어느 날 내 앞에 보이는 것은 암흑뿐이었다. 내 두 눈은 마치 시커먼 천으로 덮인 것 같았고, 갑자기 모든 것이 절망뿐이었고 보이는 것은 아무것도 없었다.

지난 10년 가까이 나는 믿을 수 없는 절망 같은 현실과 싸우며 절대로 포기하지 않으려고 노력했다. 좌절하지 않고 미래에 대한 희망을 꿈꾸려 했고, 나의 정신력을 놓지 않으려고 무던히 느력했다. 하지만 악마는 나의 정신을 한순간에 지배해 버렸다. 어린 마음으로 선과 악의 갈림길에서 끝없는 싸움을 했지만, 선한 길은 나에게 너무나 힘든 선택이었다. 나의 인내의 끝이 어디인지, 열아홉 살의 나이에 감당하기는 너무나 힘들었던 고통스러운 나날들이었다. 대신 선을 포기한 즉시 악이 나의 정신세계를 지배하는 것은 너무나 쉬웠다. 나는 모든 판단력을 잃은 채 모든 것을 체념하며 악마에게 이끌려 여기까지 왔다.

아버지와 집에서 사는 동안 나는 입을 굳게 다물게 되었고, 그 누구도 내 마음에 어떠한 무서운 계획이 심어져 있는지 알지 못했기 때문에 겉으로는 모든 것이 평온해 보였다. 아버지는 그저 무관심한 사람이었다. 지난 10년 동안 대화를 나눈 문장들을 적을 정도로 아버지는 집에 없는 날이 더 많았다. 나는 그 누구도 거들떠브지 않는 버려진 아이에 불과했다.

나의 비명 소리가 온 동네를 쩌렁쩌렁 울렸다. 다행히 이 집은 주위에 이웃들이 없는 외진 곳이었다. 나는 가출한 후 임신 5개월째부터 병원을 찾아다녔다. 중절수술을 하기 위해 의사를 만났지만, 필리핀은 천주교 국가이기 때문에 병원에서는 합법적으로 중절수술이 금지되어 있었다.

"임신 5개월 정도 된 것 같은데, 이미 늦었어요. 아이를 기를 형편이 안 된다면 낳아서 바로 입양할 수 있도록 연결해 줄 수 있는데……."

의사들은 이미 늦었기 때문에 아이를 낳는 방법밖에 없다고 말했고, 나의 처지를 듣고 입양 기관을 소개시켜 주었다. 여기저기 상담을 해도 내가 원하는 결론은 나오지 않았다. 그러나 나는 이 아이를 낳을 수 없었다. 희망이 없는 지금 내 삶에 아이를 낳는다는 것은 그 아이에게 불행만 가져다주는 결말이라고 믿었다. 그리고 자신도 없었다. 세상을 향한 불신과 미움으로 가득 찬 내 마음속에는 이 아이가 세상에 태어나 입양이 된다 해도 친부모도 모르고 다시 나처럼 버려진 삶이 되게 하는 것보다 그냥 이대로 같이 죽는 것이 내가 해 줄 수 있는 최대한의 배려였다.

'태어나면 뭐하니? 이 엄마처럼 불행한 삶을 살다가 죽게 될 것을……. 입양되어서 친부모가 누군지도 모르며 평생을 사느니 그냥 태어나지 마라. 너에게는 정말 미안하다. 이제 엄마랑 같이 죽자.'

처음에는 수면제를 사야겠다는 생각으로 약국에 갔지만, 약국에서는 의사의 처방 없이는 수면제를 한두 알 이외에는 줄 수 없었다. 그러면 약국마다 돌아다니며 수면제를 한 알, 두 알씩 사서 모아야 했다. 라구나는 시골이라서 그 지역의 약국은 오로지 한 곳뿐이었고, 다른 약국을 가려면 2시간 이상 버스를 타고 다른 도시의 큰 중심가로 가야 했다. 수면제 스무 알 정도와 양주 한 병을 먹고, 물을 받아 놓은 욕조에 누워 잠이 든다면 고통 없이 죽을 수 있을 것 같았다. 하지만 시간만 계속 흘러갈 뿐 내가 원하는 만큼의 수면제를 시간 안에 얻을 수가 없었다.

그래서 두 번째 방법으로 손목의 동맥을 자르기로 했다. 문구점에 가서 가장 잘 들 것 같은 카터 칼을 골라 만반의 준비를 했다. 그리고 어느 날 밤 나는 화장실에 들어갔다. 병원에서 주사 맞는 것도 무서워하는 나인데, 내 손으로 나의 손목을 긋는다는 것은 상상조차 할 수 없는 일이었다. 하지만 가장 빨리 죽는 방법은 이것뿐이었다.

누군가 계속 나에게 속삭였다.

'빨리 죽어야지. 지금 너의 뱃속 아기는 무럭무럭 자라고 있어. 벌써 2개월이 또 지났어. 오직 죽는 것만 생각해. 손목을 그을 때는 깊이 한 번에 해야 해. 안 그러면 상처 난 곳을 두 번 그을 때 너무 아플 거야!'

나는 영화에서 본 장면들과 누군가에게 들었던 상식을 생각했다.

'동맥은 깊은 곳에 위치하기 때문에 겉에만 그어서는 피가 많이 나오지 않으니 몸에 있는 피가 다 흐르게 하려면 깊은 동맥을 끊어야 한다. 그리고 욕조에 물을 받아 놓고 물속에서 피가 계속 흐르게 해야 한다.' 하며 나 자신에게 단단히 타일렀다.

'한 번에 안 죽으면 어떡하지? 아휴……'

'쳐다보지 말자. 칼을 대고 위치만 정한 다음 눈을 감고 긋는 거야.'

'5초만 눈 딱 감고 참는 거야.'

'잘하자.'

나는 팔딱거리는 파란 동맥선을 향해 힘껏 칼자국을 남겼다. 얇은 살결이 열리고 칼이 파고드는 순간 소름돋는 통증은 반사적으로 감긴 눈을 떠 피의 장면을 목격하게 했다. 그런데 이대르는 충분하지 않았다.

"후유……"

나는 깊은 호흡을 내쉬며 방법을 바꿔보기로 했다.

'차라리 깊이 천천히 긋자.'

다시 칼을 손목에 댔다. 그리고 조금씩 깊이 손목을 긋기 시작했다. 피부층을 한 층 한 층 뚫고 내려가다 갑자기 피가 솟구쳤다. 놀란 나는 겁에 질려 손을 떼고 말았다. 아무래도 이 방법은 정신이 온전한 이상 나 자신에게 할 짓이 아니었다.

그렇게 시간은 또 한 달이 흘러갔다. 나의 목적은 오직 뱃속의 아이가 태어나기 전에 죽는 것이었지만 시간만 틱탁틱탁 계속 가고 있었다. 그래서 마지막 방법으로 낙태수술을 하면서 아이와 같이 죽게 되기를 바라며 이곳에 왔다.

그리고 한 30분만 눈 딱 감고 참으면 죽어 있을 줄 알았는데, 몇 시간째 나의 처절한 절규는 계속 되었다. 8개월 된 태아는 독약을 피해 살아보겠다고 내 뱃속을 원망하듯 고통을 주며 휘젓고 다녔다. 태아가 죽어서 나와야 나의 고통이 끝나는데, 이 두 생명은 극한 몸부림을 치고 있었다. 벽에 보이는 시계의 희미한 바늘을 보니 이미 8시간 정도가 경과된 것 같았다. 그러나 어느 누구의 숨통도 끊어지지 않았고, 나는 갑자기 하나님을 찾기 시작했다.

'하나님! 당신이 정말 계시다면 나를 죽여 주세요. 내 숨통을 빨리 끊어 주세요. 오, 제발…… 빨리 이 고통이 끝나게 해 주세요. 제발…… 나를 죽여 주세요.'

서서히 나의 혀가 말려 들어가면서 호흡기를 막는 것을 느낀다. 점점 숨쉬기가 어려워지면서 고통도 서서히 느껴지지 않았다. 내 육신이 더 이상 이 끔찍한 고통을 견딜 수 없다고 뇌에서 명령하는 것 같았다.

'숨통을 막아…….'

그래, 이렇게 죽는 건가 보다. 그런데 정신이 희미하게 붙어 있는 상태에서 숨이 막혀 오니 그것 또한 공포였다. 점점 산소 공급이 안 되니 온 사지가 뒤틀렸고, 나도 모르게 본능적으로 내 숨통을 막고 있는 혀를 밀어내려고 안간힘을 쓰고 있는 내 자신을 느꼈다.

‘이와중에도 조금이라도 숨 쉴 수 있는 시간을 늘리고 싶은 것이 인간의 본능인 것인가?’

죽기 직전에는 정말 지난 세월이 주마등처럼 빠르게 지나간다는 말이 사실이었다. 행복했던 순간들이 어둠 속에 피어나는 가로등 불빛처럼 하나씩 하나씩 줄이어 피어올랐다.

‘어린 시절 한국에서 살 때, 어느 크리스마스 이브였다. 나와 오빠는 TV를 보다가 잠이 들었는데, 꿈속에 무엇인가 자꾸 내 얼굴을 핥고 있어서 깨어나 보니, 내가 그렇게 가지고 싶었던 골든 리트리버 강아지 ‘쭈미’를 처음 만난 날!’

‘엄마와 아빠가 일하고 늦게 들어오실 때면 꾸벅꾸벅 졸면서 기다리면 기다리던 통닭과 아이스크림을 손에 들고 집에 오셨던 날들.’

‘엄마와 아빠가 외국으로 사업하러 가신다그 오빠와 나를 외갓집에 맡기시며 한 달 후에 돌아오신다고 약속하며 떠나시던 뒷모습. 그리고 춥고 외로운 나날들의 시작.’

‘눈이 펑펑 내리는 어느 겨울, 오빠가 내 손을 잡고 선물을 사 준다며 1년 동안 아껴가며 모은 용돈으로 내가 그렇게 가지고 싶었던 엄청 비싼 나이키 운동화를 사 주었던 날.’

‘미국 같은 외국을 꿈꾸며 엄마 아빠를 만나러 갔지만 너무나 실망스러웠던 마닐라 국제공항.’

‘다시 엄마 품에 안겨서 엉엉 울었던 날.’

‘그러나 얼마 후 나와 오빠를 필리핀에 놓고 우리를 공항에 나오지 못하게 하시며 택시를 타고 일본으로 떠나시던 엄마의 뒷모습.’

‘너희 아빠 사기꾼이지, 너희 엄마는 몸 팔러 일본에 갔다며 나의 가슴에 비수를 꽂았던 한인 친구들.’

‘1년만 기다려. 알았지? 곧 돌아오신다는 엄마의 약속. 그러나 10년
이라는 기나긴 세월이 흘러도 엄마는 돌아오지 못하셨다.’

갑자기 울고 있는 엄마의 모습이 너무나 선명하게 내 눈앞에 보였다.
내가 지금 겪고 있는 이 육체의 고통보다 과거 엄마를 생각하며 나의
심장에 비수를 꽂은 시린 고통이 나를 더욱 아프게 했다.

이미 눈을 뜰 수조차 없는 나의 머릿속에 엄마는 하염없이 눈물을 흘
리고 계셨다. 내 눈에도 어느새 눈물이 흐르고 있었다.

“엄마…….”

얼마나 가까이에서 불러보고 싶었던 이름이었나…….

그리고 갑자기 정신이 번쩍 들었다. 내가 지금 이대로 죽으면 이곳
필리핀 사람들은 내가 어디에서 왔는지, 우리 집이 어디인지도 모른다.
일본에 계신 엄마는 내가 가출했다는 소식을 듣고 지금 가슴이 찢어지
는 고통 속에서 눈물의 나날들을 보내고 계실 것이 분명했다.

“시구로 파따이나?”(죽은 것 같지?)

필리핀 아줌마가 옆에 있는 누군가에게 이야기하는 것 같았다.

“낙시눙알링 까사 아긴.”(우리한테 거짓말했어!)

“아들이네. 이미 출산이 임박한 아이였어.”

그들의 말소리는 점점 희미해져 갔다. 이렇게 죽을 수는 없었다. 이
렇게 엄마의 가슴에 평생 못을 박으며 불효를 할 수는 없었다. 그러나
깨달음은 이미 너무 늦어버린 때에 느낄 수 있는 것인가. 나는 말려 들
어가는 혀를 있는 힘을 다해 풀어 보려고 했지만 혀는 완전히 굳어 있
는 듯했다.

10시간 가까이 독약을 몸에 품고 몸부림을 쳤기 때문에 내 몸에서는

이미 모든 기력을 잃어버린 상태였으며 나의 혀는 계속 나의 숨통을 조이고 있었다.

'살려 주세요……. 살려 주세요.'

나는 마음속으로 외치기 시작했다.

'이렇게 죽을 수 없어요. 엄마 가슴에 이렇게 못을 박고 죽을 수는 없어요.'

'제……발 살려…….'

순간 모든 고통이 사라지면서 갑자기 온 몸이 시원해짐을 느꼈다. 나는 그렇게 숨이 끊어짐을 느끼며 깊은 어둠 속으로 빠져 들어갔다.

10년 후 제일은행 본점

"팅" 소리가 나며 엘리베이터 문이 열렸다. 종각에 위치한 제일은행 본점 빌딩 안에서 나는 인사과장님과 함께 엘리베이터에 올라탔다. 인사과장님은 10층을 눌렀다.

"은행장실은 10층에 위치하고 있습니다."

과장님이 친절하게 설명을 해 주셨다.

"오늘은 부행장님과 면접을 보실 겁니다. 은행장님은 현재 미국 출장 중이셔서 아마 다음 주에 돌아오시면 한 번 더 면접을 보실 수 있을 것 같네요. 바커 부행장님은 영국 분이십니다."

"네 알겠습니다. 그러면 저는 누구의 비서가 되기 위해서 면접을 보는 건가요?"

내가 물어보았다.

"글쎄요. 현재는 외국인 임원이 세 분이 오셨으니, 세 분 다 면접을 보시고 결정을 하실 것 같습니다."

과장님이 설명을 해 주셨다. 엘리베이터는 다시 "팅" 소리를 내며 문이 열렸다. 10층 엘리베이터 문 앞에는 무장을 한 경비 아저씨가 무뚝뚝하게 서 있었다. 복도는 고급스러운 카펫이 쫙 깔려 있었고, 과장님이 앞서가고 나는 그 뒤를 따라갔다. 카펫 덕분에 내 구두 소리가 또각또각 나지 않아서 다리에 힘을 조금 풀고 걸을 수 있었다. 지나가는 복도마다 엄청 비싸 보이는 도자기들이 중간 중간 진열돼 있었고, 양쪽 벽에는 거대한 동양화가 각각 걸려 있었다.

"여기는 임원들의 방이 네 개가 있습니다. 행장실, 부행장실, 상무실, 부장실 이렇게 입니다. 이쪽으로 오시지요."

과장님은 나에게 말을 계속 걸면서 대리석 계단으로 만들어진 중앙 계단을 옆으로 가로질러 대각선에 위치한 방을 향해 걸어갔다. 나는 제일은행 은행장실의 외국인 CEO 비서실장 자리에 면접을 온 것이다. 다리는 후들거리고, 배는 살살 아파오기 시작했다. 나는 긴장을 하면 손발이 차디차게 변해 버리고 배탈이 날 것처럼 아파온다.

'배 아프면 안 돼. 제발…….'

마음속으로 다짐하며 곧 악수를 해야 할지 모르는 상황을 생각하며 내 손을 계속 마사지하면서 걸어갔다.

'이 자리가 과연 나에게 가능성이 있을까?'

3주 전쯤에 잘 알고 있는 리쿠르터 선배인 차 실장으로부터 전화가 왔다.

"채송하 씨, 잘 지내고 있어요? 프라다가 요즘 너무 잘나간다고 업계에서 난리가 아니야. 회사 움직이게 되면 나한테 꼭 연락해야 되는 거 알지요?"

"네, 안녕하셨어요? 저야 하는 일 없이 괜히 바쁘기만 해요. 그리고 차 실장만 믿을게요.”

차 실장은 그 당시 가장 유능한 헤드헌터로 이름을 날리고 있었다. 리쿠르팅 업체에 좋은 소문이 나야 추후 더 좋은 자리를 소개받을 수 있기 때문에 나는 전화에 호응적으로 대해 주었다.

“다름이 아니라 내가 부탁 하나만 하려고 전화했어요. 지금 시니어급 베테랑 비서 선배가 주위에 있으면 바로 소개시켜 줄 수 있나 해서. 자리는 금융권이고, 연봉은 경력에 따라서 원하는 대로 줄 수 있는데, 조건은 조금 까다로워요.”

차 실장은 누군가를 소개시켜 달라고 말을 꺼냈다.

“글쎄요. 어느 정도의 경력을 원하시는데요?” 내가 물었다.

“금융권에서 비서실장으로 경력 8~10년 이상 되어야 하고, 석사학위 또는 MBA 있으면 좋고, 동시통역에 능통하고, 반드시 대기업 금융권에서 일한 경력도 있어야 합니다. 마땅한 사람이 있을까요? 내가 지금 엄청 급하게 찾고 있어서…….”

그렇게 차 실장은 너무나 화려한 경력을 가진 사람을 찾아봐 달라고 나에게 요청했다.

“어느 회사인지 알려 주세요. 그래야 마땅한 사람이 있으면 관심이 있는지 물어보지요.”

나는 무척이나 궁금했다. 어느 회사이기에 비서에게 이토록 엄청난 조건을 요구하면서 연봉은 부르는 게 값이라고 하는지…….

“음, 그러면 채송하 씨에게만 알려 줄게요. 다른 회사에 소문 안 나게 잘해줘요. 공개적으로 찾고 있는 자리가 아니라서 말이야. 제일은행 은행장실에서 지금 은행장님과 부행장님의 비서실장을 찾고 있어요. 작년에 신문기사에 떠들썩하게 났잖아요. 한보철강 부도 이후, 주 신용거래 은행이었던 제일은행도 버티지 못하고 부도가 났다는 기사 알고 있지요?”

우리나라는 한보철강의 부도 시작으로 대기업 불패신화를 깨고 1997년부터 부실 경영으로 인한 기업들이 줄줄이 부도가 나면서 우리나라에 IMF 시대가 찾아오게 되었다.

“그래서 최근 정부에서 제일은행을 매각했고, 외국 회사로 넘어가면서 지금 임원진들이 다 외국 분으로 바뀔 예정인데, 주위에 마땅한 사람이 있으면 꼭 좀 소개 시켜줘요. 부탁해요!”

이렇게 말하면서 차 실장은 바쁘게 전화를 끊었다. 워낙 바쁜 사람이라서 이 정도면 나에게 엄청난 정보를 준 것이고 오래 통화를 한 것이었다.

‘MBA 출신에 동시통역 가능하고, 금융권에 10년 경력을 가진 비서실장을 찾고 있다…….그런 사람이 있을까?’ 나는 속으로 생각했다.

1990년대 중반까지만 해도 한국에서는 아직 비서라는 자리가 여자에게는 승진하는 데 한계가 있었고, 사회 첫발을 비서로 시작하게 되면 평생 비서밖에 할 수 없는 전례가 많았다. 항상 CEO들이나 임원들은 나이가 지긋한 분들이기 때문에 꽃다운 젊은 나이에 철통 같은 비서실에 갇혀서 지내왔던 나의 지난 6년은 너무나 많이 참고 인내하는 시간이었다. 타 부서에 득실거리는 젊은 남직원들 속에서 일하는 여직원들이 얼마나 부러웠는지…….그리고 사내 연애도 하면서 스릴 있고 로맨틱한 회사 생활을 하고 있는 몇몇 친한 선배 언니들에게 들을 수 있는 극비의 연애 사연들은 내 마음을 설레게 했다.

‘나는 왜 비서가 되었을까?’

내 자신도 정말 알 수 없는 현실이었다. 비서실에 있으면서 타 부서로 이동하고 싶었지만 회사에서는 나를 타 부서로 보내 주지 않았다. 이전 회사에서는 60초반의 사장님, 40중반의 부사장님, 그리고 50중반의 상무님 등 세 분을 동시에 모시며 비서 생활을 한 적도 있었다.

그렇게 전화를 끊고 나서 나의 심장이 갑자기 요동치기 시작했다. 마치 진한 에스프레소 커피를 한 번에 열 잔 정도 마신 것처럼 몸속 아드레날린이 몸부림치기 시작했다. 나도 내가 왜 이러는지 몰랐다. 그리고 바로 지난 신문기사들과 인터넷을 뒤져서 제일은행에 관련된 기사들을 찾아서 읽기 시작했다.

IMF가 만들어 준 절호의 기회

3년 전 나는 한보철강의 부도 소식을 그 누구보다 먼저 들을 수 있었다. 매스컴에서 떠들어대기 전, 나의 유일한 혈육인 동균 오빠가 한보철강 해외영업부 대리로 근무하고 있었기 때문이다. 오빠는 많은 직원이 명예퇴직을 당해 어려움을 겪을 거라는 등 회사의 위기에 대해 이야기해 주었다. 오빠의 예측대로 한보철강은 1년 안에 산산이 조각나서 분해되었다.

1997년 1월 23일 발생한 한보철강 부도 사태는 외환 위기의 서막이었다. 1990년 초반부터 급성장한 한국 경제는 당시의 기업들이 외형을 부풀려 분식으로 대출을 받고 은행은 제대로 신용 조사도 하지 않고 실적 위주 또는 많은 뒷거래 지원을 하고 있었다. 기업과 은행이 단기 외채 등을 끌어들여 돈 놀이를 하고 있었던 것이다. 이러한 후진국 수준을 벗어나지 못하는 방식의 대출이 가능했던 이유는 관치금융과 정경

유착 때문이었다.

제일은행도 그 당시에는 하루라도 신문에 기사가 안 실린 날이 없을 정도로 부도, 경영 부실, 헐값에 매각, 등 많은 기사가 실렸다. 당시 많은 직원이 강제 명예퇴직을 당하고, 눈물로 호소하는 가슴 아픈 사연들이 연달아 매스컴을 통해 전해지고 있었다. 1년 후 제일은행은 미국의 M&A(Merger and Acquisition 인수합병) 전문회사인 뉴브릿지 캐피털(New Bridge Capital) 사에서 매각을 결정했고, 이 회사는 미국을 비롯하여 세계 각국에서 쓰러진 금융회사를 살리는 데 전문가인 윌프레드 호리에를 제일은행 행장으로 채용했다. 그리고 곧바로 다른 외국인 임원들이 투입될 예정이었다. 큼직한 기사들을 다 읽은 흑, 나의 마음은 요동을 치고 있었다. 그리고 2시간 후 다시 수화기를 들었다.

"차 실장님, 저 채송하예요. 다시 전화를 드렸습니다. 오전에 말씀해 주신 제일은행 은행장실 자리에 제 이력서를 넣어 주십시오."

차 실장은 나의 갑작스러운 부탁에 무슨 말을 해야 할지 몰랐던지 잠시 어색한 침묵이 느껴졌다.

"지금 제일은행에서 베테랑급 동시통역이 가능한 비서를 찾고 있지만, 제가 면접을 꼭 보고 싶습니다. 면접에서 떨어진다면 할 수 없겠지만, 차 실장님은 손해 보실 건 없지 않습니까? 면접만 보게 자리를 만들어 주세요. 그 이후는 제가 알아서 하겠습니다."

나의 부탁에 차 실장은 잠시 망설였지만, 현재 딱히 추천할 만한 사람이 없었던 그녀에게 나라도 추천한다면 시간을 벌 수 있고, 게다가 일까지 잘 성사된다면 그냥 앉아서 연봉의 10% 수수료를 챙기는 딜이었다.

"좋아요. 채송하 씨의 당돌함이 마음에 들어요. 한 번 시도해 봅시다.

그럼 나에게 최근 이력서 바로 보내 주시고, 내가 가능한 빨리 추진해 보도록 할게요.”

그다음 날 나는 3년 동안 다니고 있었던 프라다 코리아에 사표를 던졌다.

“너 제정신이야? 아직 제일은행에서 가능성이 있는지 없는지도 모르는데 사표부터 던지면 어떻게 해?”

나의 가장 친한 직장동료이자 친구인 윤정이가 나를 걱정하면서 말했다.

“지금 사표를 내야 내 후임을 바로 찾고, 업무 인수인계를 다하고 2주 정도 후에 면접을 보면 바로 퇴직할 수가 있어. 물론 모험이지만……. 윤정아! 나는 이 모험에 내 모든 것을 걸 정도로 값어치가 있다는 생각이 든다.”

나는 전혀 이후의 일들을 생각하지 않았다. 지금부터 나에게 만약이란 없었다. 나는 어떤 알 수 없는 힘을 통하여 지금의 이 결정을 내리게 되었고, 본능적으로 제일은행이 앞으로 나의 미래에 아주 중요한 역할을 할 것이라는 느낌을 받았다. 남들이 물어보면 나 자신도 설득력 있는 대답은 할 수 없었다. 무엇이 나에게 이러한 확신을 주었는지 의문을 가졌으나 내 자신도 알 수가 없었다.

‘제일은행에 꼭 들어갈 수 있게 해 주세요…….’

나는 막연하게 마음속으로 기도했다.

중년의 영국 아저씨

　인사과장님과 나는 복도를 지나 중후한 월넛문을 통과하여, 부행장실로 들어갔다. 방 입구에는 커다란 비서 책상과 의자가 덩그러니 놓여 있었고, 공간이 꽤 넓고 고급스러운 인테리어로 꾸며져 있었다.

　'여기가 바로 내 자리군.' 나는 속으로 생각하며 과장님을 따라갔다.

　"똑똑똑!"

　문은 활짝 열려 있었다.

　"미스터 바커, 아 유 오케이 인터뷰? 디스 이즈 미스 크리스탈."

　과장님은 노크를 하면서 입구에서 나의 영어 이름을 소개했다. 부행장실은 안쪽 깊숙이 놓인 거대한 책상에 앉아 있었고, 우리를 향하여 미소를 지으며 빠른 걸음으로 걸어오고 있었다.

　"컴 온 인! 만나서 반갑습니다. 크리스탈, 나는 던컨 바커라고 하오."

　나에게 악수를 요청한 그의 손은 매우 따뜻했다. 긴장을 한 나의 차디 찬 손을 내밀면서 나는 너무 미안했다.

　"크리스탈! 바깥 날씨가 너무 추운데 이렇게 와 주어서 감사합니다. 미국에 있는 내 비서가 나를 따라오지 않겠다며 나를 버렸네요. 그래서 아직 당신에게 커피를 대접해 줄 수가 없음을 양해해 주세요."

　부행장님은 농담을 하면서 너무나 자상하게 나를 맞이해 주었다. 그리고 나를 위해 의자를 먼저 빼 주고 앉기를 요청하는 정통 영국 신사였다. 그의 얼굴은 매우 온화하고 자상한 50대 초반의 영국 아저씨였다. 그의 희끗한 머리는 많이 빠져 있었지만 할아버지라고 하기에는 아직 젊은 모습이었다. 마치 KFC 창시자가 모자 쓰고 지팡이 들고 매장 앞에 서 있는 모습과 흡사했다.

그의 방은 거대했다. 서로 인사를 하기 위해 중간 지점에서 만나는데 시간이 꽤 걸렸고, 방의 창가 옆으로는 15인 기준의 거대한 회의용 오발 테이블이 놓여 있었다. 부행장님은 회의 테이블에서 나의 왼쪽으로 앉았고, 인사과장님은 멀리 떨어진 건너편에 앉았다.

"그러면 크리스탈! 지금도 좋은 회사를 다니고 있는데 왜 제일은행에 면접을 보려고 하는 건가요? 그대의 이력서와 자기소개서를 읽었고 내가 정말 웃겨서 배꼽을 잡는 줄 알았지……."

부행장님의 첫 질문이 시작되었다. 나는 갑자기 준비해 온 모든 답변이 하나도 생각나지 않으면서 머리가 멍해졌다. 절친한 직장 동료 윤정이와 함께 인터넷을 뒤져가며 금융권 면접 필수 질문 답안 100개를 찾아서 하루에도 수십 번 연습했다. 윤정이가 면접관이 되고 내가 답을 하면서 질문들에 대해 하나하나 답을 만들어서 달달 외웠는데, 갑자기 나의 뇌가 멈춰버린 느낌이었다.

긴장하면 나타나는 현상이었다. 정말 하나도 생각이 나지 않았고 입이 열리지 않았다. 이런 일이 일어나다니……. 한동안 침묵이 흘렀다. 두 명의 남자는 나의 얼굴을 쳐다보면서 나의 답을 기다리고 있었는데, 나는 갑자기 말문이 막혀 버린 것이다. 빨리 다른 대책을 세워야 했다.

'우선 미소를 짓자. 그리고 아무 말이나 지껄이자.' 속으로 다짐했다.

"인생은 언제나 도전이라고 생각합니다. 당신이 미국의 안락한 생활을 접고, 지금 말도 안 통하는 한국에 와서 그것도 부도난 제일은행에 오신 이유와 비슷하지 않을까요? 제일은행에 대한 신문기사들을 읽었습니다. 우리나라의 아픔이고, 국민들의 눈물이 있는 회사라고 생각합니다."

나는 조용히 숨을 크게 들이킨 후 계속 이어 나갔다.

"저는 프라다에서 매우 안락한 생활을 했습니다. 명품과 패션 분야이기 때문에 다양한 사람들도 만날 수 있었습니다. 그중 연예인도 만났습니다. 그러나 매스컴에서 많은 기사를 접하면서 궁금했습니다. 도대체 이 은행 안에서 그동안 무슨 일이 일어났는지……. 그리고 이 회사에 새로운 역사를 쓸 수 있는 시간에 같이 동참하고 싶다는 생각을 했습니다."

던컨은 어린아이처럼 해맑은 미소를 지으면서 다음 질문으로 넘어갔다.

"크리스탈! 당신의 성격은 어떻다고 생각하나요?"

"미스터 바커! 우선 저에게 15분 정도 시간을 주신다면 저에 대해서 이야기 해드리겠습니다. 저는 당신을 편하게 하기 위해 존재하는 사람입니다. 가만히 앉아서 저의 프레젠테이션을 들으신 후, 더 질문이 있으시면 해 주세요."

나는 예상하지 못했던 말을 꺼내 버리고 말았다. 어차피 준비해 온 문답이 생각나지 않았기 때문에 어떠한 내용이라도 이야기를 해야 했고, 이 사람에게는 나의 가식적이고 포장된 모습이 아닌 진실된 모습을 보여 주고 싶다는 마음이 들었다.

"아주 좋아요. 나를 던컨이라 불러도 됩니다. 나는 그럼 편하게 듣도록 하지요."

던컨이 말하면서 의자에 깊이 앉는 시늉을 했다.

"저는 이미 당신이 무엇을 물어볼 건지, 저에 대해서 무엇이 궁금한지 다 알고 있습니다. 저도 현재 회사에 있으면서 몇 백 명 직원의 면접을 보았고, 똑같은 질문을 수없이 반복해는 고충을 잘 알고 있습니다. 저의 성격에 대해서 말씀을 드리면, 저는 아무리 힘들고 절망적인 상황에서도 누구보다 더 행복할 수 있습니다. 저는 긍정적인 사고방식을 믿는 사람입니다. 고민하고 걱정한다고 내 코앞에 닥친 문제가 바로 해결되지는 않지요. 그리고 평상시에는 상대방이 진정 어떠한 사람인지 잘 모를 수 있습니다.

그러나 극한 상황에 처했을 때, 그에 대처하는 모습과 능력에 따라서 상대방이 어떠한 그릇을 가지고 있는지 파악할 수 있다고 믿습니다. 저는 지금까지 일을 하면서 한국인, 독일인, 이태리인 CEO들과 함께 일을 했고, 그분들은 마치 무대에서 스포트라이트를 받고 있는 주인공이고, 저는 뒤에서 각종 조명과 의상 등 다음 막을 준비하며 안 보이는 곳에서 움직이는 사람이라고 생각합니다. 그래서 나의 상사가 더욱 큰일을 할 수 있도록 가장 큰 힘이 되어 주고, 정말 말만 하거나 손짓만 해도 모든 것이 준비되고 이루어지도록 하는 마술사 같은 역할이지요. 제가 8년 전 필리핀에서 학업을 마치고 한국으로 돌아왔을 때, 나의 조국은 나를 외면했습니다. 어느 곳에서도 필리핀에서 대학 나온 것을 인정해 주지 않더군요.

게다가 90년대 초반 당시에는 한국 기업들이 매우 보수적인 사고방식을 가지고 있어서 여자가 공대생이라면 인정해 주지 않아서 IT 분야로는 길이 절대로 열리지 않았습니다. 6개월 동안 직장을 찾아다녔지만 대부분이 기업에서 저에게 면접을 볼 수 있는 기회조차 주지 않고 문을 닫았습니다. 그래서 저는 커피숍의 캐시어로 사회에 첫발을 내디뎠습니다.

그 후로 대전 엑스포에 스카우트 되었고, 한국 바스프에서는 사장님, 부사장님, 상무님 세 분을 모시면서 일은 많았지만, 기업의 전반적인 경영에 참여하며 많은 경험을 쌓았습니다. 바스프는 폴리우레탄 원료를 생산하는 독일 회사입니다. 플라스틱이 어떻게 만들어지고, 냉장고가 어떻게 만들어지는지 아십니까? 폴리우레탄 원료를 폭파하는 과정에서 그 강도를 강하게 하면 냉장고, 스키 같은 재료를 만드는 딱딱한 플라스틱이 만들어집니다. 그러나 폭파의 강도를 가장 약하게 하면 수영복 같은 부드러운 스판덱스 섬유도 만들어 낼 수 있습니다. 프라다 가방을 좋아하십니까? 프라다는 국내에서 가장 빠르게 성장해서 명품 시장에 자리를 굳힌 이태리 브랜드입니다. 루이비통, 샤넬과 프라다는 국내 명품 시장에서 서로 1, 2, 3등을 다투고 있는 브랜드입니다.

저는 프라다 코리아가 1996년 말에 런칭했을 당시, 회사 설립 초창기 멤버로 조인하여 사장님, 영업과장, 경리과장, 홍보담당 그리고 비서실장인 저 이렇게 5명이 한국 지사를 창시하게 되었습니다. 청담동에 위치한 프라다 본점 매장을 건축하고, 본사 직원을 30명 가까이 채용하고, 판매 직원을 200명 넘게 채용했습니다. 저는 프라다에서 일하는 동안 영업, 홍보, 마케팅 등 명품 시장에 대해서 배우기 되었습니다. 제가 비서실장으로서 지금까지 경력을 쌓으면서 목숨처럼 중요하게 생각한 것은 회사의 극비 사항을 지키는 것입니다. 그리고 비서실장으로서 가장 행복한 시간은 상사와 같이 머리를 맞대고 회사의 미래를 위해 계획을 세우는 일이었습니다."

반전

나는 장장 30분 동안 침을 튀겨가며 나의 가슴 아픈 사연들, 일하면서 힘들었던 시간들, 참고 인내하며 승리했던 날들을 간략하게 이야기했다. 그러고 나서 내가 준비한 포트폴리오를 회의 책상 앞에 쫙 펼쳤다(비서가 포트폴리오가 어디에 있다고……).

"지금까지 제가 회사에서 일한 내용들을 간단히 설명드리겠습니다."

부행장님은 교실에서 떠들다가 마치 선생님이 들어온 것처럼 자세를 바로 했고, 내가 준비한 서류들을 꼼꼼히 들여다보았다.

"프라다에서는 매월 영업보고서가 이태리 본사와 홍콩에 아시아 지사로 보내집니다. 보고서에는 국내 타 명품 브랜드 조사, 프라다 본점 및 전국 백화점 매출 현황, 면세점 매출 및 직원들 현황, 다음 시즌 계획, 머천다이징(merchandising), 상품에 대한 고객 반응 등 회사의 전반적인 실적과 운영 계획에 대해서 월말 보고서를 준비하고 있습니다. 그리고 이것은 백화점과 면세점 등 우리 거래처와의 계약서입니다. 제가 초안을 만들고 변호사가 최종 검토하여 완료하고 있습니다."

이렇게 면접은 부행장님과 인사과장님은 거의 한 마디도 안 하는 상태에서 나만 혼자 장장 40분가량을 떠들어 댔다. 그런 다음 부행장님에게 말했다.

"저에 대해서 모두 설명을 하였으니, 이제 제가 당신을 면접 보아도 되겠습니까?"

나의 입은 자꾸 의지와 상관없이 입방정을 떨었다(이 일을 우찌하노……).

"물론이지요. 나에 대해서 알고 싶은 것은 다 물어도 좋아요."

던컨은 흔쾌히 질문을 던지게 허락했다. 역시 그는 마음이 넓은 경영자감이었다.

"처음에 제가 질문한 것과 같이 왜 한국에 오셨습니까? 당신은 앞으로 말도 안 통하고 문화도 다른 이곳, 한국에서 그야말로 외계인으로 살아야 하는 데요……."

나는 약간 걱정되는 마음에 이러한 질문을 했다.

"인생은 도전이라고 몇 분 전에 크리스탈에게 태웠지. 나는 호리에 행장님과 오래 전부터 같이 일을 해왔고, 친구처럼 가족처럼 지내는 사이라오. 그래서 이번에 호리에 행장님이 제일은행에 부임하면서, '우리 은퇴하기 전에 한국에 있는 은행 한번 살려보자.' 하며 같이 일할 것을 제시했고, 나 또한 이러한 기회를 통해서 한국이라는 나라에 나의 마지막 커리어를 걸어 보기로 했소. 그래서 어제 이곳에 도착했다오. 크리스탈을 만족시키는 답이 되었는지 모르겠지만?"

"네, 두 분께 행운을 빕니다."

나는 그에게 개인적인 가족 사항들을 물어브았고, 그는 사랑하는 아내와 결혼은 했지만 자녀가 없다고 했다. 자세한 설명은 하지 않았지만 그 내용이 순간 나의 가슴을 찡하게 만들었다.

이제 면접이 끝이 나자, 나와 인사과장님은 부행장님의 마지막 결론을 기다리고 있었다. 그때 그가 갑자기 엄한 얼굴로 입을 열었다.

"미스터 림, 크리스탈을 당장 내 방에서 데리고 나가세요!"

인사과장님과 나는 놀란 토끼처럼 서로를 쳐다보면서 순간 할 말을 잃었다. 그리고 부행장님은 계속 말을 이었다.

"빨리 데리고 나가서 크리스탈이 이 건물 밖으로 나가기 전에 고용계약서에 반드시 서명할 수 있도록 해야 합니다. 크리스탈이 원하는 모든 조건을 들어주세요."

"그럼 행장님과 다른 임원의 면접은 안 봐도 됩니까?"

인사과장이 눈치 없이 다시 물었다.

"당연하지요! 호리에 행장님이 미국 출장에서 돌아오시기 전에 나의 비서실장으로 발령시켜 놓으세요."

그러면서 부행장님은 나에게 비밀을 교환하는 시늉을 하면서 씨익 웃었다. 나는 안도의 한숨을 조용히 내쉬었다. 부행장님이 다시 악수의 손을 내밀면서 우리는 모두 자리에서 일어났다. 그는 온유한 미소를 지으면서 말했다.

"크리스탈! 가능한 빨리 조인할 수 있도록 날짜를 인사과장과 협의하도록 하세요. 당신은 내가 지금 너무나 필요한 사람입니다. 그리고 동시 통역하는 데 문제 없지요?"

순간 나는 당황했다. 지금 못한다고 하면 모든 공든탑이 무너져 버릴 것이다. 지금 이 순간의 답이 나의 평생을 좌우할 것이다.

"물론 할 수 있습니다. 그리고 저는 다음 주 월요일부터 바로 출근할 수 있습니다. 저는 프라다에 이미 사직서를 제출했고 지금은 마무리 단계입니다."

나의 답변에 그는 다시 한 번 놀란 표정을 지으며 내 손을 꽉 잡아 주었다.

인사과에 내려가서 모든 서류 및 절차를 확인한 후, 제일은행 빌딩을 나왔다. 그러자 나의 다리는 처음 이 빌딩을 들어왔을 때보다 더욱 떨려서 힘없이 흐물거렸고, 나의 심장은 고장난듯 심하게 팔딱거렸다. 이 감격스럽고 기쁨이 넘치는 소식을 누구에서 가장 먼저 전해야 하나, 울어야 하나 웃어야 하나, 이제 어디를 가야 하나, 갑자기 그 환희가 나의 눈을 덮었다. 어젯밤까지 나는 흐르는 눈물을 참으려고 안간힘을 써야 했다.

'지금 울면 안 돼. 내일 아침에 눈이 탱탱 부으면 끝장이야!'

오늘 이 면접을 위해서 나는 거울을 보며 웃는 연습을 했지만, 입은 웃을 수 있을지라도 눈은 속일 수가 없었다. 나의 눈에는 슬픔이 가득했기 때문이다. 이제 모든 세상이 밝게 빛나기 시작했다.

'암흑에서 빛으로 나를 인도하소서…….'

2장

운명의 장난

—

아프면 아프다고 말하세요.
당신의 마음을 억지로 감추지 마세요.
— 주민관 목사

쉽고 편안한 환경에선 강한 인간이 만들어지지 않는다.
시련과 고통을 통해서만 강한 영혼이 탄생하고, 통찰력이 생기고,
일에 대한 영감이 떠오르며, 마침내 성공할 수 있다.

헬렌 켈러

청혼

"춘희 씨 나와 결혼해 주세요. 부탁합니다." 엄마가 처녀 시절 그녀의 회사 사장님은 엄마에게 청혼을 했다.

"네? 지금 무슨 말씀을 하시는 건가요? 결혼이요? 저는 결혼에 대해서 한 번도 생각해 본 적이 없습니다."

엄마는 갑작스러운 사장님의 청혼에 할 말을 잃었다.

"지금 춘희 씨가 야간 학교에 다니는 것도 알고, 공부를 얼마나 하고 싶어 하는지도 알아요. 그래서 나와 결혼하면 대학에도 보내 줄 수 있어요."

그는 계속 결혼에 대한 조건을 제시를 했다.

"아시다시피 우리 집안에 시집오려면 대학은 나와야 합니다. 그러니 내가 학비를 대 줄게요. 그리고 공부하느라 일을 못 해도 생활비는 집에 가지고 갈 수 있도록 내가 다 알아서 해 줄 게요. 걱정하지 말아요."

"저는 사장님의 청혼을 받아드릴 수가 없습니다. 그리고 사장님이 대 주시는 학비를 받아서 대학교를 다닐 생각은 추호도 없습니다. 이

일은 없었던 일로 하겠습니다."

엄마는 단호하게 그 자리에서 사장님의 청혼을 거절했다. 젊은 사장이 미모의 엄마를 흠모하고 있었다는 사실은 회사 내 다른 직원들의 귀띔으로 알고 있었다. 그는 엄마와 식사 한 번 같이 하기를 간절히 원했지만, 엄마는 그 누구와도 노닥거릴 시간이 없었다. 낮에는 일을 해야 했고, 밤이 되면 야간 학교에서 졸음과 싸우면 공부를 해야 했기 때문이다.

하지만 어린 시절 엄마의 미래는 창창했었다. 젊은 시절 만주와 러시아에서 통역관 및 운전사이셨던 할아버지는 4개 국어를 능통하게 하셨으며 소련 정보 요원들과 함께 일을 하셨다. 그런데 6·25가 끝난 그 당시는 위험하고 출장이 잦은 정보 요원직보다 자동차 운전이 특수 직업에 속해 안정적이고 훨씬 좋은 직장이었다. 그래서 외할아버지는 가족들을 위해 버스 운전을 선택하여 남부럽지 않은 월급을 받았다.

그래서 가정도 부유하고, 얼굴도 예쁘고 똑똑했던 어린 엄마를 동네 사람들은 많이 부러워했다. 하지만 그 시기는 오래 가지 않았다. 엄마가 중학교를 졸업하고 고등학교를 입학할 무렵 외할아버지에게 대형 사고가 나고 말았기 때문이다. 종점 차고에 버스를 주차하고 나오던 중에 다른 버스 운전사가 할아버지를 미처 보지 못하고 급 발동을 걸어 버린 것이다. 버스는 할아버지를 완전히 벽으로 밀어 버렸다. 그 사고로 할아버지는 갈비뼈가 다 부러지는 중상에 목숨만 간신히 건질 수 있었다.

보험이라는 것이 없었던 60년대 초 할아버지는 보상도 제대로 못 받고 직장도 잃은 채 병상에 누워서 치료를 받아야만 했다. 할아버지의 사고로 인하여 외갓집은 하루아침에 수입 한 푼 없이 먹여 살릴 입만 일곱 명이 되었다.

결국 엄마는 중학교 졸업 후 고등학교에 진학하지 못하고 심부름꾼 같은 보조원으로 생활비를 벌기 시작했다. 하지만 공부는 절대 포기할 수 없어서 야간 고등학교를 다녔다. 낮에는 일에 지치고, 밤에는 졸음과 떠들어대는 학생들 사이에서 집중하기가 너무 힘들었지만 무던한 노력을 기울이지 않으면 안 되었다.

그렇게 녹초가 된 몸을 이끌고 집에 돌아오면 네 명의 남동생 뒤치다꺼리부터 할머니를 도와 살림을 해야 하는 생활고는 어린 엄마에게 힘든 나날이었다. 점차 할아버지의 건강이 회복되면서 두 분은 소일거리로 집에서 인형 눈 또는 팔다리를 부치는 일, 봉투를 만드는 일을 하셨지만, 엄마가 가져오는 월급에 온 가족이 전적으로 의지해야 했다. 그래서 일까? 할머니는 엄마가 회사를 끝내고 일찍 들어와서 집안일을 거들지 않고 밤늦게까지 야간 고등학교에 진학을 하려는 모습을 점점 탐탁지 않게 여기셨다.

한편 중학교를 졸업하면서 엄마의 미모는 일취월장하여 온 동네의 화젯거리가 되었다.

"이거 니 누나한테 꼭 좀 전해 주라."

동네 총각들은 네 명의 남동생을 꼬드겨 엄마에게 연애편지를 보내면서 한 번만 만나 달라고 수많은 구애를 했다. 그리고 남동생들에게 심부름 대가로 온갖 뇌물 공세를 펼쳤다. 그러나 엄마에게 전달된 편지는 하나도 없었다. 편지를 가지고 집에 들어오는 순간 동생들은 엄마에게 얻어터졌기 때문이다.

"너희들! 이런 쓰레기 같은 것 다시 한 번 더 가지고 오는 날에는 죽을 줄 알아!"

엄마는 남동생들에게 엄포를 놓았다. 그래서 동생들은 동네 형들에게 뇌물은 받되, 수많은 편지는 곧바로 쓰레기통에 던져 버렸다.

엄마의 콧대는 하늘을 치솟았다. 엄마가 도도한 것이 아니라 엄마는 남자들에게 도대체 관심이 없었다. 그 당시 회사에서 일을 하면서 가족들의 생계를 책임지고 공부할 시간도 없었기 때문에 연애는 엄마 인생에서 사치일 뿐이었다.

겁탈

엄마가 다니는 회사는 젊은 사장이 경영을 했다. 그는 인물도 좋았고 매우 부유한 집안의 아들이었으며 직원들에게 배려심이 많은 선한 사람이었다. 그런 사장이 엄마에게 반한 것이다. 청혼에 거절당한 사장은 답답한 마음에 사내 노총각 직원을 찾아갔다. 손아래 직원이지만 그는 사장보다 나이도 많고, 결혼을 약속한 동거녀도 있어서 자신의 고민을 잘 들어줄 거라 생각했다.

그런데 사장의 고민을 들은 이 노총각 역시 동거녀가 있음에도 불구하고 엄마에게 이미 흑심을 품고 주위를 뱅뱅 돌고 있었다. 그리고 사장이 청혼을 했다는 사실을 알고 엄마를 절대 빼앗길 수 없다는 마음을 먹고 바로 계획을 세웠다. 다른 직원들까지 동원하여 엄마와 시간을 보내기 위해 저녁 회식 자리를 만든 것이다.

"회식에 왔으면 예의상 한두 잔은 하는 것이지. 내가 따라 준 술을 버리면 그건 직장 선배에 대한 예의가 아니지."

노총각은 술잔을 비우기를 거부하는 엄마에게 자꾸 권했다.

"저는 술을 못 마셔요. 버리기는 아까우니까 다른 분이 드세요."

엄마는 계속 사양했지만 다른 여직원들의 눈살 찌푸리는 것이 싫어서 억지로 한두 잔을 마시게 되었다. 노총각의 계획대로 다른 직원들도 엄마에게 여러 잔의 술을 계속 권했고, 엄마는 마시지도 못하는 술을 이기지 못해 어지러워 하기 시작했다.

그러자 노총각은 서서히 작업에 들어갔다. 술자리를 마친 후 다른 직원들에게는 자신이 엄마를 직접 대려다 주겠다고 약속을 하고, 거부하는 엄마의 팔을 잡고 걱정하는 다른 직원들을 뿌리치고 나섰다.

"통금시간 이전에 집에 가야 돼요. 이러지 마세요. 저 혼자서 갈 수 있어요."

엄마는 그의 동행을 완강히 거부했지만, 연약한 여자의 힘으로 힘 센 남자의 팔을 뿌리칠 수가 없었다.

"한 잔만 더하고 내가 집에 데려다 준다니까, 글쎄.'

그 당시 밤 12시가 되면 국가적으로 통행금지가 있었던 시절, 노총각은 일부러 밤 12시를 넘겼고, 할 수 없으니 이제 새벽까지 기다렸다가 집에 데려다 준다는 핑계로 엄마를 강제로 여관으로 끌고 갔다. 너무나 순진했던 엄마는 그가 어떠한 흑심을 품고 그날 접근했는지 상상도 할 수 없었으며, 울부짖으며 그를 거부했지만 그날 밤 그는 엄마를 겁탈했다. 엄마의 눈물의 세월은 그렇게 시작했다.

"이렇게 된 것 우리 결혼합시다."

노총각은 엄마에게 결혼하기를 요구했다.

"당신 같은 사람과 결혼할 수 없어요. 내가 평생을 혼자 사는 한이 있어도, 당신과 결혼하는 일은 없을 거예요."

엄마는 이 절망 같은 시간 속에서도 그 사람과 결혼하기를 거부했다.

"그리고 당신이 인간이라면 동거하고 있는 여자가 있는데 어떻게 나랑 결혼할 생각을 할 수 있나요?"

엄마는 그의 동거녀가 더 불쌍한지 자신이 더 불쌍한지 모를 정도로 이 남자가 미웠다.

"나 그 여자랑 헤어질 거야. 헤어질 생각하고 있었어. 그 여자는 나에게 아무 의미도 없는 여자야. 당신은 그 여자와 수준이 달라."

엄마는 할 말을 잃었다. 그가 너무나 한심했다. 같이 살던 여자를 아무렇지 않게 버릴 수 있는 사람이었고, 그런 남자한테 자신이 당한 꼴을 생각하니 하늘이 무너져 내리는 것 같았다.

엄격했던 가정에서 자랐던 엄마는 하룻밤을 외박한 딸을 '화냥년'이라며 동네 창피하니까 대문 안에 발도 들여 놓지도 말라며 내쫓았다. 그렇게 갈 곳이 없어지니 이런 상황은 노총각에게 절호의 기회였다.

노총각은 엄마를 달래기도 하고 온갖 협박을 하기도 하며 설득했다.

"나랑 결혼하면 곧 당신 손에 다이아 반지를 껴 줄 거야."

"나랑 살면 평생 손에 물도 안 묻도록 해 줄 거라니까. 사모님 소리 들으면서 살 거라고."

"니가 나를 벗어나면 니 집안 식구들은 온전할 줄 알아? 내가 니년 집에 불 한번 질러볼까? 너 죽고 나 죽자 한번 해보자고!"

엄마는 친구 집을 전전긍긍하면서 그의 손아귀에서 벗어나려 했지만 청천벽력 같은 일이 벌어졌다. 그의 아기를 임신한 것이다. 시간이 가면 갈수록 배는 점점 불러왔고, 아무리 이 운명의 장난을 뿌리쳐 본

들 그의 아기를 가진 이상 그 시대에 미혼모로서 아이를 기르며 살 수
는 없었다. 그리고 할머니 할아버지의 매정함으로 돌아갈 집도 없었던
엄마는 얼마 후 모든 것을 포기하고 눈물의 결혼식을 올렸다. 노총각은
오랫동안 동거했던 여자를 차버리고, 그의 아기를 몇 번이나 중절수술
도 했던 동거녀의 울부짖는 소리에도 아랑곳하지 않고 그 여자를 가차
없이 버리고 엄마를 차지했다.

나의 아버지

그 노총각이 우리 아버지이다. 엄마와 아버지는 열 살의 나이 차이가
난다. 엄마는 그 후 너무나 잘생긴 아들 쌍둥이를 낳았다. 시골에 계신
친할머니는 둘째아들이 서울에 가더니 예쁜 색시를 데려오고, 아들 쌍
둥이까지 생산하니 엄마를 공주처럼 애지중지하셨다. 선하고 사랑이
많으신 친할머니를 뵙고 나서야 엄마는 아버지를 향한 미움을 조금이
나마 삭힐 수가 있었다.

아버지는 젊은 시절 특수사진 기술을 가지고 있는 나름 능력이 있는
사람이었다. 그래서 여자들에게 인기도 많았다. 하지만 이제는 주변의
여자들을 정리하고 자기가 쟁취하고 싶었던 아름다운 아내를 얻었으
니 과거를 잊고 아내와 아들 쌍둥이들을 극진히 사랑해 주었다.

"우리 집에 웬 복덩이가 굴러들어 왔냐. 몸조심해라 아가야."

"우리 며느리 얼굴 달아. 그만 쳐다 봐. 이놈들아!"

엄마가 시골에 내려가면 친할머니는 늘 엄마를 동네 사람들에게 자
랑하느라 바쁘셨다.

결혼 후 아버지와 어머니는 다니던 회사를 그만두고 사업을 시작했다. 엄마는 오래 전부터 회사에서 쌓은 경력으로 아버지 회사의 경리부터 모든 관리를 했다. 아버지는 그 당시 특수한 사진 기술을 선보이며 사업을 펼치셨다. 국내 최초로 접시에 사진을 판박이하고, 티셔츠 등 섬유에도 사진을 프린트하는 사업으로 특허도 냈고, 대학교 및 공공기관의 학적부, 자격증 등 영구히 사진을 서류에 부착시키는 기술도 개발하여 주문은 밀려들어 오기 시작했다.

사업은 회사가 거의 24시간 돌아가다시피 하고, 엄마가 직원들과 함께 끝없는 야근을 해야 할 정도로 빠르게 번창해 갔다. 그렇게 사업이 잘되서 하루아침에 들어오는 돈의 액수가 달라졌다.

하지만 일의 보람도 느낄 틈 없이 아버지의 버릇이 스멀스멀 올라오고 있음을 엄마는 감지하지 못했다. '접대다.' '영업이다.' 하며 룸살롱에서 여자들을 끼고 술을 마시며 매일같이 외박을 하기 시작한 것이다. 아버지는 마치 본인이 재벌 2세라도 된 것마냥 돈을 펑펑 쓰면서 술집에 뿌리고 다녔다. 엄마는 아버지가 없는 회사를 책임지고 운영하랴, 집에 들어오지 않는 아버지를 잡으러 여관마다 뒤지고 다니랴 쌍둥이 아들들을 돌볼 틈이 없었다.

집에는 시골에서 올라온 나이 어린 가정부가 집안 살림을 하면서 쌍둥이 둘을 기르고 있었다. 어린 가정부가 미덥지 않았고 실수투성이였지만, 엄마에게는 당장 선택이 없었다. 회사에서는 주문이 계속 들어오는데, 아버지는 술집 여자들 치마 속에 쳐 박혀 헤어 나오질 못하고 있었다. 과거의 아픔과 상처를 잊고, 자식도 낳게 되었으니 엄마는 포기하는 마음으로 이 남자를 사랑하며 살아야겠다고 다짐하며 결혼을 했지만 한낱 꿈처럼 오래 가지 못했다.

쌍둥이 오빠의 죽음

"이 나쁜 것! 가정이 있는 남자인 줄 뻔히 알면서 내 남편을 꼬셔?"

아버지가 어느 여관에 술집 마담과 있다는 정보를 입수하고 여관 방으로 뛰어든 엄마는 소리를 지르며 벌거벗고 있는 그 둘에게 향했다.

"어머 형님! 여기는 웬일이야?"

술집 마담은 뻔뻔스럽게 대답했다.

"내가 왜 니 형님이야? 이런 개 같은 족보가 어딨어? 이 나쁜 년!"

엄마는 자신보다 훨씬 나이가 많은 술집 마담과 격투를 벌였다. 그 바닥에서 닳고 닳은 술집 마담은 억세서 엄마가 이겨낼 수 없었다. 환경이 사람을 만든다는 말처럼 엄마는 살아오면서 욕 한 번을 입에 담지 않았는데 아버지와 가정을 지키기 위해 술집 마담과 험한 욕을 해 가면서 죽기 살기로 싸웠다.

결국 이 싸움은 엄마의 온몸이 할퀴어 살점이 뜯겨 나가고, 머리카락은 뭉텅 뽑히고 나서야 끝이 났다. 엄마는 원하지 않는 결혼을 하게 되었지만, 그래도 아들 쌍둥이를 낳고 사업도 잘되면서 행복한 미래를 꿈꾸며 가정을 꾸려 나가려고 했다. 그러나 돈을 많이 벌면 벌수록 아버지는 변해 갔고 여자와 술을 좋아하는 남자와 함께 산다는 것 자체가 너무나 치욕스러웠다. 술집 마담은 동네에서 서로 얼굴을 다 아는 사이였으며, 술자리를 몇 번 같이 하면서 서로 언니 동생 하자던 그 여자는 결국 아버지를 꼬셔 바람을 피우게 하는 수치스러운 사건도 있었다.

"나는 당신과 도저히 살 수 없으니 우리 이혼합시다."

엄마의 자존심으로 도저히 이러한 아버지와 같이 살 수 없었다.

"애들은 내가 키울 것이고, 이제 당신이 무엇을 하든 누구와 있든 나는 상관하지 않을 테니 그렇게 여자 치마 속이 좋으면 이혼하고 실컷 그 치마 속에서 사세요. 나는 도저히 당신 같은 사람과 돈을 억만 금을 준다고 해도 못사니까."

엄마는 단호하게 이혼을 선포했다.

"뭐? 이혼? 이혼이 뉘 집 똥개 이름인 줄 알아? 대한민국에서 이혼이 그렇게 호락호락한 줄 아나부지? 이혼하고 싶으면 해 봐! 그리고 애들을 니가 키운다고? 꿈 깨시지. 애들은 아버지한테 양육권이 있거든!"

아버지는 엄마의 이혼 선포에 눈 하나 깜짝하지 않았고 큰소리를 쳤다. 그리고 다음 날에는 무릎을 꿇고 빌었다.

"여보, 내가 잘못했어. 다시는 이런 일 없을 거야. 이번만 용서해줘. 이제는 정말 정신 차리고 회사 일만 열심히 할게."

아버지는 항상 큰소리를 친 다음에는 엄마에게 손이 발이 되도록 용서를 빌었다.

"당신이 나보다 더 나은 여자와 바람을 피운다면 인정할게요. 정상적인 여자, 나보다 더 똑똑하고 당신에게 지적인 조언을 할 수 있고 내조를 잘할 수 있는 여자라면 그 여자를 당신의 세컨드로 인정하고 살게요. 그러나 당신이 술집 여자들과 바람을 피운다면 내 자존심이 허락하지 않고, 내가 뼈 빠지게 번 돈을 그 술집 여자들에게 절대로 줄 수 없다고요!"

시대적으로 60~70년대 남자들은 다른 살림을 차리는 것에 대해 경제적인 능력이 없는 본처라면 묵인해 줄 수밖에 없는 시절이라 엄마는 생각을 달리했다. 앞으로 아버지가 바람을 피우더라도 지혜로운 여자와 피우길 진심으로 바란 것이다. 엄마의 힘으로 바람기 많은 아버지를 고칠 수 없다면 차라리 자신보다 더 능력 있고 똑똑한 후처와 공생하며 사는 게 낫다고 생각한 것이다.

설령 이혼을 해도 아버지가 아이를 키운다는 것은 상상할 수도 없었다. 아버지는 아이를 키울 능력도 없었고, 교육에 대한 관심도 없는 사람이었다. 결국 엄마는 매번 우리 때문에 아버지와 이혼을 할 수가 없었다.

아버지의 여전한 방탕한 생활로 인해 회사의 수입은 밑 빠진 독에 물 붓기였다. 집에서 아들들과 함께 있고 싶어도, 엄마가 회사 일을 전적으로 맡아서 하지 않으면 돌아가지 않았다. 후불거래였던 그 당시 수많은 거래처에서 미수금이 쌓이면 돈 달라고 찾아가지 않는 이상 자발적으로 돈을 지불해 주지 않았다. 그리고 직원들이 실수하지 않도록 같이 일하며 챙겨야 했고, 회사에서 하루하루 거래처와 끝없이 발생되는 문제점들을 해결해야 했다.

회사로 다급한 벨소리가 울렸다. 집에서 쌍둥이 아들들을 돌보고 있던 어린 가정부였다.

"사모님 큰일 났어요."

"무슨 일인데?"

엄마는 놀라며 전화를 받았다.

"성균이가…… 양잿물에 화상을…….''

어린 가정부는 울먹이며 말을 끝까지 잇지 못했다.

가정부가 부엌에 잠깐 가 있는 동안 쌍둥이 중 첫째가 거실에서 펄펄 끓이고 있는 빨래 양잿물을 뒤집어 쓴 것이다. 60~80년대까지 각 가정에는 연탄이 유일한 난방기구였다. 그 당시 엄마 집에는 거실에 난로가 있었는데, 그 난로 위에 물도 끓이고, 빨래도 끓이는 용도로 사용했다.

성균이는 가정부가 한눈을 판 사이에 의자 위로 올라가 난로 위에 펄펄 끓고 있는 빨래 통이 궁금해서 쳐다보려 했다. 그때 의자가 기우뚱 넘어지면서 허우적거리던 손이 빨래 통을 쳐서 펄펄 끓던 물이 그대로 성균이를 덮어 버렸다.

성균이는 곧바로 병원 응급실로 실려 갔지만, 상태는 매우 심각했다. 엄마는 화상을 입고 일그러진 아들의 모습을 보고 오열하고 말았다. 믿을 수 없는 현실이 눈앞에서 일어나고 말았다. 그리고 의사 선생님에게 매달렸다.

"선생님! 가망이 있는 거지요? 피부 이식 수술하면 되는 거지요? 우리 성균이 살려만 주세요. 네?"

엄마는 의사 선생님의 옷을 붙잡고 울며불며 매달렸다.

"뭐든지 할게요. 뭐든지요. 우리 아들 살려만 주세요. 돈은 얼마가 들어도 상관없으니 우리 아들 살려만 주세요, 네? 엉 엉……."

엄마는 이 절박한 상황에서 믿을 수 있는 사람은 의사밖에 없었다.

"우선 진통제를 놓고, 아이가 고통을 참아 낼 수 있는지 봐야 할 것 같습니다."

그러나 의사도 어쩔 수 없는 상황임을 설명했다.

"4도 화상은 피부 이식이 불가능합니다. 지금으로서는 아이의 고통을 줄여 줄 수 있도록 최선을 다하는 수밖에요."

의사도 이러한 상황에 손을 쓸 수 있는 방법이 없었다. 때는 1969년 우리나라에는 선진국의 의료 기술이 도입된 시기도 아니었고, 4도 화상은 곧 사망을 의미했다. 아니 죽지 않고 살아간다는 것이 환자에게 더욱 고통스러운 상황이었다. 피부는 물론 근육 조직과 뼈의 손상까지 동반된 극도로 심한 상황이었으므로 아주 강한 진통제도 듣지 않을 정도로 피부가 익어 버려서 그 고통은 참을 수 없을 정도로 매우 심하다고 한다.

엄마의 가슴은 찢어지고 찢어져서 너덜너덜할 정도였고, 이렇게 고통 속에서 죽어가는 아들을 바라보면서 속수무책이었다. 아버지는 엄마가 병원에 24시간 아들 곁에 있어야 해서 딴생각하지 않고 집과 병원만을 왕래하며 회사를 지키기로 약속했다.

"아무래도 아드님이 오늘이나 내일을 넘기기가 어려울 것 같습니다. 죄송합니다."

의사는 엄마에게 마음의 준비를 할 것을 통보했다.

"이렇게 살려두는 것도 아이에게 못할 짓입니다. 지금으로서는 모르편 진통제도 그리 듣지 않습니다.”

하염없이 울고 있는 엄마에게 의사도 더 이상 해 줄 수 있는 말이 없었다.

“엄마! 아빠는 어디 있어? 아빠 보고 싶어. 나 너무 아픈데 아빠 보면 좀 나을 것 같아.”

성균이는 고통 속에서도 참으려고 안간힘을 쓰고 있었다. 아들의 일그러진 얼굴과 만질 수조차 없는 온몸을 쳐다보면서 엄마 또한 울지 않으려고 안간힘을 썼지만 소용이 없었다.

“그래, 아빠 오시라고 할게. 조금만 기다리면 아빠 오실 거야.”

엄마는 아들에게 약속을 하고 아버지를 부르기 위해 전화를 했다. 그러나 아버지는 회사에 없었고 직원을 통해서 이미 퇴근을 했다는 말을 전해 들었다. 그래서 곧 병원으로 오겠지 하며 기다렸다. 그리고 아버지가 병원에 오기만을 기다리며 죽어가는 아들과 시간을 보냈다.

“엄마! 나 너무 아파. 나 못 참을 것 같아.”

“성균아! 조금만 더 참으면 의사 선생님이 낫게 해 주실 거야. 우리 성균이는 씩씩하니까 참을 수 있지?”

엄마는 마냥 흐르는 눈물을 닦으며, 아들의 손도 잡아 줄 수 없는 상태에서 그 가슴이 갈기갈기 찢어져 나갔다. 밤마다 엄마는 가슴을 찢으며 울부짖었고, 쇼크로 인해 팔다리가 돌아가고 심장에 무리가 왔지만 죽어가는 아들을 돌봐야 했고 본인의 몸을 챙길 겨를이 없었다.

“엄마, 나 아빠 한 번 보고 하늘나라 갈 거야. 아빠 빨리 오시라고 해. 나 더 이상 못 참을 것 같아.”

엄마는 고통 속에서 몸부림치는 아들 옆에서 아무런 대답을 해 줄 수가 없었고, 흐르는 눈물을 막지 못해 꺼이꺼이 울었다.

열흘째가 되던 날 밤, 성균이는 끝까지 아버지의 얼굴을 보지 못한 채 싸늘한 시체가 되었다. 아버지는 그날 밤에도 아들의 죽음을 전혀 예상하지 못한채 술집에서 여자를 끼고 술을 마시고 있었다.

내가 태어나다

엄마는 어떻게도 표현이 안 되는 아픔을 안고 아들의 장례식을 치렀다. 그리고 장례식을 치른 후 엄마는 식음을 전폐하고 드러누워 있었다. 아무것도 모르고 칭얼거리는 동균이도 보기가 싫을 정도로 아무런 기력도 희망도 없었다.

아버지가 도저히 인간 같아 보이지 않았다. 엄마는 그렇게 매정하고 자기 가슴에 지워질 수 없는 못을 박은 아버지를 도저히 용서할 수가 없었다. 엄마는 그날 이후부터 드러누워서 아무것도 하지 않고 끙끙 앓으면서 침묵을 지켰다.

"내가 미안하다니까. 자네 언제까지 그렇게 드러누워 있을 거야. 동균이라도 돌봐야지."

아버지는 엄마가 필요했다. 회사는 그야말로 엉망이었다. 아버지는 이미 회사가 어떻게 돌아가고 있는지도 몰랐다. 돈줄이 막혀 있는 상태라서 미수금을 어디에서 어떻게 받아야 하는지 속수무책이었다.

"나도 마음이 아프지만 이렇게 된 거 어떻게 하겠어? 산 사람은 살아야지."

"회사가 엉망이야. 당신이 일어나서 출근해야 회사가 돌아가지. 정말 언제까지 이렇게 누워 있을 거야?"

아버지는 엄마를 어떻게 해서라도 기운을 차리게 해야 했다. 집안 꼴도 말이 아니었고, 동균이는 빽빽 울어댔고, 가정부는 그 이후 다시 시골로 돌려 보내졌다. 아버지는 시간이 지나면서 아내의 이러한 행동에 점점 화가 나기 시작했다.

"이미 죽은 애를 어떻게 하겠어! 애 하나 잃어버렸으니 하나 더 만들어 주면 되잖아!"

그러고 나서 아버지는 누워서 앓고 있는 엄마를 덮치고 만다.

쌍둥이 아들을 낳은 후, 엄마는 딸을 낳고 싶어 했지만 아버지는 더 이상 자녀를 생산하지 않기로 선포했었다. 당시 박정희대통령 정권 시절, 대한민국 각 가정의 평균 자녀는 6~8명이었다. 인구밀도가 높아지면서 먹여 살릴 입은 많아지고 일손은 딸리는 식량 부족 현상이 발생해서 '아들딸 구별 말고 둘만 낳아 잘 기르자'라는 정부의 정책을 시행했다. 셋째를 출산하게 되면 그만큼 국가에서 받을 수 있는 혜택이 줄어들게 되었다.

그래서 단호하게 셋째를 거부했던 아버지는 이제 자식이 하나밖에 없게 되었고, 아내가 다시 힘을 내고 일어날 수 있게 하는 방법은 임신을 시키는 방법뿐이라고 생각했다. 아버지는 누워서 실신하고 있는 엄마를 다시 강제로 관계를 가졌다. 그렇게 하여 10개월 후 내가 이 세상에 태어나게 된다.

아버지는 어린 시절 오빠보다 나를 더 아껴주셨다. 나의 눈에 비친 아버지의 모습은 언제나 손에 통닭과 아이스크림을 사들고 오셨고, "어이구 우리 송하, 우리 동균이가 최고다!" 하시며 항상 오빠와 나를 자랑하고 다니셨다. 친인척들과 친구들에게도 항상 배푸는 마음이 선하신

분이셨다. 술자리에도 어린 딸을 데리고 가시길 원했기 때문에 엄마와 종종 싸우셨다. 그래서 나는 아버지 덕분에 못 먹는 안주가 없다. 이미 다섯 살 때부터 닭발, 감자탕, 선지해장국, 보신탕, 그래고기 등이 나의 주식이었다.

아버지는 아름다운 아내를 소유했고, 사업은 번창했으며, 쌍둥이 중 한 아들은 죽었지만 그래도 아들 하나, 딸 하나이니 남들이 모두 부러워하는 행복한 가정과 사업을 이루고 있었다. 그러나 그것에 만족하지 못하셨다. 그 시대 가부장적인 사고방식과 둘째 마누라를 두는 것이 괜찮다고 생각하는 구시대의 사고방식 때문에 엄마와 불화는 계속 되었다. 그렇지만 아버지는 자녀들에게는 무엇이든지 들어주시는 따뜻하신 분이었다. 어린 시절 나에게는 이 세상에서 돈도 많이 벌어 오시고 항상 자상하기만 한 것처럼 보이는 아빠가 최고였다.

그러나 아버지는 절대로 하지 말아야 할 결정을 강행해서 우리 가족은 필리핀으로 이민을 가게 되었다. 그리고 아버지는 그곳에서 서서히 꿈과 희망을 잃어가셨다. 가장이 쓰러지면 가족들은 너무나 힘든 고통 가운데서 살 수밖에 없다. 한 가족의 리더는 아버지이다. 회사의 리더는 CEO이다. 리더는 나 혼자만의 길을 가는 것이 아니라, 나의 가정, 나의 회사 및 직원들, 그리고 많은 사람을 책임지며 그들을 위해서 희생해야 할 의무가 있는 것이다.

그렇게 최고였던 아버지는 몰락의 길을 택하면서 어린 나에게 너무나 빨리 이 더러운 세상에 대해 눈을 뜨게 했다.

마닐라 국제공항

"엄마!"

필리핀 마닐라 국제공항에 도착한 오빠와 나는 울면서 엄마의 품에 안겼다. 내가 초등학교 3학년 즈음, 어느 날 갑자기 부모님은 사업을 하신다고 필리핀으로 떠나셨고 오빠와 나는 홍은동 외갓집에 맡겨져서 3년이라는 세월이 흘렀다. 나는 그동안 엄마, 아빠와 다시 상봉할 수 있는 날만 손 꼽아 기다리며 할아버지, 할머니를 비롯하여 삼촌들 등 열한 명의 대식구와 함께 살았다. 하지만 엄마, 아빠를 향한 그리움은 너무나 견디기 힘들었다.

엄마의 까맣게 그을린 피부가 조금은 낯설었지만 엄마는 여전히 너무나 아름다웠다. 까무잡잡한 피부 덕분에 더욱 이색적인 외국 미인을 보는 것 같았고 나의 엄마같이 느껴지지 않았다.

"비행기 타고 오는데 무섭지 않았어? 비행기 타고 제주도도 못 가는 우리 송하, 너무 장하네!"

엄마는 나를 꼭 안아주면서 말했다.

"엄마, 나 조금 무서웠는데, 비행기가 막 진동할 때 진짜 심장이 멈추는 줄 알았지만, 맛있는 것도 많이 먹었어요. 그리고 나 스튜어디스 될 거야. 너무 멋있어요."

나는 멋진 유니폼을 입고, 영어도 유창하게 잘하는 스튜어디스를 보고 나의 꿈이라는 확신을 했다.

"그럼 영어 공부 진짜 열심히 해야겠네. 그래, 이제 집으로 가자. 엄마가 집에 시원한 코코넛 주스를 냉장고에 만들어 놓았어."

우리 가족은 그렇게 상봉을 마치고 마닐라 국제공항을 빠져나와 택시를 탔다. 나는 공항 건물을 나오자마자 전혀 예측하지 못한 뜨거운 열대의 공기를 들이 마신 순간 바로 속이 울렁거리며 토해 버렸다.

"엄마, 나 숨을 쉴 수가 없어요."

갑자기 생선 비린내가 확 밀려오고, 그 뜨거운 열기가 나의 폐를 타고 들어가는 순간 나는 숨이 확 막혀 버렸다. 섭씨 4C도까지 온도가 올라가는 마닐라는 나의 상상을 초월할 정도로 뜨거웠다. 한국 2월 꽃샘추위의 날씨에서 바로 비행기를 타고 4시간 가량 날라온 이 나라는 정말 지옥의 불광로처럼 느껴졌다.

'지옥이 더 뜨거울까, 이 나라가 더 뜨거울까?'

어린 나는 이러한 생각을 하면서 하늘을 쳐다보았다. 도떼기시장 같은 공항을 벗어나 택시를 타고 가면서 거리의 푸른 야자수들을 신기하게 쳐다보았다. 차가 신호등에 멈추어 섰을 때 우리 차로 들이 닥쳐서 창문을 두드리는 거지 떼들을 코앞에서 보면서 나는 두 번째 실망을 하게 되었다.

'이 나라는 결코 내가 그리던 외국이 아니야.'

마닐라에 대한 첫 느낌이 실망스러워 한국 친구들에게 자랑하고 온

내 자신이 너무나 창피하고 자존심이 상했다.

'앞으로 이 지옥 같은 곳에서 나는 결코 행복하지 않을 거야.'

무슨 예언이라도 하는 것일까? 만 열두 살된 나의 마음에 마치 다짐이라도 하듯 나는 필리핀이라는 나라를 싫어할 것이라는 예측을 했다.

"난 로만 아저씨 집에 가기 싫단 말이야!"

나는 오빠와 내가 또다시 어디로 가야 한다는 엄마의 말에 투정을 부렸다.

"그러면 너 영어도 못하는 주제에 학교도 못 들어가고, 여기서 거지될래?"

엄마는 오빠와 내가 아버지의 필리핀 친구 분인 로만 아저씨 댁에 3개월 정도 살면서 현지 영어를 배워야 한다고 말씀하셨다. 우리가 필리핀에 도착한 지 한 달 정도 되었고, 나의 달콤한 행복은 엄마의 꽁무니를 졸졸 따라다니며 엄마가 집안일을 할 때, 시장에 갈 때, 부엌에서 식사를 준비할 때 참견하며 그동안 있었던 수많은 일을 엄마와 조잘조잘 이야기하며 조수 역할을 하는 것이었다.

"소금!"

"간장!"

"후추!"

엄마가 요구하는 재료를 내 손으로 전달하며 엄마의 기가 막힌 요리솜씨를 기대하는 순간들은 정말 군침이 돌아서 말할 때마다 내 침이 음식에 튀곤 했다. 엄마도 우리가 마닐라에 도착한 후, 급한 회사 일들이 없었는지 우리와 함께 시간을 보내셨다.

엄마는 어느 날 나를 택시에 태우고 엄청나게 좋은 빌리지 게이트를 통과하여 어느 학교에 데리고 가셨다. 산 어거스틴 고등학교는 필리핀에서 가장 명문인 천주교 재단의 사립 고등학교로서 참으로 아름답고 웅장한 학교였다. 그 학교가 위치한 다스마리니야스 빌리지는 치안이 불안전한 마닐라에서 가장 돈 많은 상류층들만 살고 있는 지역이다. 그래서 게이트에 중무장 한 경비 두 명이 24시간을 지키고 있는 철통 같은 요새였다. 그 빌리지에 있는 집들은 기본적으로 수영장이 있었고, 어떤 집들은 취향에 따라서 테니스 코트, 미니 골프장 등이 딸려 있었다. 가정부, 정원사, 요리사, 아이들 보모 등을 고용하는 것은 기본이고, 보통 다섯 대 또는 열 대 이상의 차량을 가지고 있는 집이 많았다.

나는 그 학교에 도착하자마자 교장 선생님이신 신부님을 만나 뵙고 알아듣지도 못하는 말에 멍하니 쳐다보고만 있었다. 아무런 마음의 준비도 안 된 나는 어느 외국인 선생님의 손에 이끌려 카로 영어 입학 시험을 보기 위해 독방 신세가 되었다.

'나 원 참……..'

나는 속으로 생각하며 시험문제를 들여다 보았다. 모든 문제가 영어로 되어 있었기 때문에 하나도 이해할 수가 없었다. 나는 더 이상 생각할 필요도 없었다. 시험 문제를 푸는 데 주어진 시간은 60분이었지만, 나는 무지 빠른 속도로 모든 문제를 다다다닥 찍고 10분 만에 시험지를 제출했다. 이렇게 빨리 시험지를 제출하고 나오는 나를 보면서 밖에서 어이없어 하는 엄마에게 V자 신호를 보내 주는 것도 잊지 않았다. 그 다음은 아이큐 시험과 수학 시험이 이어졌다.

그 시험지들은 나에게 광명의 빛을 약간 보여 주었다. 왜냐하면 문제들이 영어가 거의 없었고 숫자들과 도형으로 되어 있었기 때문이다. 이번에는 신중하게 그러나 아주 쉽게 문제들을 풀고 다시 시험지를 제출했다. 콜레히오 산 어거스틴 고등학교는 쉽게 입학할 수 있는 학교가 아니었다. 비싼 학비는 물론이고, 높은 수준의 시험을 통과해야 입학이 가능했다. 엄마는 무엇을 믿고 나에게 그야말로 이렇게 무리한 요구를 하실 수 있었는지 그것이 알고 싶었다.

'당연히 떨어졌을 거야……'

지난 한 달 동안 마닐라에 도착해서 간신히 ABC만 터득한 나의 영어 실력으로 시험에 합격한다는 것은 불가능한 일이었다. 기적이 일어나지 않는 한 나는 이 학교 입학시험을 통과할 수가 없었다. 시험을 모두 끝낸 후 결과를 기다리기 위해 엄마와 나는 30분 정도 밖에서 기다려야 했다.

필리핀이 스페인의 500년 통치하에 있었던 시기에 지어진 이 학교 건물은 마치 유럽의 고풍스러운 건축들을 보는 것 같았다. 그리고 끝없이 펼쳐진 학교 캠퍼스 운동장의 푸른 잔디는 어린 나의 입을 쩍 벌어지게 만들었다. 학교의 끝이 어딘지 보이질 않았다. 그 웅장함과 멋진 나무들은 나의 마음을 사로잡았다. 나는 태어나서 이렇게 멋지고 좋은 학교를 보지 못했다. 바깥세상에 존재하는 빈민촌과는 상상할 수 없을 정도로 전혀 다른 세상인 이 학교의 평화로운 캠퍼스와 철통 같은 빌리지를 보면서 열세 살 된 나는 꿈을 꾸게 되었다.

'이렇게 멋진 학교에 다닐 수 있다면 얼만 좋을까……'

어린 나는 두 눈으로 똑똑히 보았다. 담장 밖 거지들의 삶과 이 안에 살고 있는 상상을 초월할 정도로 부유한 사람들의 삶을. 그리고 갑자기 소망이 생겼다. 시험지를 마구마구 찍은 것이 정말 후회되었지만 때는 이미 늦었다. 물론 찍지 않았다고 해서 별다른 수가 있었던 것은 아니었다. 엄마는 ABC도 잘 모르는 딸이 필리핀에서 가장 좋은 학교에 다니길 원하셨다. 어떻게 그런 발상을 할 수 있었는지 모르겠다. 얼마 후 우리는 다시 교장 선생님을 만나러 갔다.

"송하 어머니, 지금 송하의 영어 실력은 기초 수준도 안 되는 것 같네요. 영어를 모르면 수업을 따라올 수가 없습니다."

시험을 주관했던 선생님이 결과를 보면서 말했다.

"마이 도터 지니어스! 우리 딸은 매우 똑똑합니다. 한국에서 공부할 때도 전교에서 일등할 정도로 천재입니다. 학교에서 외국 아이들과 같이 생활하면 6개월 안에 기초 영어는 빨리 배울 수 있을 거라고 믿습니다. 그리고 1년 안에 수업을 따라가도록 집에서 개인 교습도 하고 있습니다."

엄마는 엉터리 영어로 보디랭귀지를 섞어 가면서 열심히 설명했다.

'신부님한테 딸이 천재라고 거짓말을 하다니. 엄마는 정말 대단해.'

엄마가 한국에서 가져온 나의 초등학교 성적표를 들고 흥분하며 몸으로 표현하는 모습을 보고 웃음을 참느라 나는 진땀을 흘렸다. 내가 외갓집에 있을 때 멀리 있는 엄마의 소원은 내가 반에서 일등하는 것이었다. 그래서 6학년 마지막 학기에 전과목 만점을 받았고, 지금 그 성적표를 엄마는 교장 선생님에게 흔들어 보이고 있었다.

'그때도 모르는 문제들은 찍었는데. 단지 운이 좋았을 뿐인데 말야.'

내 자신을 너무 잘 알고 있었기 때문에 속으로 이렇게 생각했다.

"네, 저도 이 학생의 시험 결과에 대해서 교장 선생님과 상의를 해보았습니다."

외국인 선생님이 계속 말씀하셨다.

"영어 실력보다 우리를 놀라게 한 것은 아이큐 테스트입니다. 수학과 아이큐 테스트에서 거의 만점을 받았습니다. 그래서 교장님은 특별히 입학을 허락하셔서 일 년 동안은 청강생으로, 일 년 후에는 다시 시험을 봐서 다음 학년으로 진급을 할 수 있을지 여부를 확인하도록 하겠습니다. 일 년 후 진급 시험에서 탈락을 한다면 송하가 다른 학교로 전학을 간다는 조건으로 입학 서류에 서명을 하시면 됩니다. 그럼 우선 일 년 동안만 공부할 수 있는 조건으로 입학을 허락하겠습니다."

엄마와 나는 믿을 수가 없었다. 내가 이 학교에 다닐 수 있다니…….

"그리고 학교 개학이 앞으로 3개월 정도 남아 있으니, 그동안 영어 기초를 빨리 닦아 주세요."

교장 선생님은 인자하게 웃으며 나를 환영한다고 악수를 청했다. 어르신이 그것도 남자가 나에게 악수를 청하기는 태어나서 처음이어서 나는 뿌듯하기도 하고 쑥스럽기도 했지만 나도 힘차게 손을 내밀었다. 마치 어른이 된 느낌이었다. 이렇게 좋은 학교에 다닐 수 있다니, 두렵기도 하고 떨리는 마음으로 나는 엄마와 함께 집으로 돌아왔다.

그 후 나는 빨리 영어 공부를 해야 하는 목적이 생겼고, 폭풍 전야의 고요함이라고 할까? 이곳에서 우리의 미래가 어떻게 펼쳐질지 전혀 상상하지 못한 채 필리핀에 온 것이 그리 나쁘지만은 않게 느껴졌다.

사기

●

　　엄마는 한국에 있을 당시 아버지가 필리핀이라는 곳에 가서 사업을 하겠다는 발상 자체에 콧방귀도 뀌지 않았다.

　　"회사를 빨리 정리하고 우리 필리핀에 갑시다. 지금 동업을 하겠다는 친구가 나타났으니 절호의 찬스가 온 거야."

　　아버지는 홍콩, 마카오, 필리핀 등 동남아 해외에 여러 번 다녀온 친구를 통해서 들은 이야기로, 필리핀에서 지금 사진 사업을 시작하면 돈을 엄청 많이 벌 수 있다는 정보에 이미 꿈에 부풀어 있었고 마음이 굳어져 있었다.

　　"절대로 안 가요. 가려면 당신 혼자서 가세요."

　　엄마는 단호하게 거절했다. 그리고 계속 말을 이었다.

　　"여기에서 이렇게 잘되고 있는 회사를 왜 정리를 한다는 거예요? 그 나라에 대해서 도대체 뭘 안다고 이렇게 빨리 결정을 하는 거예요?"

　　엄마는 아버지가 필리핀에 대한 헛된 꿈을 빨리 접고 정신을 차리길 바랐다. 지금 회사에서 해야 할 일도 너무 많은데, 아버지는 필리핀 타

령이었다.

"회사를 팔고 집도 정리해서 있는 돈을 다 가지고 가야지 내가 사업할 자금이 생기지 빈털터리로 가서 사업하나? 여편네가 미래를 바라보는 안목이 없으면 잠자코 남편만 따라오기나 해!"

엄마는 회사에 관심도 없었던 아버지가 스스로를 미래지향적인 사람이라고 자칭하는 말에 어의가 없었다. 친할머니 역시 해외로 이민을 가서 사업을 하겠다는 아버지에게 펄쩍 뛰셨다.

"나는 손주들 못 보면 죽는다! 절대로 안 돼! 이 미친놈! 지 혼자 가라 해라. 송하 애미야, 너는 꼭 회사를 지키고 애들하고 여기에 있어야 한다. 알겠지?"

친할머니도 단호하게 아버지의 의견을 무시하고 엄마를 필사적으로 편들기 시작했다.

"도대체 여자들하고는 대화가 안 돼서 내가 살 수가 없어. 필리핀에 가면 미군 부대가 엄청 많아. 거기는 거의 미국이래. 장사도 잘되고. 미국 본토는 이미 선진국이라서 이런 사진 기술을 가지고 있는 사람들이 널렸어. 그런데 필리핀에는 아직 없대. 그러니 내가 가면 그 시장은 백 프로 내 거야."

아버지는 정말 허무맹랑한 꿈을 꾸는 사람이었다. 현재 회사는 엄마가 직원들과 거래처를 모두 다 관리하고 있었다. 게다가 엄마가 거래처에 좋은 신용과 인맥을 쌓아 나가고 있었기 때문에 회사는 나날이 번창하고 있었다. 사진관으로도 1호점, 2호점 프랜차이즈를 내고 싶어 하는 투자자들이 줄을 서고 있는 상태였고, 전문적인 사진 기술을 가진 직원들이 턱없이 부족하여 엄마는 신참들을 고용하여 일을 가르치면서 너무나 바쁘게 회사를 운영하고 있었다. 하지만 아버지는 막무가내였다.

"그리고 불광동에 있는 땅도 팔아서 모든 자금을 다 마련해서 가야 돼. 당장 한두 푼이 아쉬운 상태라고. 그리고 이 친구가 내가 빨리 안 움직이면 다른 사람과 동업을 할지도 몰라."

아버지는 모든 재산을 처분하기 위해 이미 계획을 다 세워 놓았다.

"뭐라고요? 불광동 땅을 왜 팔아요? 당신 저 정신기야? 내가 그 땅을 어떻게 받은 건데! 그 땅은 절대로 안 돼요. 나중에 20년 후에 우리 노후대책이니까 손댈 생각도 하지 마세요."

엄마는 부도난 거래처에서 돈을 못 받는 상황까지 갔지만 그 사장을 설득하여 불광동에 있는 십여만 평의 논밭지기 땅문서를 미수금 대신 받을 수 있었다.

"이 여자가 증말⋯⋯. 그 시골 논밭에서 집 짓고 농사짓고 살 거야? 그 값어치 없는 땅문서 하나 가지고 와서 무슨 백만장자라도 된 것처럼⋯⋯ 쯧쯧쯧. 그것 다 필요 없다고. 지금 평당 600원이라도 준다고 할 때 팔아서 현찰이라도 만들어 놓아야 한단 말이야."

"회사는 이미 내 명의로 되어 있는데, 당신을 설득하려고 한 내가 바보지."

그런 후 아버지는 마치 무엇인가를 새롭게 깨달은 사람처럼 미친 듯이 혼자서 일을 추진해 나갔다. 엄마는 미칠 것만 같았다. 아버지의 새로운 바람은 이제 여자가 아니고 외국이었다. 주위의 모든 사람이 다 반대를 했고, 친할머니는 울고불고 난리를 치시며 자신이 죽는다고 온갖 협박을 다 했으며, 엄마는 우리와 한국에 남아 있을 테니 아버지 혼자서 가라고 했지만 소용이 없었다. 아버지는 엄마 없이는 절대로 일을 벌릴 수가 없었고 혼자서는 타국에서도 회사를 관리할 수가 없었다.

"필리핀은 영어권이야. 그 나라의 공식 언어가 영어라고. 애들 좋은 학교에서 영어 가르칠 수 있는 조건이 되는데 왜 이렇게 고집을 부려?”

아버지는 엄마에게 마지막 카드를 내밀었다. 자식 교육에 대해서 매우 철저한 계획을 세우고 공부를 시키고 있는 엄마에게 혹할 만한 조건이었다.

필리핀은 스페인의 500년 통치에 이어 미국의 50년 식민지 통치하에 있었던 나라이기 때문에, 모든 것이 미국 방식이었고, 공식 언어가 영어와 원주민 언어 타갈로그였다. 그 당시 마르코스 대통령은 공식 석상에서 모든 연설을 유창한 영어로 했다. 필리핀의 각 지역마다 많은 미군 부대가 아시아의 전략적 요지로 발판을 삼고 있었다. 마닐라의 몇 개의 외국인 학교는 아시아에서도 꽤 유명했다. 필리핀과 싱가포르 외국인 학교에서 공부한 아이가 미국 하버드까지 합격한 경우도 많았다.

“그래서 당신이랑 내가 가서 현지 답사를 하고, 우리가 사업도 하면서 아이들을 영어권에서 키울 수 있는 유일한 방법이란 말이야.”

결국 아버지는 엄마를 억지로 설득해서 반 강제로 필리핀으로 가게 되었다. 동업자는 먼저 필리핀에 가서 기다리며 사업 준비를 하고 있었고, 아버지는 한국의 모든 사업체와 재산을 다 정리하여 필리핀 동업자 계좌로 입금을 시켰다.

아버지는 영어를 할 줄 몰라서 동업자 친구에게 사업 자금 관리를 믿고 맡겼다. 동업자는 작업을 시작하면서 많은 이유를 대면서 통장에서 돈을 빼서 썼고, 증빙을 남기지 않았다. 그는 처음부터 아버지와 사업을 할 마음이 전혀 없었다. 아버지를 설득하여 그의 자금력으로 자신의 빚을 갚기 위한 엄청난 사기를 계획하고 있었던 것이다.

동업자는 홍콩, 마카오, 필리핀을 돌아다니며 이미 카지노 놀음에 빠저 있었다. 그는 자신의 사업 자금을 이미 모두 날린 상태였다. 아버지가 돈을 보내오길 조마조마하며 기다리고 있었는데, 드디어 아버지가 자신의 덫에 걸리고 만 것이다. 부모님이 필리핀에 도착하고 얼마 후, 그 동업자는 아버지의 모든 자금을 빼돌리고 그림자도 찾을 수 없게 자취를 감추고 말았다.

엄마는 아버지가 벌려 놓은 이 믿을 수 없는 현실을 바라보며 절망에 빠지고 말았다. 쌍둥이 중 첫째 성균이의 생명과 바꿔 가면서 10년 넘게 모은 전 재산을 하루아침에 사기 당하니 넋을 놓을 수밖에 없었다. 필리핀에서 한국으로 돌아갈 비행기표 조차 살 돈이 없는 기가 막힌 상황이 되어 버렸다.

"이제 우리 어떻게 살아요? 동균이랑 송하를 어떻게 데리고 와요."

엄마는 처음에는 눈물조차 나오지 않다가, 곧바르 울부짖으며 통곡했다.

그러나 한국에 남겨두고 온 아들과 딸을 생각하면 이대로 좌절하고 포기할 수 없었다. 빨리 아무 일이라도 닥치는 대로 해서 우리를 데리고 올 준비를 해야만 했다. 이미 사라져 버린 동업자를 찾아 다니는 것은 시간 낭비라고 엄마는 마음을 고쳐먹었다. 모든 것을 철석같이 믿고, 시장조사 또는 동업자에 대해서 알아보지도 않고 법적으로 보호받을 수 있는 처리조차 해 놓지 않은 경솔한 아버지가 내린 의사의 결과였다.

엄마는 마음을 가다듬고 이 위기상황을 헤쳐 나갈 것을 굳게 다짐했다. 그리고 다시 무언가를 회복해 보려고 아버지와 함께 정신 없이 거래처를 찾아 나섰다. 언어도 제대로 통하지 않는 타국에서 피눈물 나는 노력의 결과로 미군 부대 앞에 한 개의 매장을 개업할 수 있었다. 시작은 적자일 수밖에 없었고, 월세를 제때에 주기도 힘들었지만, 사진과 특수 액자 홍보에 총력을 기울였다. 외갓집에 우리를 맡겨 놓은 상태로 3년이라는 시간은 계속 흘러가고 있었지만 희망은 보이지 않았다. 이제 어떻게 하든지 우리를 데리고 와야 했고, 이 나라에 온 이상 빈털터리로 한국으로 돌아갈 수는 없었다.

동경행

"엄마, 또 어디 가는데?"

나는 엄마가 어디를 간다고 하면 가슴이 철렁 내려앉았다. 엄마는 항상 우리를 떠나려고만 하는 것 같았다. 필리핀에 와서 오빠와 내가 로만 아저씨 집에서 돌아온 후 학교를 다니기 시작한 지 얼마 안 되었을 때이다.

"엄마가 잠깐 일본에 다녀올 거야. 일 년만 기다리면 돈 벌어서 올 거니까, 그동안 영어 공부 열심히 하고 아빠 말씀 잘 듣고 있어야 된다. 알았지?"

엄마는 또다시 나의 얼굴에 대고 날벼락 같은 소리를 했다. 뜬금없이 한국도 아닌 일본에 가신다는 이유를 이해할 수가 없었다.

"그럼 아빠가 일본에 가서 돈 벌어 오지 왜 엄마가 가야 해?"

엄마는 자녀들에게 무능력한 아버지의 실체를 철저하게 비밀로 했다. 나와 오빠는 그때까지도 우리 집 돈은 아버지가 다 벌어 오는 것으로 믿고 있었고, 아버지는 아주 똑똑하고, 사업도 잘하시는 분으로 알고 있었다. 돈은 무조건 아빠가 벌어야 한다고 믿고 있었기 때문에 엄마가 돈을 벌러 가는 것에 대해 도저히 이해할 수가 없었다.

"아빠는 여기서 사업을 계속 해야 하고, 지금은 아직 사업이 잘되고 있지 않으니까 엄마가 조금만 더 벌어서 오면 아빠가 더 돈을 많이 벌 수 있단다."

엄마는 이렇게 우리를 설득했다.

나는 갑자기 너무나 서러웠다. 필리핀에 도착한 지 6개월밖에 안 되었고, 이곳은 나에게 너무나 낯선 곳이었다. 친구도 없고, 언어도 통하지 않았고, 선생님의 알아 듣지 못하는 강의를 들으며 하루 종일 수업 시간에 앉아 있는 것은 나에게 큰 고문이었다. 그래도 방과후 집으로 달려가면 엄마 품에 안겨 '오늘은 엄마가 무슨 저녁식사를 만들어 주실까' 기대하며 엄마와 함께 있는 시간을 생각하며 고문 같은 학교 시간을 견뎌왔다.

그러나 엄마가 또다시 떠나야 한다고 하셨다. 엄마가 왜 그동안 필리핀 가정부 리사에게 한국 음식을 자세히 가르쳐 주려 했고, 김치 담그는 방법, 된장 찌개, 장조림 등 우리가 좋아하는 음식을 만들어 보도록 시키셨는지 알게 되었다. 엄마는 떠날 준비를 하고 있었던 것이다.

"엄마, 가지마! 아니면 나도 데리고 가세요."

나는 엉엉 울면서 매달렸다. 지금 엄마를 떠나 보내면 영영 이별할 것만 같았다. 엄마와 나는 이별의 연속이었다. 이 무더운 타국에 나와 오빠를 놓고 다시 어디론가 떠나야 하는 엄마가 너무 야속했다. 그러나 얼마 후 엄마는 뒤도 돌아보지 않으시고 떠나셨다. 이렇게 반복되는 엄마와의 이별 때문에 나의 어린 가슴은 문드러질 것만 같았다. 열대아로 인해 가뜩이나 숨쉬기가 힘든 이 나라에서 엄마가 떠나버린 다음 날 나는 처음으로 숨쉬기조차 힘든 고통과 외로움을 느끼게 되었다. 나의 우울증은 아마 그때부터 시작된 것 같다.

낯선 외국인 학교에서 돌아오면 나는 엄마의 옷들이 남아 있는 어두운 옷장에 들어가 문을 꼭 닫고 숨어서 소리를 죽이며 울었다. 수건을 하나 들고 들어가서 한쪽 끝으로는 계속 흐르는 눈물을 닦았고, 다른 한 쪽 끝으로는 콧물을 닦았다. 그리곤 옷장 안에서 잠이 들어버려서 온 집안 식구들이 나를 찾느라 동네를 헤매고 다녔던 적도 있다. 엄마의 체취를 맡으며 눈을 감고 있으면 마치 엄마와 함께 있는 것처럼 느껴졌다. 그러나 한 달 후 가정부 리사가 우리를 떠났다.

"내가 몸이 아파서 더 이상 일을 못할 것 같아. 의사가 시골에 내려가서 요양을 해야 된데. 미안해 이렇게 떠나게 되어서."

엄마를 대신하여 그 빈자리를 언니처럼 따랐던 리사도 떠난다고 하니, 내 곁에 있어 줄 사람은 아무도 없는 것 같았다. 그러나 리사는 거짓말을 하고 우리 집을 떠났다. 요리를 잘하시는 엄마에게 그동안 한국 요리를 배워서 다른 부잣집 가정부로 갈 계획을 이었던 것이다. 한국 주재원의 가정 또는 기업에서 파견 나온 가정으로 들어가게 되면 월급도 두 배 이상 받을 수 있고, 한국 요리를 할 줄 아는 필리핀 가정부가 흔하지 않았기 때문에 몸값은 부르는 것이 값이었다. 부잣집 아줌마들은 골프를 치고, 쇼핑을 다녀야 하는데, 저녁마다 가족들을 위해 한국 음식을 해야 하는 것이 가장 큰 고충이자 장애물이었다. 필리핀 가정부가 한국 음식까지 완벽하게 해 준다면 적은 돈을 지불하고 그녀들에게 완전한 자유를 누리게 할 수 있었던 것이다.

훗날 리사가 다른 한국 주재원의 집 가정부로 들어갔다는 소식을 듣고, 나는 필리핀 사람에게 처음 당한 배신감으로 치를 떨었다.

"리사, 송하와 동균이를 잘 부탁해. 내가 돌아올 때까지 어디 가지 말고 우리 가족들 꼭 챙겨줘야 해 알았지?"

엄마는 리사에게 보너스까지 미리 쥐어 주면서 신신당부를 했다.

"돈 워리 맘, 빨리 돌아오세요."

리사는 엄마에게 걱정하지 말라고 했지만, 너무느 빨리 엄마를 배신하고 자신의 갈 길을 찾았다.

열세 살의 모성애

하루아침에 우리 집은 요리나 살림을 할 줄 모르는 세 사람만 남게 되었다. 아버지는 서둘러 수소문하여 시골에서 다른 가정부를 급조하여 데리고 왔다. 그녀는 한국 음식을 전혀 할 줄 몰랐고, 매일같이 기름에 절인 생선 또는 돼지비계 같은 반찬을 식탁에 내놓았다. 우리 셋은 그 느끼함을 견디다 못해 일본 라면을 사다가 끓여 먹기 일쑤였다.

그래서 내 나이 열세 살 때 여자의 모성애가 피어났다. 오빠와 아버지의 건강을 위해서 맛있는 음식을 먹여야겠다는 나름대로의 책임 의식이 발동되기 시작한 것이다. 학교를 다녀온 후 주방에서 엄마가 남기고 간 요리책을 독학하며, 하루에 하나씩 음식을 배우고 연습 삼아서 반찬을 만들기 시작했다. 엄마가 떠나기 전 어깨 너머로 배운 갈비찜과 김치를 담그는 방법을 기억하면서 음식을 만들기 시작했다.

"소고기는 피가 많이 나오기 때문에 한 번 끓인 후 그 물을 버려야 한다. 그리고 깨끗이 다시 씻어서 오래 동안 끓이면 기름기 없는 부드러운 갈비찜을 먹을 수 있는 거야."

엄마는 항상 요리를 하면서 나에게 자세하게 설명을 해 주셨다.

"송하야, 여자는 요리는 잘해야 한단다. 나중에 시집가서 남편과 가족을 위해 맛있는 음식을 만들어줘야 사랑받지."

엄마는 나에게 벌써 결혼할 것까지 생각하시고 조언을 해 주셨다.

나는 엄마가 가족을 위해 정성 들여 요리하는 모습에서 사랑을 느꼈다. 그리고 지금 엄마가 없는 이 상황에서 엄마를 위해 내가 해 줄 수 있는 것은, 오빠와 아버지를 엄마처럼 지키는 것이라 생각했다.

당연히 어린 나의 요리 솜씨는 형편없었다. 소고기 요리는 매우 질겨서 고무를 씹는 것 같았고, 양배추로 담근 김치는 고춧가루와 양배추가 따로 놀았고, 시간이 지나면서 물만 많이 나오고 시큼해서 먹을 수가 없었다.

그렇게 나의 고달픈 인생은 시작되었다. 학교를 다녀오면 그야말로 생존을 위한 극한 몸부림이 시작되었다. 먼저 시장에 가서 장을 봐야 했다. 마닐라의 재래식 시장은 더럽기 짝이 없었다. 바닥은 온갖 오물들로 질퍽거렸고, 우리가 외국인이기 때문에 바가지를 종종 쓰곤 했다.

"이토 아이 마샤동 마할! 디스카운트 날랑! 투 페소 오케이?"(이거 너무 비싸요. 깎아 주세요. 2페소면 살게요)

나는 그때부터 시장 사람들과 가격을 흥정하는 기술을 배우기 시작했다. 무조건 3분의 1 가격으로 깎아야 했고 안 된다고 하면 아무리 사고 싶어도 매정하게 뒤돌아 서서 그냥 가버린다. 그러면 가게 주인은 못이기는 척하고 나를 다시 부른다.

장을 보고 오빠와 낑낑거리며 장바구니를 들고 오면, 얼굴에는 개기

름과 온몸이 땀으로 범벅이 되었다. 저녁 식사를 준비하여 함께 식사한 후, 뒷정리를 마치면 밤 9시가 되어 버리기 때문에, 학교 숙제는 거의 해 갈 수 없게 되었다. 엄마가 떠난 후 개인 과외 선생님도 안 오시게 된 지 오래되었다. 이제는 나 혼자서 영어 공부를 해야 하고, 어려운 학교 숙제와 씨름을 해야 했다. 내년에 있을 시험에 대비를 해야 하지만, 하루하루 나에게 주어진 집안 일들이 너무 많았다. 그리고 어느 순간 나는 우는 것을 멈추었다.

"송하야, 너 자꾸 울면 엄마 필리핀에 안 돌아간다. 알았어?"

엄마와 국제전화를 하면서 내가 계속 울기만 하니까 엄마가 엄포를 놓았다. 엄마도 전화를 붙잡고 같이 엉엉 울면서 나에게는 울지 말라고 하신다.

"엄마가 여기서 왜 고생하면서 돈을 벌려고 하는지 알지? 송하는 공부만 열심히 하면 된다. 엄마랑 약속해!"

엄마는 두어달에 한 번 정도 국제전화로 목소리를 들려 주시며 나와 오빠에게 오직 공부 잘하라는 말만 하셨다.

"송하야, 1년만 기다리면 엄마가 집으로 돌아갈 거야. 조금만 더 참으면 엄마랑 같이 살 수 있어! 잘할 수 있지?"

나는 열세 살의 나이에 가슴 깊이 느껴지는 고독함을 타국에서 체험하면서 엄마를 기다렸다. 어린 나의 가슴을 강타한 그 외로움은 일분일초를 고통으로 채웠고, 주체할 수 없는 눈물과 슬픔을 삼켜야 했기 때문이다. 내 방문을 잠그고 가슴을 치며, 두 눈이 짓물러서 떠지지 않을 때까지 울었다. 울고 또 울어도 시간과 운명의 신은 절대로 나의 편이 아니었다. 다음 해에도 또 일 년을 참았고, 또 참았고, 참았다. 그러나 엄마는 오시지 않았고 세월은 무심하게 잘만 흘러갔다.

3장

밑바닥 인생

—

대학 실패, 취업 실패, 결혼 실패, 사업 실패가 인생의 실패가 아니다.
내가 어디로 가는지, 목적이 무엇인지 모르고 사는 것이야말로 인생 실패이다.

최일도 목사의 영성 한마디

그리운 엄마

‘공부해야 돼!’ ‘선생님 말씀에 집중해야 돼!’

점심시간 후 오후 수업시간에 나는 선생님 말씀에 집중하려고 온갖 노력을 다했지만, 눈꺼풀은 천금같이 무거웠다. 껌벅껌벅 감기는 눈꺼풀은 이미 나의 의지를 떠나서 "그냥 졸자!"라고 뇌에게 노골적으로 명령했다.

참으로 희한했다. 나는 청강생으로 입학 후 일 년이 지나 진급 시험을 보게 되었다. 공부할 여건이 되지 않았을 뿐더러, 매번 과목별 숙제도 제대로 못해서 항상 수업 시간 10분 전에 다른 아이들의 숙제를 복사하기 바빴다. 그런데 일 년 후, 진급 시험 결과가 예상보다 훨씬 높이 나왔다며 산 어거스틴 고등학교에서 월반을 하여 무난하게 한 해 한 해 학년을 진급할 수 있었다. 게다가 바로 고등학생으로 건너 뛰게 되어 지금은 고등학교 2학년이 되었다.

나의 현실에는 음식을 하는 것 외에 또 다른 사명이 주어졌다. 일요일이었던 어젯밤 새벽, 나는 홍콩 출발 마닐라행 비행기를 타고 집에 도착해 두어 시간 잠을 청하고, 월요일 아침에 세수도 못한 채 스쿨버스에 몸을 싣고 학교에 등교했다.

지난주의 숙제가 무엇이었는지 옆 친구에게 물어서 간신히 쉬는 시간마다 다음 수업의 숙제를 빠른 속도로 베끼고 있었다. 오후 수업이 끝나고 반 친구들은 오늘 전학 올 친구가 있다며 떠들어 댔지만 나는 화장실에 가서 세수라도 하고 와야 정신을 차릴 것 같아서 교실을 나왔다. 나의 인생은 너무나 고달픈 삶이었다. 점점 학교에 등교하고 교실에 아무일 없었던 것처럼 앉아 있어야 하는 현실이 정신적으로 너무나 힘들었다.

'오늘은 집에 가서 무슨 저녁식사를 준비할까?'

'아버지가 정한 다음 행선지는 어디일까? 동경으로 가면 엄마를 잠깐이나마 볼 수 있을 텐데…….'

'수업에 집중하자. 집에 가서는 공부할 시간이 없으니까, 지금 정신을 차리고 들어야 해.'

나는 매번 수업시간에 다른 생각을 하거나, 아니면 노골적으로 책상에 엎드려 코를 골며 잠을 자기도 했다. 남녀공학에서 사춘기 여자아이가 수업시간에 엎드려서 잠을 잔다는 것은 상상도 할 수 없는 일이었다. 하지만 나는 내 자신을 여자라고 생각해 본 적이 별로 없었고, 다른 친구들이 뭐라고 생각하던 신경을 쓰지 않기로 다짐했다.

기집애들이 나에 대해서 조잘조잘 떠드는 소리는 정말 참기가 힘들었다. 나는 한인 아이들 사이에서 그야말로 대표 '왕따'였다. 우리 학교는 교민들도 상류층 자녀들이 다녔고, 그들은 모두 최고급 자가용으로 기사들이 등교를 시켜 주었다. 아버지들은 대사관의 주재원, 외교관 또는 ADB 은행, 현대, 기아, 대한항공 등의 한국 대기업에서 파견된 사람들이었다. 달러로 고액의 월급을 받으면서 화폐 가치가 낮은 필리핀에서 여러 명의 가정부 및 운전기사를 두는 것은 그들에게 껌 값이었다. 집에 차가 없어서 스쿨버스를 타고 다녀야 하는 나는 그들에게 완전히 찬밥이었다.

80년 초 당시 필리핀에 이민을 와서 살고 있는 한인 교포들은 두 가지의 부류로 나뉘었다. 보안이 잘되어 있는 고급 빌리지 안에 살고 있는 상류층, 아니면 사기 또는 경제 범죄 등으로 도피해 온 도망자들 그렇게 두 가지 부류로 취급되었다. 후자는 범법자가 아니어도 필리핀 사람들과 함께 가난한 동네에 살고 있는 평범한 한인들이 모두 포함이 된다. 한국에서도 많은 도피자가 비자 받는 조건이 까다로운 미국으로 갈 수 없기 때문에 만만한 필리핀에 임시로 정착을 했다. 또 필리핀에서 만난 한인들은 끼리끼리 상부상조하며 다른 사기성 짙은 사업을 구상했다. 그렇게 서로가 서로를 다시 등쳐먹고 속이는 일상의 반복이었다.

후진국일수록 빈부의 차이가 엄청나기 때문에, 필리핀의 상권은 중국인들이 거의 대부분 차지하고 있었고, 미국과 일본 기업들이 들어와서 경제의 주요 부분을 꽉 잡고 있었다. 적은 중산층과 많은 부분을 차지하고 있는 빈민층으로 인해 상류층 사람들의 존재는 '언터쳐블'(Untouchable, 건드릴 수 없는)이었다. 그들은 빌리지의 철통 같은 보안 속에 살지 않는 한인들과 상대하면 큰일이 난다는 무언의 원칙이 있었고, 나는 가난한 집 딸이었기 때문에 필리핀 사람들이 사는 가난한 동네에 살았다. 솔직히 우리 부모님이 지금 내가 다니고 있는 사립학교의 학비를 감당할 수 있다는 사실에 다들 의아해 했으며, 나는 절대로 상류층의 자녀들과 어울릴 수 없었다. 그 아이들은 나와 대화하는 것조차 싫어했다.

"쟤네 아빠 진짜 사기꾼이래."

"쟤네 엄마 일본에 몸 팔러 갔다며? 창녀의 딸이니 마포대걸레라고 부르자."

"쟤네 집에는 사기꾼들하고 걸레 같은 여자들로 득실득실거린데."

"완전 재수없어!"

"저런 애가 왜 하필 우리 학교에 다니는 거야?"

상류층 한인 아이들에게 나라는 존재는 그야말로 눈엣가시였다. 나도 내가 왜 이런 학교에 다니면서 아이들로부터 놀림을 당하고 왕따를 당해야 하는지 이 현실을 도저히 이해할 수가 없었다. 그냥 필리핀 중산층 아이들과 함께 가까운 학교를 다녔다면 이런 치욕스러운 상황은 발생되지 않았을 것이다. 아예 상류층 아이들을 안 보게 되면 그들의 입에서 나오는 비수 같은 말로 상처 받는 일도 없었을 것이다. 또한 그들과 나의 삶을 눈으로 생생하게 비교하며 내 자신이 더욱 비참해 지지도 않았을 것이다.

더욱 어처구니가 없는 현실은 나의 짝이 필리핀 초대 여자 대통령인 코라손 아키노의 딸인 크리스 아키노라는 사실이다. 1983년 마르코스의 독재에 저항해왔던 아버지 베니그노 아키노는 그 해 8월 마르코스가 공약한 대통령 선거에 출마하려고 마닐라 국제공항에 도착하자마자 암살되었다. 그의 뒤를 아내인 코라손 아키노가 자녀들과 함께 미국 망명생활을 접고 귀국하여 야당을 이끌었다. 미망인이 된 코라손 아키노는 남편의 죽음에 뒤따른 대규모 시위에서 마르코스 정부의 도덕성을 규탄하는 데 상징이 되었다.

나는 1986년 마닐라 도심에서 일어난 쿠데타도 직접 목격했다. 군인들이 탱크들을 몰고 시내로 들어왔고 여기 저기서 총소리가 들렸다. 쿠데타를 승리한 새로운 정권은 시민들에게는 아무런 위협이 되지 않았고 덕분에 나는 군인들과 기념 사진도 찍고 그들과 대화도 하며 필리핀 역사 속 한 장면의 산 증인이 된 것이다. 그리고 학교가 그로 인해 일주일 넘게 휴강하는 바람에 우리는 쿠데타를 환호했다.

학교에서 대통령의 딸은 4명의 보디가드를 거느리고 다녔다. 크리스가 움직이면 앞뒤에 검정색 세단이 동시에 움직이며 매일 등교를 했다. 그녀의 성은 'Aquino' 나의 성은 'Chae', 중간에 'B'로 시작되는 성이 없었기 때문에 우리는 1번과 2번처럼 항상 같이 움직이게 되었고, 나를 더욱 비참하게 만드는 그녀의 대화에 참여해야 했다.

"송하, 주말에 뭐했어? 나는 말라꺄냥 궁전에서 만찬이 있었는데, 정치인 노인네들하고 이야기하는게 얼마나 지루한지……. 그런데 말야 내가 특별히 초대한 가수 게리 가르시아가 온 거야. 그래서 나랑 같이 장장 3시간 동안 춤을 추고 얼마나 꿈 같은 시간이었는지 몰라. 그리고 헤어질 때 나한테 키스를 해 줬다구!"

크리스는 그야말로 공주의 삶이었다. 하지만 나는 하루하루 생존을 위하여 허우적거리는 삶이었다. 그렇게 공통점 없는 그녀와의 대화는 하면 할수록 그 괴리감이 커져 듣고 있는 시간조차 고통이었다.

"나도 초대해 주면 안 돼?"

"나도! 나도!"

반 아이들은 크리스에게 서로 초대받고 싶어서 안달이었다. 나는 빨리 이 고문이 끝나고 집에 가서 밥을 할 생각만 했다.

아버지의 설득

우리 집에는 일본 비자를 받기 위해 한 달 또는 몇 달 동안 기다리고 있는 언니들과 아저씨들이 득실거렸다. 아버지는 엄마를 일본으로 성공리에 보낸 후 아예 직업을 바꾸어 일본 비자 전문가가 되었다.

아버지의 설득으로 엄마는 어쩔 수 없이 일본에 가서 돈을 벌기로 했지만 자녀들을 위한 엄마의 뜻은 단호했다. 엄마는 일본에 가서 일하는 조건이 반드시 아이들을 필리핀에서 최고의 학교에 보내는 것이었다. 그래서 엄마는 자신이 없는 동안 아이들 교육에 특별히 신경을 써서 좋은 대학에 들어갈 수 있도록 최선을 다해 달라고 아버지로부터 약속을 받았다.

전 재산을 그렇게 사기당한 후, 필리핀에서 무일푼으로 우리를 교육시킬 수가 없었고, 이 상태로 아버지만 믿고 필리핀에서 얼마 안 되는 수입으로는 미래가 보이질 않았다. 그래서 엄마는 동경에 도착해 식당에서 접시를 닦고, 한식요리를 잘했기 때문에 바로 요리사로 취직되어 일을 할 수 있었다.

1980년대 일본의 버블경제로 호황을 이루고 있을 때 나는 많은 한국 여성 인력이 일본으로 진출하는 모습을 봤다. 일본 엔화와 한국의 원화 가치는 10배가 넘었고, 필리핀 페소와 비교했을 때 그 가치는 40배가 넘었다. 아버지는 동업자로부터 사기를 당하고 빈털터리가 된 후, 필리핀에서 미군을 상대로 사진 사업을 했다. 한국처럼 잘될 줄 알았지만, 미군들과 가난한 필리핀 사람들은 사진을 접시에 판박이 하고 특수 처리를 하는 장식품을 사치으로 여기고 관심을 두지 않았다.

그러던 중 아버지는 일본, 홍콩, 대만과 필리핀을 오가며 보따리 장사를 하는 한 아줌마를 통해서 일본에 가면 일자리가 많고, 식당에 가서 일을 해도 기본 30만엔 정도를 받을 수 있다는 정보를 듣게 되었다. 그 당시 30만엔이면 원화로 3백만 원이었고, 필리핀 페소로 1만 2천 페소가 넘는 어마어마한 금액이었다. 단 일본의 조건은 대부분 여자를 선호했다. 그래서 많은 한인 여성이 일본 호스티스 바에서 술 시중을 드는 원정을 가기 시작했다. 술집에서 일을 하면 고액의 월급도 받고, 일본 손님의 기분에 따라 팁도 받을 수 있으며, 소위 2차까지 나가면 힘 안 들이고 돈을 벌 수 있기 때문이었다

"자네가 일본에 가서 1년만 고생하고 와. 내가 사업 자금이 있어야 여기서 다시 일어나지. 지금 이렇게 무일푼인데, 내가 어떻게 다시 재기할 수 있겠어. 응?"

아버지는 엄마를 설득하기 시작했다. 완전히 개털 신세가 되었으니 유일한 희망은 엄마가 일본에서 돈을 벌어서 보내 주는 것이었다.(아버지는 엄마가 술집에서 웃음을 팔아서라도 돈을 벌어오면 괜찮다고 생각했던 것일까?) 하지만 엄마는 또다시 타국에서 살 자신이 없었다. 이제 영어를 조금 말하기 시작했는데, 다시 일본어를 배워야 했다. 무엇보다 또다시 자식을 떼어 놓고 일본으로 가서 일을 해야 한다는 현실이 너무나 가슴 아파 하셨다.

"애들은 계속 홍은동에 둘 수 없으니 데리고 와서 내가 키울테니, 당신이 일 년만 희생하면 우리 애들 좋은 학교에서 공부도 시킬 수 있을 거야. 나도 당신이 조금만 밀어 주면 다시 시작할 수 있다구. 내가 진짜 약속할게."

그래서 엄마는 우리를 필리핀으로 오게 하셨고 고액의 입학금을 빌려서 오빠와 나를 학교에 입학시킨 후 바로 일본으로 떠나셨다. 물론

합법적으로 취업 비자를 받을 수 있는 방법이 불가능했기 때문에 불법 체류가 목적이었다. 80년대 한국에 있는 일본 대사관에서는 한국 여성들에게 관광 비자를 내 주는 조건조차도 매우 까다로웠다. 그러나 필리핀에 있는 일본 대사관에서는 관광 비자를 조금은 쉽게 받을 수가 있었다. 엄마는 15일 관광 비자를 받아서 그 아줌마의 소개로 동경에 있는 식당에서 일을 할 수 있었고 1년 동안 아버지에게 돈을 부쳤다.

인권유린

그 후 엄마가 일본에서 보내오는 돈은 아버지에게 너무나 쉽고 달콤한 수입의 근원이 되었다. 그러나 1년쯤 지난 어느 날, 엄마는 이민성 불법체류 조사단에 잡혀서 유치장 신세가 되고 말았다. 엄마가 잡히기 전에 '이제 곧 빨리 돌아가야지.'라고 생각했는데, 아버지는 조금만 더, 한 달만 더 돈을 보내 달라고 계속 보챘다. 결국 엄마를 못 돌아오게 출국 지연을 시키시더니 그 바람에 잡히게 된 것이다.

그 해가 아마 1984년쯤이었을 것이다. 그 당시 일본에서 불법체류로 적발돼 유치장 신세가 된 한인 여성들의 인권은 무참히 짓밟혔다. 그 가운데 엄마도 있었다. 일본 이민성 경찰은 엄마를 팬티 하나도 남기지 않고 홀딱 벗겨서 독방에 가두었다. 그 독방은 안이 훤히 들여다 보이는 철창으로 되어 있었고 경찰들 사무실에서 지나다니는 모든 남자가 다 들여다 볼 수 있게 되어 있었다. 일본 경찰들은 엄마의 나체를 감상하며 자기들끼리 웃고 떠들면서, 경찰봉으로 엄마의 젖꼭지와 음부를 찌르며 재미있어 했다. 여자로 태어나서 느낄 수 있는 가장 수치스러움을 다 느끼게 한 것이다.

"일본에 이제는 발도 들여놓지 말란 말이야.'

"한국 여자들이 불법으로 유출하는 외화가 얼만지 알아?"

"니네 나라에서 몸 팔지 왜 일본까지 와서 몸 팔아, 빠가야로!"

엄마는 일본 경찰들의 거침없는 욕설과 현실을 믿을 수가 없었다. 그동안 모아놓은 돈은 이미 모두 압수를 당했기 때문에 하루라도 빨리 추방 절차를 밟고 이 나라를 떠나고 싶었다. 그러나 일본 경찰들은 아름다운 미모를 가진 엄마를 쉽게 보내 줄 마음이 없었다. 그들은 엄마를 일주일 동안 알몸으로 가두어 놓고, 대소변 보는 모습까지 지켜보면서 한 여성의 인권을 철저하게 유린했다. 그들은 마치 일제시대를 다시 연상하고 싶었던 것일까……

그렇게 엄마는 일본에서 추방을 당했고, 필리핀으로 돌아왔다. 하지만 아버지는 곧바로 엄마를 다시 대만으로 보냈다.

"엄마 가지마, 가지 말란 말이야."

나는 울부짖었지만 아버지는 나에게 엄마 얼굴을 볼 기회조차 없이 다시 떠나 보내셨다.

"지금까지 당신이 보내 준 돈은 아이들 학비 빌린 것 겨우 갚고, 1년 동안 아이들 생활비 하느라고 다 썼지. 그리고 신 씨네서 빌린 돈이 아직 남아 있는데 당신이 모아 놓은 돈을 전부 빼앗겼으니 다시 돈이 한 푼도 없잖아. 그러니 당신이 1년만 더 고생하자, 여보."

아버지는 엄마가 어떠한 치욕을 경험했는지 낱낱이 듣게 되었지만, 달콤한 돈줄이 끊겨 버린 지금 그것은 아버지에게 중요하지 않았다.

"난 싫어요. 제발 나를 다시 일본에 가라고 하지 마세요. 내가 얼마나 수치스러운 일을 당했는데 거기를 또 가요. 나는 갈 수 없어요. 우리 그냥 여기에서 돈 없어도 하숙치며 다른 일거리를 찾아봐요. 난 애들 없이는 하루도 살 수가 없어요. 당신도 알잖아.”

엄마는 울면서 아버지에게 호소했다. 일본에서 몸이 힘든 것은 둘째 치고 자식들과 떨어져서 너무나 외롭고 가슴이 매어졌기 때문이다. 그리고 일본이라면 치가 떨리도록 수치심을 당한 일본 이민성 경찰들을 마음속으로 용서할 수가 없었다.

“그리고 난 이미 불법체류자로 블랙리스트에 올랐대요. 나리타 공항 근처도 올 생각 하지 말래요.”

엄마는 이쯤 하면 아버지가 포기하고 오빠와 나랑 함께 필리핀에서 살라 할 줄 알았다. 그러나 아버지는 이미 다 계획을 세워 놓으셨다.

“대만으로 가면 돼. 내가 다 방법을 찾아 놓았어. 대만에 들어가면 한국 영사관에 가서 여권 분실신고를 해. 그리고 다시 여권을 만들 때 영문 스펠링을 ‘Lee’에서 ‘Yi’로 바꾸면 돼. 그러면 여권번호도 바뀌게 되고 이름도 바뀌기 때문에 일본에 다시 들어가는데 아무 문제가 없어.”

아버지는 이미 주위에 여러 범법자들을 동원하여 이러한 정보를 입수하였다(이미 이 수법은 지금 시대에는 통하지 않으니, 범법자들은 생각하지도 말기 바란다).

“내가 진짜 약속할게. 지금까지는 애들 학교 때문에 돈이 많이 들었잖아. 이제 당신이 일 년만 더 고생하면 우리 다 같이 여기에서 행복하게 사는 거야. 내가 열심히 할게. 애들 내년에는 학교 안 보낼거야? 여기서 한두 푼 모아서 어떻게 그 비싼 학비를 감당하라고?”

엄마는 아버지의 설득과 교육비 때문에 할 수 없이 이를 악물고 대만으로 향했다. 아버지가 지시한 대로 여권을 다시 발급받을 수 있었고,

일본 관광 비자를 신청하고 다시 나리타 공항에 무사히 입국을 할 수 있었다. 그러나 이번에는 돈을 덜 벌더라도 합법적으로 체류하겠다고 아버지와 약속을 하고 학원에 등록하여 학생 비자로 체류하면서 일을 시작하였다.

동경 땅을 다시 밟으면서 엄마의 피눈물의 날들은 또다시 시작되었다. 아들과 딸이 너무 보고 싶어도 볼 수 없는 현실 속에서, 오전에는 일어학원을 다니고, 점심 때는 식당에서 아르바이트를 했다. 오후부터 새벽까지는 술집 주방에서 요리를 하고 접시를 닦았다. 그 당시 일본에는 엄마와 같은 많은 여성이 학원 등록으로 비자를 간신히 연장하고 있었지만, 다른 여자들은 쉽게 돈을 버는 방법을 택했다. 그것은 호스티스였다. 그녀들은 학생 비자로 체류했지만 비자 목적으로 이름만 걸어 놓고 있었지 학원에 나오지는 않았다. 술집의 특성상 새벽 서너시가 넘어서 일이 끝나기 때문에 아침 9시에 시작하는 학원에 나온다는 것은 불가능이었다.

엄마의 공부

엄마는 열심히 학원에 다녔다. 더 이상 글도 모르고 말도 통하지 않는 바보처럼 살 수도 없었다. 지하철 탈 때마다 헤매고 싶지도 않았다.

'졸더라도 학원에 가서 졸자.'

엄마는 피곤한 몸을 이끌고 매일 아침 학원으로 공부를 하러 나갔다. 다행히 일어는 단어와 문법이 한글과 비슷해서 엄마는 빠르게 일상 회화에 능통하게 되었다.

엄마는 동경 신주쿠에서 여자 3명과 함께 8평 남짓한 방에서 합숙을 했다. 동경 중심지는 월세가 어마어마하게 비싸서 혼자 방을 얻어서 사는 것은 불가능했다. 방은 싱글 이불을 깔고 머리맡에 자신의 짐을 놓고 차렷 자세로 자야 모두가 간신히 누워서 잘 수 있었다. 그리고 아침에는 이불을 모두 개켜야 상을 차릴 수 있는 공간이 만들어졌고, 간단히 밥을 먹을 수가 있었다.

하루의 일과를 마치고 새벽에 집에 들어가면 다른 일행들은 곤히 잠들어 있다. 그때가 엄마의 유일한 자유 시간이었다. 엄마는 이 시간을 빌려 매일 밤마다 화장실 문을 잠그고 하염없이 울었다. 울고 또 울어도 가슴속에 맺힌 울분은 풀리지 않았고, 자식들이 보고 싶어서 미칠 것 같았지만 선택이 없었다. 너무나 외롭고 힘든 일본 생활이 언제 끝이 날지 앞이 보이질 않았기 때문이다.

'송하야, 동균아, 잘 있니? 잘 있는 거지? 공부 열심히 하고 있는 거지? <u>흐흐흑</u>…….'

국제 전화비가 매우 비쌌던 그 시절, 나는 필리핀에서 엄마와 두어 달에 한 번 정도 통화를 할 수 있었다. 전화벨이 따르릉 울려서 아버지가 '자네인가?'라고 전화를 받으시면 나는 곧 엄마와 통화할 수 있다는 생각만으로도 눈물이 주르륵 흘렀다.

"엄마……."

나는 아무 말도 할 수가 없었다. 지금 나의 현실이 너무나 서럽고 눈물이 앞서서 전화를 붙잡자마자 통곡했다.

"엄마……, 나랑 오빠랑…… 잘 있어요. 훌쩍! 공부도 열심히 하고 있으니까 걱정 마세요. 엉엉……."

나는 멀리 계신 엄마의 가슴이 아플까봐, 지금 나의 서럽고 고달픈 현실을 절대로 말할 수가 없었다. 모든 아픔과 서러움은 내 가슴에 담고 조금만 참으면 엄마를 볼 수 있을 것이라 수없이 다짐하면서 씩씩한 척 행동을 하게 되었다.

"엄마가 곧 갈게. 조금만 더 기다리면 돼. 아빠 말씀 잘 듣고, 공부 열심히 하고 있어야 한다, 알았지?"

엄마는 엄마대로 동경에서 매일 밤마다 오열을 하면서 보고 싶은 자식들 때문에 가슴을 치며 살아야 했고, 나는 학교에서 친구들로부터 비수처럼 꽂히는 핍박을 참으며, 집안 살림을 맡아서 하느라 힘든 나날들을 엄마에게 이야기하지 못하고 멍든 가슴을 안고 살아야 했다.

"신이시여, 하나님, 부처님, 누군가 계시다면 우리 아이들을 지켜 주소서. 제발 내가 갈 때까지만 지켜 주소서……."

밀수

"엄마 보고싶지? 이번 방학 때 한국에 보내줄 테니까 돌아올 때 들려서 엄마도 보고 와라."

나는 아버지의 말씀에 나의 귀를 의심했다.

"정말요? 정말 이번 여름방학 때 한국에 갈 수 있어요? 엄마도 볼 수 있어요?"

나는 가슴이 벅차 희망의 멜로디가 입에서 저절로 나왔다.

"와우! 오빠 우리 한국 간데!"

나는 이 기쁜 소식을 동균 오빠에게 바로 전하기 위해 뛰어서 오빠를 찾아 다녔다. 그리고 드디어 방학이 왔고, 오빠와 나는 한국에 갈 여행 가방을 바리바리 챙기고 있었다.

"가방에는 한국에 가서 입을 옷 3벌만 싸고 모두 비워 놓아라."

아버지는 이상한 요구를 하셨다. 한국과 엄마가 계신 일본에 가지고 가고 싶은 것들이 얼마나 많은데 옷을 딱 3벌만 싸라니, 말이 안 되었다. 그러나 곧 오빠와 내가 날러야 할 짐들이 따로 있다는 것을 알게 되었다. 아버지는 엄마로부터 돈이 도착하면 자주 일본과 홍콩 및 필리핀 지방을 다니셨고, 어떤 때는 한 달 넘게 집을 비우시기도 했다. 그래서 오빠와 나는 돈이 다 떨어져서 쫄쫄 굶으며 연락이 안 되는 아버지를 눈 빠지게 기다려야 할 때가 많았다.

 필리핀은 섬나라이기 때문에 새우와 바닷가재 같은 해산물이 매우 저렴하다. 그리고 필리핀 사람들은 해삼을 먹지 않기 때문에, 바닷속에 깔린 해삼들의 사이즈는 상상을 초월한다. 내가 본 해삼 중 가장 큰 것은 내 키와 비슷한 150센티미터 정도였다. 그 해삼을 말리면 팔뚝만한 사이즈로 줄어드는데, 그 필리핀 해삼이 중국, 홍콩, 한국 등으로 수출된다. 육지에는 카라바우(carabao)라는 거대한 검정색 소가 농작을 돕는 수단으로 사용되었는데, 그 소의 뿔을 목각으로 만들어 해외에서 엄청난 고가에 매매가 되고 있었다. 바다에는 수많은 수산 자원이 있었고, 몇 백 년된 거북이 박제, 말린 해삼 등이 불법으로 한국과 일본으로 밀수되고 있었다.

 아버지는 이미 그러한 밀수품들을 수없이 가지고 보따리 장사를 하고 다니다가, 결국 블랙리스트에 올라간 상태였다. 한국으로 입국은 할 수 있었지만 밀수품 소지로 한 번 더 적발되면 범법자로 낙인이 찍히는 신세가 되었다. 그래서 아버지는 미성년자인 오빠와 나에게 대신 밀수를 시키기로 결정을 했고, 엄마의 반대에는 아랑곳하지 않으셨다. 미성년자는 범법행위가 적발되더라도 경고처리만 될 뿐 범법자가 되지는 않는다는 법을 이용했다. 이제 영어도 제법 유창하게 잘하는 해외이민자 2세로 보여지는 오빠와 나는 아버지를 대신할 너무도 훌륭한 도구였던 것이다.

우리의 첫 임무는 각 100킬로그램씩의 말린 해삼을 한국으로 밀수하
는 것이었고, 오는 길에 일본에 들려서 엄마와 3박 4일을 보낸 후 엔화
현금을 신고하지 않고 무사히 가지고 나오는 것이었다. 우리 남매에게
는 거의 3년 만에 엄마를 만날 수 있다는 꿈만 같은 여정이었다. 아버지
는 오빠에게 모든 일정을 설명해 주었다.

"김포공항에 도착하면 짐을 찾은 후 세관을 통과하기 전에 심 과장
이라는 사람을 찾아야 돼. 그 사람이 세관 조사를 하고 있는 줄을 찾아
서 그 사람에게 여권을 주면서 이 봉투를 넣어 주면 된다. 그러면 너희
들을 그냥 통과시켜 줄거야."

아버지는 우리의 임무 완수를 위해서 자세하게 설명을 해 주셨다. 그
봉투에는 아버지의 이름이 적혀 있었고, 안에는 얼마의 달러가 들어 있
었다.

"그리고 한국에 도착하면 이 번호로 전화해서 해삼을 가지러 오라고
연락하면 된다."

아버지는 우리가 왜 해야 하는지 그 이유를 계속 설명하셨다.

"이걸 가지고 무사히 통과해야 너희들 비행기표가 빠진다. 그래야
일본에 가서 엄마도 볼 수 있으니까 잘해라."

우리는 몇 년 만에 엄마를 볼 수 있다는 희망에 아버지가 시키는 것
은 무엇이든 할 수 있었다. 나는 오빠의 지휘하에 떨리는 마음으로 비
행기를 탔다.

"오빠 나 떨려."

우리 비행기가 김포공항에 착륙한다는 방송을 듣고 떨리는 나의 심
정을 오빠에게 말했다.

"걱정하지마! 너는 내 뒤만 따라오면 돼. 짐은 다 내가 찾고 카트에

실어 줄거야. 너는 조용히 나만 따라와.”

동균 오빠는 정말 일사천리로 움직였고, 거대한 가방을 짐 나오는 트
롤리에서 번쩍 들었다. 오빠는 어린 여동생을 잘 챙기면서 무사히 세관
을 통과해 해삼을 한국으로 밀수할 수 있었다. 첫 임수 수행을 성공리
에 마치고 나서 드디어 처음으로 나리타 공항에 도착하여 엄마와 상봉
을 했다.

“엄마…….”

나리타 공항에서 엄마와 눈물의 만남이 이루어졌다. 엄마와 오빠 그
리고 나는 부둥켜 안으며 감격스러운 상봉을 했다. 거의 3년 만에 보는
엄마의 얼굴은 많이 상해 있었다. 그래도 엄마는 여전히 아름다운 모습
이었다. 나는 공항버스를 타고 신주쿠로 향하는 동안 필리핀에서 리사
가 떠난 이야기, 지금 있는 가정부가 얼마나 음식을 못하는지, 내가 요
리를 잘한다고 떠벌리며 자랑을 했다.

“우리, 엄마 집에 가는 거야?” 나는 물었다.

“엄마 집은 지금 다른 아줌마들과 같이 살고 있어서 너희들 잘 방이
없어. 그래서 다른 분 집에 잠깐 신세를 지기로 했단다.”

나는 실망했다. 엄마가 사는 집에 가 보고 싶었는데 그렇게 할 수 없
다니 선택이 없었다. 엄마는 3일 동안 식당에 특별 휴가를 내고 우리와
함께 동경을 관광할 준비를 해 놓으셨다.

1985년 동경은 정말 휘황찬란했다. 하라주두, 긴자, 신주쿠, 아키하
바라 등의 유명한 거리는 나에게 신세계로 다가왔다. 이렇게 잘 사는
나라가 있다니……. 마트와 백화점에는 너무나 예쁘게 포장된 초콜릿,
아이스크림, 과자 등의 먹을 것들이 넘쳐 났다. 아키하바라에서 각 빌
딩마다 끝없이 진열되어 있는 최신형 전자제품들을 보고 있자니 내가

이 물건들을 사기 위해서는 아버지가 시키는 밀수를 계속 해야 하겠다는 다짐까지 하게 만들었다. 너무나도 꿈만 같은 3일은 그렇게 빨리 지나갔고, 오빠와 나는 다시 마닐라행 비행기를 타고 고달픈 현실로 돌아올 수밖에 없었다.

나는 비행기 안에서 하염없이 눈물을 흘렸다. 동경에서 마닐라까지 4시간 반 정도 걸리는 시간 동안 눈물이 멈추지 않았다. 요리하면서 기름에 튄 엄마의 물집 자국, 하루 종일 서서 일하다 보니 핏줄이 시퍼렇게 꼬여 있는 다리, 온통 칼자국과 불에 데인 상처뿐인 손과 팔이 생각났기 때문이다. 그 모습이 나의 심장을 빨래 짜듯이 비틀어 아픔으로 채웠다. 그런 엄마를 두고 헤어져야 한다는 현실이 참을 수 없었고 울부짖고 싶었다. 하지만 엄마의 가슴이 더욱 아플까봐 공항에서는 일부러 씩씩한 모습으로 이별을 한 후, 기내에서 대성통곡을 한 것이다.

그리고 어린 마음에 앞으로 내가 엄마를 자주 볼 수 있는 방법은 아버지가 시키는 밀수를 계속 강행하는 것이라고 생각했다. 그래서 어떤 날은 금요일 저녁에 출국하여 홍콩, 한국과 동경을 들렀다가 월요일 아침 비행기로 마닐라에 도착해서 바로 학교에 등교한 적도 종종 있었다. 그렇게 나는 본격적으로 밀수 소녀와 평범한 학생을 오가는 이중 생활을 완벽하게 시작했다.

불법 박제 밀수 혐의로 체포합니다

세월은 흘러 어느덧 나는 열여덟 살이 되었다. 그동안 아버지는 몇 년에 걸쳐 오빠와 나를 성공리에 밀수꾼으로 전락시켰다. 시간이 지나면서 오빠와 나는 전략적으로 따로 움직이기 시작했다. 오빠는 종종 세관 통과가 안 되서 고가의 물건을 압수당하곤 했지만, 세관 아저씨들은 나에게는 매우 관대했다.

"아저씨, 이거 우리 할머니, 할아버지, 고모, 삼촌하고 친척들 선물해드릴 거예요. 필리핀에서 가지고 올 선물이 이런 것밖에 없어서, 통관이 안 되는 물건인지 정말 몰랐어요. 한 번만 봐주시면 안 돼요, 네?"

나는 모든 세관원의 이름을 적어 놓고, 내가 한 번 마주친 사람에게는 절대로 가지 않았다. 유독 깐깐한 세관 아저씨에게는 나의 가짜 연락처와 몇 백 달러가 든 봉투를 주기 위해 지니고 다녔다. 물론 그 전화번호는 존재하지 않는 번호였다. 이 방법은 딱 3번까지만 써 먹을 수 있다. 세관원들끼리 말이 퍼지면 곤란해지기 때문이다.

"아저씨! 제가 나가서 반드시 더 사례해 드릴게요. 꼭 전화주세요."

나는 천사같은 미소와 온갖 불쌍한 표정을 지으며, 다른 직원이 의심의 눈초리로 다가오기 전에 내 앞에 있는 담당 세관원의 마음을 사로잡아야 했다. 물건을 싣고 비행기가 이륙하면 안도의 한숨은 잠시뿐, 다시 착륙하여 세관을 통과하기까지 나의 몸은 식은땀으로 범벅이 되고, 심장은 마라톤을 완주한 선수처럼 쿵쾅쿵쾅 뛴다.

일단 나는 밍크 코트, 여우털 코트 및 온갖 명품 시계, 다이아몬드, 고가의 녹용 등을 가지고 날랐다. 여우털 코트를 입고, 다이아 목걸이와 고급 시계를 차고 마치 부잣집 딸 행세를 하며 공항을 무사히 통과하기도 했다. 열여섯 살, 열일곱 살의 나이에 화려하게 호장을 하고 공항에서 많은 사람의 시선을 한눈에 받으면서 도도한 모습으로 짜증을 팍팍내며 걸어가야 했다.

어느 날 나는 마닐라에서 홍콩행 비행기를 타고 홍콩 공항에 도착한 후 가장 저렴한 유스호스텔을 숙소로 정하고 만남을 약속한 보따리 장수 아줌마와 접선을 했다. 나는 돈을 전하며 가방을 건네받고 한국으로 들어갈 물건들을 확인했다. 은밀한 거래가 끝나고 다음 날 오전에 다시 출국하기까지 시간이 충분해서 나는 지하철과 전차를 타고 커스웨이베이와 침사초이 거리를 거닐었다. 거금을 탈탈 털어서 스타페리를 타고 육지와 점점 멀어지면서 한눈에 보이는 홍콩의 빌딩들이 바다와 어우러진 멋진 물의 도시에 감탄을 했다. 바다에 웅장하게 떠 있는 거대한 유람선도 보았다. 유람선의 이름은 '크리스탈 심포니 I'이었다.

'나는 언제 저런 멋진 유람선을 타고 여행 한번 가볼 수 있을까……'

그때 바로 나의 영어 이름이 탄생했다. 크리스탈! 다이아몬드보다 값비싸지는 않지만, 맑고 투명한 빛이 찬란하게 비추고, 경쾌한 소리가 울리는 크리스탈이 되고 싶었다. 단, 나는 지금 여행을 즐기러 온 것이 아니었다. 어둠이 해를 삼킬 무렵 나는 멋진 홍콩 야경의 빌딩 숲을 뒤로하고 뒷골목 시장으로 가서 국수 한 그릇을 사 먹었다. 홍콩의 먹자골목은 더럽기 짝이 없었고, 이상한 향내가 진동을 했다. 그러나 해산물이 잔뜩 들어 있는 국수는 저렴하면서 맛도 끝내줬다. 그 낯선 곳에서 나는 내일을 준비하기 위해 쓸쓸히 잠을 청했다.

한순간의 선택으로 생(生)과 사(死)의 기로에 섰던 나날들, 내 나이 열다섯 살부터 열여덟 살까지 많은 어른을 구워 삶아야 했다. 순간순간 머리를 쥐어짜며 나의 목적을 달성해야 동경으로 갈 수 있는 비행기 표가 용돈으로 떨어졌다. 나에게 그 물건들이 어디로 흘러가는지, 내가 하는 일이 옳고 그른지는 중요하지 않았다. 아버지는 항상 나에게 동경행 티켓을 미끼로 제시하면서 점점 더 고가의 물건들을 밀수할 임무를 주셨다.

고액의 현금을 일본 또는 한국에서 외국으로 배달하는 것도 쉬웠다. 달러 두 묶음을 세로로 붙이면 담배 갑 세 개를 위아래로 붙인 것과 길이와 폭이 거의 비슷했다. 담배 한 보루에 돈을 맨 아래 깔고 그 위에 담배를 올린다. 그렇게 네 보루 또는 여섯 보루를 만든다. 면세점에서 구입한 담배는 두 보루만 통과하지만 짐 부치는 가방에 넣어서 가지고 가는 것은 상관이 없었다. 모양상으로 엑스레이는 무사히 통과할 수 있다. 설령 가방을 뒤져도 담배를 본 세관원은 너가 골초인 줄 알지 하나씩 열어 보지는 않는다.

이런식으로 아버지는 불법 행위를 강행했고, 아이러닉하게도 그 과정에서 나는 강심장을 가진 소녀로 만들어졌다.

그러나 꼬리가 길면 잡힌다고 했다. 나의 마지막 밀수품은 동경 나리타 공항에서 적발이 되고 말았다. 아버지는 정말 두리한 물건을, 그동안 백프로 성공률을 가져다준 딸만을 믿고 강행하신 것이다. 그 임무는 이백년 된 거북이 박제를 일본으로 밀수하는 것이었다. 20년 전 세관을 통과하는 엑스레이는 지금처럼 최첨단이 아니었고, 대충 물건의 형태만 보이면서 전문가의 눈으로 위험 물질인지 아닌지를 결정해야 하는 것이었지만, 거북이는 아무래도 200% 불가능으로 판단되었다.

"아빠, 이거는 정말 안 돼요. 이거는 백프로 걸려요. 사이즈도 크고, 내가 감춰서 들고 갈 수 있는 물건이 아니에요, 포기하세요."

내가 점점 성년이 되어 가면서 아버지는 나를 사용할 수 있는 시간이 얼마 없었다. 엄마는 아버지에게 제발 이런 짓을 그만 두라고 잔소리를 했고, 애들이 대학교를 못 들어가는 상황이 발생되면 돈을 끊을 거라고 엄포를 놓으셨다. 하지만 구만리 떨어져 있는 엄마의 말을 들을 아버지가 아니었고, 오빠와 나도 동경에 들려서 엄마를 일 년에 서너 번씩 만날 수 있는 기회를 놓치고 싶지 않아서 덩달아 말을 듣지 않았다.

"이거만 가지고 가면 우리는 앞으로 10년은 먹고 살 거야."

아버지는 누군가에게 이미 주문을 받아 놓으신 것 같았다. 부르는 것이 값이라고 했다.

나는 할 수 없이 거북이를 담요와 수건으로 철저하게 쌓아서 그 형태가 마치 이불 같도록 만들었다. 드디어 비행기가 나리타 공항에 착륙하여 가방을 트롤리에 실었고, 나는 어느 세관원 앞에 줄을 설까 정탐을 하고 있었다. 내가 가방을 찾은 즉시 일본 공항 경찰 세 명이 나에게 다가왔다.

"이것이 당신 가방입니까? 우리를 조용히 따라 오시지요."

나는 심장이 철썩 내려 앉으며 '올 것이 왔구나!' 생각했다. 그리고 빨리 이 상황을 어떻게 대처해야 할지 머리를 굴렸다. 너무나 당황스러웠고 내가 찾은 가방이 나의 물건이 아니라고 할 수도 없는 상황이었다. 나의 심장은 더욱 팔딱팔딱 뛰기 시작했다. 나는 많은 사람 앞에서 창피한 상황을 만들지 않기 위해서 조용히 그들을 따라갔다.

"여기에 앉으세요. 그리고 가방을 열어 보시오."

나는 어느 밀폐된 방으로 그들을 따라서 들어갔고 일본 경찰의 목소리는 매우 엄했고, 그들의 인상은 험상궂었다. 나는 가능한 천천히 가방을 열기 시작했다. 그러자 답답한 경찰 두 명이 바로 가방을 뺏어서 이불과 수건을 벗기면서 거대한 거북이를 꺼냈다. 다른 경찰은 나의 개인 가방을 수색하기 시작했다.

'오! 나에게 기적이 필요해요. 저 거북이가 내 가방에서 지금 당장 사

라질 수 있다면!'

이 절박한 상황에서 나는 기적이 필요한 것이 아니라 마술이 필요했다. 그러나 곧 거대한 거북이가 실체를 드러내며 내 가방에서 나왔다.

"당신을 불법 박제 거북이 밀수로 체포합니다."

나는 갑자기 하늘이 노래지면서 등에서 식은땀이 주르륵 흐르기 시작했다.

'침착해야 해. 빨리 생각해. 뭐라도 생각해봐.'

나는 할말을 잃었다. 이 무시무시한 일본 경찰들 앞에서 이 거북이가 나의 것이 아니라는 것을 증명해야 했다. 도대체 뭐라고 말을 해야 할지 전혀 감이 잡히지 않았다. 나는 곧 눈물을 뚝뚝 흘리기 시작했다. 그리고 유창한 영어로 말을 시작했다.

"나는 이 가방에 무엇이 들었는지 몰랐어요. 나는 필리핀에서 영주하는 학생입니다. 동경에 살고 계시는 엄마를 만나러 비행기를 타려는데, 어느 아저씨가 나에게 부탁을 했어요. 자기가 짐이 너무 많다고 짐이 없는 내가 자신의 가방을 대신 가져다주면 돈을 주겠다고 했어요."

그들은 말도 안 되는 이야기를 어이 없다는 표정으로 듣고 있었다.

"그리고 세관을 통과해서 나오면 자기가 나를 밖에서 찾아오겠다고 했어요. 정말이에요."

나는 그들에게 호소했다. 내가 순간 머리를 굴려서 생각해 낼 수 있는 최대한의 이유를 댔지만 그들은 믿지 않는 것 같았다.

"네가 그동안 일본을 얼마나 많이 들락거렸는지 우리는 알고 있고, 한국 여자들을 우리는 믿지 않는다."

나는 장장 6시간 동안 그들에게 취조를 당했고, 그들은 일어로 지껄였고 나는 영어로 떠들어 댔다. 공항 경찰들은 나에게 솔직히 말하면

징역 5년을 1년으로 줄여 주겠다며 온갖 협박을 했다. 나는 일어를 잘 알아듣지도 못했지만 아는 말도 못 알아 듣는 척하며 말을 바꾸지 않았다. 그리고 그들은 내가 알아듣던 말던 계속 일어로 나를 협박했다. 나는 지칠대로 지쳤고, 밖에서는 엄마가 기다리고 있을 텐데, 지금 나의 상황을 알릴 수가 없어서 더욱 답답했다.

"헤이, 당신들은 내가 일본 말을 알아듣는 줄 알아? 나는 한국말도 제대로 못하는 이민자라고! 여기서 영어하는 사람 불러와! 당신들 바보야?"

나는 결국 너무 화가 치밀어서 소리를 지르며 화를 냈다. 그리고 순간 생각이 났다.

"이것을 보라고, 그 남자가 나에게 수고비로 준 돈봉투인데 그래도 나를 못 믿겠다면 법대로 해! 나를 감옥에 넣던지 말던지 당신들 마음대로 해!"

나는 소리소리를 지르며 항상 비상용으로 준비해 놓고 다니던 미화 오백 달러가 들어 있는 봉투를 보여 주었다. 그러더니 서로 일본어로 수근거리더니, 내가 아직은 미성년자였기 때문에 아무런 법적인 조치를 취할 수 없다는 것을 깨달았는지 나를 놓아 주기로 결정을 한 것 같았다.

"우리는 너의 이름 기억하고 있을 거야. 다음에 다시 이런 것 들고 오면 그때는 네가 미성년자가 아닐거야, 그렇지?"

일본 경찰들은 나에게 의미심장한 말을 하고 마지 못해서 나를 풀어 주었다. 물론 거북이는 압수를 당했다. 나의 속옷까지 다 뒤집어 놓은 여행 가방을 대충 챙겨서 나는 허탈하게 엄마를 찾았다. 엄마는 공항 대기실에서 장장 6시간 넘게 나를 기다리고 있었고, 아버지의 마지막 밀수는 이렇게 엄청나게 큰 금액의 원금을 잃어버린 채 막을 내렸다.

　필리핀은 아시아에서 유일한 로마 가톨릭 국가다. 나라는 약 8천 개의 섬으로 이루어져 있으며, 6월부터 10월까지는 매년 태풍의 통로가 된다. 남태평양의 수많은 섬나라가 가난할 수밖에 없는 이유는 기후와 태풍 때문이기도 하다. 필리핀에 매년 태풍이 휩쓸고 간 자리는 영원한 부익부 빈익빈이 형성될 수밖에 없었고, 판자촌에 살고 있는 가난한 빈민촌은 더욱 가난할 수밖에 없었다.

　필리핀은 빈부의 격차가 심하고, 정부는 부패로 인해 돈이면 다 해결되었고, 매춘과 범죄가 횡행하는 나라였다. 이 나라는 돈 있는 사람들을 위한 환락가로 동양에서 유명한 카지노와 나이트클럽뿐 아니라 온갖 매음굴이 난무하고 있었다. 이렇다 보니 아버지는 합법적인 사업 외 모든 것을 벌리셨다.

　"왜 합법적으로 사업을 해서 아까운 세금을 내! 불법으로도 충분히 안 걸리고 할 수 있어."

　나는 필리핀에 와서 점점 변하고 무능력해지시는 아버지의 모습을 보면서, 아버지를 이렇게 망쳐 놓은 이 열대지방 나라를 증오했다. 목재사업 또는 중고 자동차 수입 등 다양한 합법적인 사업을 시작하여 번창한 사람들과 나의 아버지가 비교되면서 실망과 미움이 쌓여 갔기 때문이다.

　한국에 있을 때, 아버지는 사업도 크게 성공해서 일가 친척들을 다 먹여 살리셨고, 직원들에게도 매우 선하고 월급도 후하게 주셨던 사장이었기 때문에 아무도 회사를 그만두고 싶어하지 않을 정도였다. 아버지는 사업가는 아니셨다. 실력 있는 사진 작가셨다 명작의 사진을 찍어서 내셔널지오그래픽 같은 세계적인 잡지에 실리길 원하셔서, 필리핀 정글에 가서 몇 달 동안 살기도 하셨다. 그러나 시간만 흐르고 이도 저도 안 되니 점점 사기꾼으로 변해가는 아버지의 모습을 보면서 자라게 되었다. 방랑기는 있으셨지만 천성이 선하신 분이셨기에 점점 이상한 사람으로 변해가는 모습을 사춘기였던 나는 도저히 이해할 수 없어 급기야 가슴에 분노가 쌓이기 시작했다.

그리고 아버지가 매번 손해를 본 금액은 고스란히 엄마의 빚으로 남겨졌다. 끝없이 무리하게 통관이 안 되는 물건을 가지고 다니며 압류를 당하거나, 또는 다른 사기꾼에게 다시 사기를 당했다. 엄마가 10년 동안 아무리 돈을 많이 벌어서 계속 아버지에게 보내 줘도 그야말로 밑 빠진 독에 물 붓기였고, 우리 집은 여전히 가난했고, 나의 눈에서는 눈물이 그칠 날이 없었다.

그러나 청소년기에 결코 흔하지 않은 경험으로 인해 나의 뇌는 자극을 받게 되었다. 급격한 환경 변화와 혹독한 경험으로 인해 그때그때마다 나는 숨막히는 이 상황을 어떻게 빠르게 대처해야 하는지 스스로 생각하고 판단해야 했다. 그리고 여행을 통해서 새로운 세상을 볼 수 있었고, 일본이라는 선진국을 통해 나의 20년 후의 미래를 보았던 것이다. 필리핀의 가난한 나라에서 살면서 일본의 미래 도시를 방문할 때마다 나는 큰 충격을 받게 되었고, 그 당시 나의 현실은 정말 볼품 없는 가난한 밀수꾼에 불과했지만 나는 미래를 보았고 꿈꿀 수 있었다. 왜 내가 지금의 현실을 참고 인내하며 반드시 여기를 벗어나야 하는지 그 이유를 너무도 일찍 깨닫게 되었던 것이다.

졸업파티, Prom Night

"너 졸업파티에 같이 갈 데이트 있어?"

어디서 많이 들어 보았던 목소리가 내 뒤에서 들렸다. 어느 주말, 스페인에서 전학 온 나의 절친 모니카와 함께 서서 만두를 한입에 두 개씩 넣어서 먹고 있었다. 내가 뒤를 돌아보자, 내 앞에는 우리 학교에서 가장 똑똑하고 인기가 많은 한인 남자 아이가 서 있었다. 나는 순간 만두를 씹지도 삼키지도 못하고 입 속에 가득 들어 있는 상태에서 얼굴이 빨개져서 고개만 절래 절래 흔들었다. 없다는 말이다.

"그럼 나랑 졸업파티에 같이 갈래?"

나는 내 귀를 의심할 수밖에 없었다. 모니카는 한국말로 하는 그 아이의 말을 알아들을 수 없었기 때문에, 갑자기 우리 앞에 나타난 그 아이와 나의 눈치만 보고 있었다. 그 남자아이는 아버지가 주한 필리핀 대사관에 파견을 나온 외교관이었고, 엄청나게 좋은 집에서 살고 있었다. 공부도 잘하고 귀공자처럼 생겨서 한인 여자아이들에게 미칠 정도로 인기가 많았다. 아버지가 외교관이면 그 아들도 외교관으로 취급되었다. 물론 나는 지난 3년 동안 그 아이와 학교에서 말 한번 해본 적이 없었다. 나는 고개만 끄덕끄덕거렸다. 같이 간다는 말이다.

"그럼 그날 내가 5시까지 너희 집으로 데리러 갈게. 나중에 학교에서 주소 알려줘. 알았지?"

그렇게 말하고 남자아이는 저 멀리서 기다리고 있는 그의 친구들 사이로 사라져 버렸다. 나는 한동안 멍하니 그 아이가 지나간 자리를 쳐다보고 있었다.

"뭐라고 하는데?"

모니카가 답답해서 나에게 물었다.

"쟤가 나랑 졸업파티에 같이 가재. 너는 믿을 수 있겠니? 지금 이 상황을?"

나는 입에 들어있던 만두를 그제서야 쩝쩝 씹으면서 모니카에게 얘기했다.

"너, 그럼 진짜 프롬에 가는거지? 나랑 약속해. 와우 신난다."

모니카는 내가 프롬에 안 가려는 이유를 너무도 잘 알고 있었다. 남자 파트너는 구하면 생기겠지만, 나는 그 당시 2천 페소가 넘는 드레스를 맞출 돈이 없었기 때문에, 이미 졸업파티에 가지 않기로 결정을 내린 것이다. 그동안 모니카는 내가 졸업파티에 같이 안 가면 자기가 너무 심심하다고 나를 계속 졸랐다.

"내가 빌려줄게 같이 가자. 내 데이트한테 친구 데리고 오라고 할게, 응?"

모니카한테 돈을 빌린다고 해도 언젠가는 갚아야 하고, 하루만 입기 위해서 그 비싼 드레스를 맞춘다는 것이 그 당시 현실주의자였던 나에게는 너무 무의미했다. 그리고 외교관 아들이 나에게 데이트 신청을 했을 때 너무 떨려서 얼떨결에 간다고 고개를 끄덕였던 것을 곧바로 후회하기 시작했다. 하지만 이미 상황은 벌어졌다. 이제 나의 당황스러운 현실이 닥쳐오면서 오만가지 생각이 나의 머릿속을 지나갔다. 나는 모니카에게 하소연을 하기 시작했다.

"아휴, 돈을 어디서 구하지? 한 달밖에 안 남았는데, 드레스를 지금 맞추면 그때까지 될까?"

"우리 집을 정말 보여 주기 싫은데……. 내가 사는 동네를 와서 보면 실망할 텐데……."

"그날은 우리 집으로 데리러 와야 하잖아. 어떻게 하지 모니카?"

그러나 모니카는 나의 고민거리들은 안중에 없었고, 나보다 더 신나 하면서 자기가 다 알아서 할거라고 걱정하지 말라고 했다.

우리는 손을 잡고 성룡영화를 보기 위해 극장으로 향했다. 나는 영화를 보는 내내 이 믿을 수 없는 현실에 대해 곰곰이 생각을 했다.

'왜 나지? 외교관이 왜 나에게 같이 가자고 하는거지?'

'마음에 드는 다른 여자애들도 많을 텐데……. 부잣집 부모님들끼리 친하게 지내는 여자아이들이 서너명 있는데……. 그중에서 같이 갈 거라고 생각했는데 말야.'

미국식 공교육 체계인 필리핀에서 프럼은 고등학교를 졸업하는 성대한 파티이자 성년식도 치루는 만 18세의 졸업생들만이 참여할 수 있는 특혜였다. 파티와 광란의 밤을 보낸 후 모두가 자유롭게 대학을 향하여 진출하거나 더 큰 세상을 향해 어른이 되는 것이다.

우리 학교의 졸업파티는 마닐라에서 가장 좋은 특급호텔에서 성대하게 이뤄지는 전통이 있었다. 여학생들은 화려한 드레스를 입고, 미장

원에서 화장과 머리를 정성스럽게 했다. 남학생들은 멋진 턱시도를 입고 고급 승용차를 타고 자신의 파트너를 집까지 데리러 와서 파티장으로 같이 가는 것이다. 타 고등학교의 학생들은 우리 학교의 프럼 데이트로 초대되는 것이 소원이었다.

'이 일을 어쩌지? 나는 안 가려고 했는데.'

솔직히 몇 명의 외국 남자아이들이 나에게 파트너 신청을 했지만 나는 거절했다.

"미안해. 나는 이미 데이트가 있어."

이미 안 가려고 작정을 했기 때문에 나는 차라리 도도하게 같이 갈 남자가 있다고 대답했던 것인데 그것이 나에게 현실로 이루어진 것이다. 학교에서 한인 아이들 사이에서는 외교관이 과연 누구와 함께 졸업 파티를 갈까 하는 대화가 여자아이들 사이에서 끊임 없이 논쟁이 되었다. 예전에 나는 지나가면서 여자아이들이 속닥거리는 대화를 엿듣게 되었지만 어차피 나와 아무런 상관없는 부류이기 때문에 신경을 쓰지 않았다.

"내가 먼저 외교관한테 같이 가지고 할까? 나한테 물어볼 것 같은데, 부끄러워서 못 하나봐."

어느 여자아이가 말했다

"너랑 같이 가면 내가 가만히 안 있을 거야. 우리 엄마한테 얘기해서 외교관 엄마에게 나와 함께 가게 해 달라고 얘기 해야지."

다른 여자아이도 그와 같이 가고 싶은 마음을 노골적으로 표현했고, 엄마까지 동원해서 힘을 쓰려고 했다. 그러니 외교관이 나에게 데이트 신청을 한 이후 나는 제정신이 아니었다. 나와 모니카는 일사천리로 바쁘게 움직였다.

"이게 내 전 재산이야."

나는 내가 일 년 동안 모아둔 용돈을 탈탈 털었다. 우선 급한 대로 모니카의 드레스를 재단하고 있는 디자이너에게 달려가서 사진을 골랐다. 지금 가지고 있는 금액으로는 턱없이 모자랐지만, 시간이 없었기 때문에 먼저 주문을 하고 나중에 어떻게 하든 돈을 마련하기로 했다. 나는 새틴 실크 소재로 된 눈처럼 하얀 원단에, 상채는 어깨가 훤히 드러나고 가슴과 허리부터 타이트하게 조여 주며 허리 라인 아래로 풍성하게 떨어지는 드레스 디자인을 선택했다. 그리고 허리 뒤에는 깜찍한 리본을 달아 달라고 요청했다.

"매우 탁월한 디자인을 선택했군요. 요정처럼 예쁠 거예요!"

디자이너도 나의 선택에 매우 흡족해하며 3주 후 드레스가 완성되면 피팅하러 오라고 했다. 그리고 나는 집으로 달려가서 아버지에게도 졸업파티를 위해 특별 용돈을 부탁했고, 오빠와 므니카도 본인의 용돈을 모아서 나의 드레스를 위해서 투자를 하기로 했다. 정말 꿈만 같았다. 내가 학교에서 가장 인기 많은 외교관과 프럼을 갈 수 있으리라고는 상상도 하지 못했기 때문에, 나는 매일 밤 잠이 오지 않았다. 그리고 프럼 날짜가 촉박하여 외교관은 나에게 쪽지를 보내왔다.

'이번 주 토요일 마카티 쇼핑몰 코니아일랜드에서 1시에 만나. 내가 아이스크림 사줄게.'

그 쪽지를 읽는 순간 나의 심장은 터질 것만 같았다. 그리고 나는 몹시 흥분하여 며칠을 그냥 날아 다녔다. 학교에서 다른 여자아이들은 도대체 외교관이 누구와 졸업파티를 가는지 궁금해서 미치기 일보직전이었다.

"내가 물어봤는데, 우리 학교 여자아이가 아니래. 도대체 누구지?"

여자아이들은 내 코앞에서 내가 듣든 말든 그들끼리 지껄였다.

"아무한테도 말 안 해 주고 있어. 아무래도 정말 이상해."

"우리 엄마한테 물어봤는데 외교관 엄마도 모르신데. 그래서 졸업파티에 안 갈 것 같기도 하다던데?"

"아휴, 정말 속상해. 맨날 우리 집에 와서 나를 만나려고 우리 오빠랑 친하게 지낼 때는 언제고 말야."

"흥, 너 좋아한거 아니거든! 꿈깨라!"

여자아이들은 내가 그 주인공이라는 사실을 전혀 눈치채지 못한 채, 그들끼리 가슴을 졸이며 매일같이 졸업파티와 외교관에 대해서 끊임없이 결론 나지 않는 토론을 계속했다. 모니카, 외교관, 그리고 나는 서로 약속한 것도 아니었는데, 아무에게도 말을 하지 않았다. 모니카는 내가 외교관을 만나고 있을 때 멀리서 우리를 정탐하고 있을 거라고 하며 같이 흥분을 했다.

드디어 토요일이 왔고, 나는 코니아일랜드에 먼저 와서 앉아 있는 외교관을 보자마자 다리가 후들후들 떨리기 시작했다.

"안녕."

그가 먼저 인사를 했다.

"어, 안녕……. 일찍왔네. 많이 기다렸어?"

"아니야. 나도 방금왔어. 무슨 아이스크림 먹을까?"

우리는 각자 다른 아이스크림을 시켰고, 나는 그 아이스크림이 입으로 들어가는지 코로 들어가는지 전혀 느낄 수가 없었다. 쿵쾅쿵쾅 뛰는 나의 심장소리가 그에게 들릴 것만 같았다. 그리고 태어나서 처음으로 아이크림을 혀로 핥아먹는 다는 것이 그토록 추하게 느껴질 수가 없었다. 외교관도 할 말이 별로 없었고, 나도 할 말이 없어서 우리는 유리창

밖을 내다 보며 지나가는 사람들만 멀뚱멀뚱 구경했다.

"우리 영화 볼래?"

계속 어색한 침묵이 흐르자 외교관이 제시했다.

"안 돼! 나 바뻐. 다른 친구들과 약속이 있거든."

나는 너무나 긴장한 나머지 외교관과 둘이서 어두운 극장에 앉아 있으면 그가 나의 심장소리를 들을 것만 같았다. 그러나 곧바로 후회를 했다.

'아휴, 이 바보야! 바쁘긴 뭐가 바쁘다고!'

"그래? 그러면 할 수 없군. 내가 오늘 너 집에 데려다 주고 집 위치도 알려고 했는데 안 되겠네. 그래, 그러면 다음 주 프롬날 집으로 데리러 갈게."

외교관은 크게 실망한 표정으로 자리에서 일어났다.

'지금이라도 보러 가자고 해.'

나는 다시 용기를 내려고 했지만, 갑자기 무슨 이유를 얘기해야 할지 생각이 나지 않았고, 나도 바쁜 척 시계를 보면서 서둘렀기 때문에 우리는 그렇게 헤어졌다.(훗날 다른 친구를 통해서 듣게 되었지만 외교관은 이미 영화 티켓을 끊어 놓고 나를 만났던 것이다. 나는 참으로 바보천치였다.)

드디어 졸업파티 당일이 되었다. 우리 집에는 나의 그 유명한 프롬 데이트를 보기 위해서 동네 사람들은 대문 앞에 다 모였고, 아버지를 비롯한 많은 보따리 장수와 일본행 언니들은 모두 일찍부터 우리 집 거실에 모여서 이제 곧 성인이 될 나의 화려한 밤을 기대하고 있었다. 나는 미장원에서 머리와 화장을 하느라 호들갑을 떨었고, 일본행 언니들은 나의 눈 화장에 대해서 더 진하고 화려한 색을 발라야 한다고 참견을 했다.

“송하는 눈이 예쁘기 때문에 눈 화장을 더 강조해야 돼.”

“아휴, 오늘 누군지 남자 하나 상사병 걸려서 죽겠구먼……..”

“나도 왕년에 이런 날이 있었는데…….”

“미친년 지랄하고 있네. 야! 비교할 사람과 비교해라. 니가 어떻게 천사 같은 송하와 비교를 하니!”

언니들은 마치 자신들도 나와 함께 신데렐라가 된 것처럼 들뜬 기분에 내 옆에서 침이 튀도록 참견을 했다. 동균 오빠가 절대로 내 동생 얼굴에 이상한 페인트 칠을 하지 말라는 명령에 나의 얼굴은 보존이 될 수 있었다. 나는 완성된 하얀 실크 드레스를 입고 거울을 쳐다보았다. 내 자신이 마치 결혼식을 올리는 신부 같았다.

‘나에게 이런 날이 올 줄이야……. 내가 외교관과 결혼할 수 있다면 얼마나 좋을까?’

나는 그와 결혼식을 올리는 장면을 상상했다. 멋진 마닐라 베이가 보이는 최고급 호텔에서 넓은 잔디밭에 푸른 야자수가 시원하게 쭉쭉 뻗어 있는 해변가에서 이 하얀 드레스를 입고, 걸어가는 모습을 상상하기만 해도 가슴이 너무 설레었다.

“송하가 언제 이렇게 예뻐졌지?”

“채 사장! 송하를 정말 미스코리에 출전시켜야 하지 않아?”

“마간당 딸라가!”(정말 예쁘다)

주위에 모든 사람이 나에게 찬사를 보냈다. 처음하는 화장과 처음 입는 아름다운 드레스는 나를 정말 공주로 만들어 주었다. 프럼 데이트 남자는 여자를 위해서 꽃으로 만든 코사지를 가지고 와서 어른들께 인사를 드리고 나에게 꽃을 손목에 달아주고 같이 차를 타고 가는 것이 절차였다. 나는 계속 떨리는 마음으로 외교관을 기다리고 있었다. 데리러 올 시간이 지나고 6시에 시작하는 파티에 참석해야 하는데, 거의 6시가 임박해 오고 있었다.

'오늘 차가 많이 막히나 보다.'

나는 일찍오지 않는 외교관이 못마땅했지만, 이유가 있겠지 하며 인내하고 기다렸다. 그러나 그는 6시 반이 지나도 오지 않았다. 느낌이 점점 이상해지기 시작했다.

"그 아이 집으로 전화해봐."

"우리 집을 못 찾나봐."

"차가 고장났나?"

사람들이 웅성웅성거리며 걱정을 하기 시즈했다 나는 외교관 집으로 전화를 걸었다. 필리핀 가정부가 받았다.

"사모님과 함께 아까 나갔는데, 어디에 갔는지 도르겠는데요? 저녁식사는 먹고 늦게 오신다고 했어요."

나는 지금 상황에서 기다리는 수밖에 없었다. 그 당시 핸드폰이 있었던 것도 아니고, 외교관이 우리 집을 찾아올 때까지 기다리는 것밖에는 다른 선택이 없었다. 나는 침묵을 지키게 되었고, 겹안 분위기는 점점 조용하고, 여기저기서 한숨 소리만 들려왔다. 저녁 7시가 되고, 8시가 넘어가는 것을 지켜보고 있다가 나는 드디어 울음을 터드렸다. 주위 사람들도 이 상황을 어쩔 줄 몰라서 다들 안절부절못하고 있다가 하나 둘씩 자리를 떠났다.

"무슨 일이 있나 보다. 동균아! 내 양복입고 송하랑 같이 갔다와라."
아버지는 말도 안 되는 소리를 하므로 나를 더욱 서럽게 하셨다.

"싫어! 미쳤어? 오빠랑 같이 가게! 이미 파티는 시작됐단 말이야!"

내 눈에서 닭똥 같은 눈물이 검정 마스카라와 범벅이 되어 하얀 드레스에 뚝뚝 떨어졌다.

'이날을 꿈꾸며 살았던 내가 바보야. 나는 신데렐라도 아니고, 백조도 아니야…….'

"어머 얘, 이쁜 드레스에 눈물을 흘리면 어떡해. 빨랑 휴지 줘!"

언니들은 또다시 호들갑을 떨면서 이 상황을 어쩔 줄 몰라했다.

"이제 이 드레스를 다시 입을 일이 없을 거니까, 괜찮아."

내가 조용히 저음으로 말했다.

"그리고 이제 나는 얼굴을 들고 동네를 다닐 수도 없고, 창피해서 학교에도 갈 수 없을거야……. 나는 거지 공주야!"

나는 소리를 빽 지르고 내 방으로 뛰어 올라갔다. 외교관은 나를 가장 처참하게 프럼날에 바람을 맞춘 것이다. 그를 만나서 왜 그랬냐고 물어보고 싶었다. 나는 외교관이 고의로 나에게 이러한 행동을 했다는 것이 믿기지 않았다. 그도 다른 여자아이들과 한통속이었던 것인가?

'지금 다른 여자아이와 함께 파티에 갔겠지…….'

'나를 이렇게 비참하게 만들어 놓고, 다른 아이들과 깔깔거리며 비웃고 있겠지…….'

그러나 나의 마음에는 그 아이를 향한 미움이 생기지 않았다. 나는 외교관의 마음을 느꼈다. 내 앞에서 외교관도 부끄러워서 말 못하고, 나한테 말을 걸 때마다 얼굴이 빨개지는 그 아이의 순수한 마음으로 나를 좋아하는 것을 느낄 수 있었는데, 왜 이런 행동을 했는지 이해할 수가 없었다. 그냥 마음이 아플 뿐이었다. 태어나서 처음으로 버림을 받았던 이날, 배신을 당했던 이날을 잊을 수 없을 것 같았다. 그리고 또 심장에 참을 수 없는 고통이 찾아왔다. 나보다 아버지와 오빠에게 더 미안했다. 이날을 기대하며 일본에 계신 엄마도 딸의 최고의 밤을 나중에 듣기 위해서 설레며 기다리실 텐데, 나의 가족 때문에 더욱 가슴이 아팠다. 나는 침대에 한동안 멍하니 앉아 있다가 밤 9시가 돼서야 모든 것을 포기하고 드레스를 벗고 세수를 하고 잠을 청했다. 너무 서러워서 그리고 돈이 아까워서 눈물이 주르륵 쏟아졌다.

'저 드레스가 얼마짜리인데!'

나는 그렇게 베게에 얼굴을 박고 울다가 잠이 들었다. 얼마 후 밤 11시가 되어서 모니카가 와서 나를 깨웠다.

"송하, 어떻게 된거야?"

모니카도 나를 기다리다 1차 프럼파티가 끝나고 모두 2차 클럽으로 이동하는 동안 다른 친구들을 동원하여 나를 데리러 왔다.

"외교관이 나를 데리러 오지 않았어. 연락도 안 되고. 파티에서 그 아이를 봤니?"

나는 울먹거리며 물었다.

"아니! 그 아이도 오지 않았어. 다들 궁금해 하고 있으니까 빨리 옷 입어. 우리끼리라도 클럽에 가서 놀자, 응? 내가 재미있게 해 줄게."

모니카는 언니처럼 나에게 같이 나가자고 설득을 했지만, 나는 괜찮으니까 가서 재미있게 놀으라고 그녀를 보냈다. 모니카는 나를 꼭 안아주면서 힘내라고 말해 주는 것을 잊지 않았다.

나의 성인식은 그렇게 치러졌다. 그리고 나는 이제 어른이 되었다. 그러나 산다는 것이 너무나 힘이 들었다. 인생은 이게부터 시작이라고 하던가? 아무리 가난해도 지키려 했던 나의 자존심은 그렇게 땅바닥으로 내팽개쳐졌고, 상류층 자녀들로부터 받은 이 경험은 그 어떤 상처보다 깊고 고통스러웠다.

전자공학과 불합격

●

　　"송하는 의대를 보내야 해. 필리핀이 그래도 치과대학으로 유명하니까 유피 의대(UP= University of the Philippines)를 가라고 해야지."

　　아버지가 말씀하셨다.

　　"아니에요. 송하는 법대를 가서 변호사가 되는 것이 좋겠어요."

　　나는 아버지와 일본에 계신 엄마가 나의 진로에 대해 전화로 통화하는 내용을 들으면서 참으로 어의가 없었다. 두 분은 딸이 마치 천재인 줄 착각을 하고 계신 것 같았다. 책을 끼고 살았던 나에 대해서 아버지는 아인슈타인으로 착각을 하고 계셨고, 엄마는 내가 이곳에서 어쩌다 보니 월반을 하게 되었기 때문에, 같은 또래보다 한 학년이 높았고 그래서 내가 공부를 정말 잘하고 있는 것으로 매우 부정확한 정보를 가지고 계셨던 것이다. 내가 학교에서 다른 친구들의 숙제를 복사하면서 간신히 한 학기씩 버티고 있다는 사실은 전혀 모르셨고, 집에서 살림을 하거나 책만 읽고 있는 딸이 너무나 똑똑하게 보이셨던 것이다.

"저는 영문과를 지원할 거예요. 그래서 작가가 될거라구요. 의대? 법대? 아이구 맙소사……."

오빠는 이미 마닐라에서 유명한 델라살 대학교에서 경영학을 전공하고 있었기 때문에 아버지는 나도 그 대학에 입학을 해서 오빠와 같이 학교를 다니길 원하셨다. 그러나 나는 절대로 필리핀에서 대학교를 다니고 싶지 않았다.

"아빠, 저 한국에 보내 주세요. 지금 제가 연세대학교에 입학할 수 있는 조건이 된대요. 해외 영주권자는 입시시험 없이 한글 능력시험만 보면 연대에 입학할 수 있대요. 보내 주세요, 네?"

나는 한국 또는 미국으로 가서 대학교를 다니고 싶었다. 이 지긋지긋한 필리핀을 벗어날 수 있는 절호의 기회가 될 수 있었고, 이 나라를 벗어나야 나의 꿈과 미래를 더욱 펼칠 수 있을 것만 같았다.

'절대로 이 후진국에서 대학교를 다닐 수 없어!'

나는 속으로 다짐을 했다. 다른 한인 친구들은 이미 미국으로 또는 한국 대학교를 쉽게 입학하기 위해서 떠나거나 준비를 하고 있었다. 아니면 나는 아버지에게 미국으로 보내달라고 애원을 했다.

"미국에 가서 아르바이트해서 돈 벌고, 기숙사에서 생활하면서 공부할게요, 네?"

"안 된다. 여자 혼자서 어딜 간다고. 절대 안 돼!"

아버지는 단호하게 거절하셨다. 나는 정말 이해할 수가 없었다. 딸이 더 좋은 환경에서 공부하고 싶다는데 그리고 엄마도 내가 갈 수 있다면 미국이든 어디든 가라고 하셨다.

"너! 엄마가 가라고 한다고 미국이나 한국에 가서 그 비싼 학비를 4년 동안 우리가 어떻게 감당하라고? 엄마는 너희가 원하면 학비를 대

주려고 하겠지. 하지만 돈이 너무 든다. 엄마 힘든걸 생각해라."

나는 아버지의 그러한 엄마에 대한 걱정에 솔직히 기가 막혔다. 지난 7년 동안 엄마를 일본에서 그렇게 고생시키신 장본인은 아버지였다. 그동안 엄마가 보내온 생활비들이 모두 어디로 사라졌는지 알 수 없도록 엄한 곳에 쓰시다가 지금까지도 이렇다 할 사업의 발판을 이루지 못하고 해삼만 말리고 다니시는 아버지의 무능력함을 나는 생생하게 보아왔다. 아버지는 엄마에게도 딸을 절대로 혼자서 한국 또는 외국으로 보낼 수 없다고 단호하게 말씀하시고 반드시 이곳에서 대학을 다녀야 한다고 못을 박으셨다.

그래서 나는 우여곡절 끝에 오빠가 다니고 있는 델라살 대학교가 전자공학으로 유명한 학교였기 때문에 원서를 넣게 되었다. 엄마의 소원대로 법대가 싫다면 컴퓨터를 공부하라는 명령에 1순위는 전자공학, 2순위는 영문과를 지원했다. 물론 나의 계획은 1순위인 전자공학과에 당연히 떨어질 것이고, 자연스럽게 2순위인 영문과를 갈 수밖에 없는 상황을 만들어서 엄마에게는 죄송하지만 나의 목적을 달성하는 것이었다. 그리고 대학교 입학시험과 필리핀 국가고시 등을 대충 치르고 대학교에서 어떠한 통보가 날라오기만을 기다리고 있었다. 드디어 얼마 후 학교에서 한 통의 편지가 날라왔다.

"We regret to inform you that your entrance examination result did not qualify for the Department of Computer Science this time……."

내용은 당연히 88년도에 가장 경쟁률이 치열했던 전자공학과에 불합격되었다는 통보이며, 다음 순위의 학과를 지원하거나 대기자 명단에 이름을 올려놓고 기다리라는 것이었다. 나는 별로 실망하지 않았다.

엄마가 그렇게 소원하셨던 공부를 정말 열심히 하고 싶었지만, 내가 공부에 집중하려 할 때마다 우리 집에는 방해물이 너무나 많았다. 공부를 하는 데 있어서는 교과서 속으로 얼마나 빨리 집중하여 빨려 들어가는지가 시험 결과를 좌우한다. 아무리 엉덩이를 붙치고 책상 앞에 오랜 시간 앉아 있어 봐야 집중을 못한다면 결국 시간만 낭비하게 되는 것이다. 공부를 잘하는 아이와 못하는 아이는 무엇보다드 집중력의 차이였고 환경의 차이였다.

"얘 송하야, 언니가 목이 심하게 마르거든. 그런데 우리는 말이 안 통하잖니. 그러니까 니가 빨리 뛰어가서 맥주 몇 병만 사 와라."

일본행 언니들은 공부하고 있는 나의 의자를 누워서 발로 툭툭 치면서 맥주 심부름을 시켰다. 내 방을 나 혼자서 사용하는 경우는 거의 없었다. 이번에 3명의 언니가 가고 나면 얼마 후 또 다른 여자들이 올 것이다. 그중에는 아줌마도 있었고, 오빠 방을 사용하는 아저씨들도 있었다. 나는 귀찮았지만 우리 집에 오는 손님이기 때문에 최대한 예의를 갖추고 잘해줘야 했다. 그리고 매번 맥주를 사다가 날랐다.

"얘는 눈치가 이렇게 없어. 어떻게 맥주만 먹니? 오징어도 좀 찾아서 구워 오고, 우리가 뭐가 어디에 있는지 어떻게 알아!"

그러면 나는 또 오징어와 다른 안주거리를 브엌에서 찾아서 대령했다. 거기에서 끝나지 않고 언니들은 시끄럽게 화투를 치기 시작했다. 그럴때면 나는 워크맨을 이어폰에 연결해 크게 틀고 다시 공부를 시도한다. 하지만 한번 무너진 집중력을 다시 잡기에는 너무 힘들었다. 특히 공부를 한다고 귀에 꽂은 이어폰 속 음악에 심취해 가뜩이나 피곤한 몸이 책상과 한 몸이 되어 잠이 들곤 했다.

학교에서 돌아오면 여느 학생의 모습에서 벗어나 주부가 되어 저녁 식사 준비를 해야 했다. 필리핀 가정부가 청소와 빨래는 하지만 한국 음식을 할 줄 모르기 때문에 엄마가 떠나시고부터 나는 오빠와 아버지를 위해 요리를 시작했다. 그때부터 김치도 담갔고, 된장찌개, 김치찌개, 장조림, 갈비찜 등 거의 전문가가 다 되었다.

우리 집은 아버지가 주축이 되어 온갖 보따리 장사꾼의 아지트였다. 매일 저녁 식사를 최소한 15인분을 준비해야 했다. 일본행 언니들은 자신들이 손님이라는 사실에 손 하나 까딱하지 않았다. 나는 힘이 들었지만 내가 안 하면 그나마 오빠도 제대로 먹지 못했기 때문에, 어쩔 수 없이 우리 가족 2명의 남자를 위해서라도 희생을 해야 했다.

"역시 송하는 요리도 잘해. 정말 맛있다."

어중이 떠중이 아저씨들은 매일 우리 집에 와서 개 떼들처럼 밥을 먹으며 나에게 칭찬을 해 주었지만 나는 별로 달갑지 않았다. 아버지는 딸 자랑도 할 겸 우리 집에 오는 사람들을 막지도 않았고 떠나는 사람을 잡지도 않았다. 그리고 우리 집이 공부를 할 수 있는 환경인지 아닌지에 대해서는 전혀 신경을 쓰지 않으셨다. 그렇게 우리 집을 거쳐가는 아저씨들 중에 한식 요리사가 있었는데, 그 요리사 아저씨를 통해서 나는 3개월 동안 모든 한식 요리법을 전수받을 수 있었다.

"송하는 어쩌면 그렇게 똑똑하니! 내가 한번 만들어 주면 똑같은 맛을 내는구나!"

요리사 아저씨는 어린 내가 열심히 요리를 배우는 모습에 감탄을 하였다. 그 아저씨도 어차피 일본에서 취업하기 위해 비자를 기다리며 지루한 몇 달 간을 보낼 수밖에 없는 처지에 내가 학교 갔다가 돌아올 때만을 눈 빠지게 기다렸다가 신이 나서 나에게 요리를 가르쳐 주셨다.

"오늘은 신 김치가 많이 남았으니까 비빔국수를 해 먹자."

“좋아요. 나 국수 진짜 좋아하는데……. 벌써 입에 침이 고이네요!”

우리는 찰떡궁합처럼 손발이 척척 맞아서 국수를 준비했다. 아저씨가 만드는 요리는 너무도 간단했지만 정말 맛있었다. 요리는 손맛이라는 것을 나는 그때 알게 되었다. 나는 아저씨에게 궁중요리도 배우면서, 물론 재료비는 꽤 많이 들었지만, 많은 다양한 정통 한식을 배울 수가 있었다. 오빠와 그의 친구들도 내가 해 주는 요리를 서너 그릇씩 먹는 모습을 보면서 나는 가슴이 뿌듯했다. 엄마의 사랑을 주고 받지 못했기 때문에, 나는 그렇게 허기진 사랑 표현을 두 남자 가족에게 표현하고 싶었다. 그렇기 때문에 내가 모든 일과를 마치고 공부를 하려고 책상 앞에 앉을 수 있는 시간은 빠르면 밤 9시 또는 10시가 다 되어서였다. 나는 집중을 하기 위해서 발악을 했다.

‘공부 해야 돼. 공부 안 하면 나중에 엄마한테 할 말이 없잖아.’

그래서 나는 집중하기 위해서 코바늘 뜨개질도 했다. 마음과 정신을 한곳에 집중을 시키고 난 후 책을 읽어야 딱딱한 교과서 속에 바로 빠져들 수가 있었다. 그러나 수많은 날을 코 바느질에 빠져서 공부하는 것을 잊고 밤새 식탁보를 뜨거나 침대 커버를 뜨면서 날밤을 새운 적도 많이 있었다. 그리고 일본행 언니들의 공통점은 항상 껌을 씹고 있다는 것이었다. 그녀들의 손에는 화투장이 떨어지지 않았다.

“오늘 손님이 오시겠는걸? 내 패가 진짜 잘 맞거든. 잘생긴 놈 하나 좀 오지.”

“이 나라는 왜 이렇게 더운 거야. 숨도 못 쉬겠네. 너는 여기서 어떻게 몇 년 동안 사니? 나는 한 달도 못살겠다!”

나는 그녀들이 정말 한심했다. 아무런 꿈도 없이 막연히 일본에만 가면 마치 떼돈을 벌 것처럼 생각하고 꿈에 부풀어 있으면서 정작 하루하루를 아무런 의미 없이 보내고 있었다. 우리 집에서 가장 바쁜 사람은 나밖에 없었다. 그리고 공부하기에 나의 환경은 너무나 열악했다.

'나는 이 집에서 언제쯤 벗어날 수 있을까?'

나는 우리 집의 이러한 모든 상황을 엄마에게 말씀드릴 수가 없었다. 아버지의 무능력한 모습을 보면서 매일 독한 술을 드시고, 할 일 없이 집에서 어떻게 또 다른 불법 행위를 저지를까 궁리만 하는 모습이 안타까웠다. 그리고 내가 점점 아버지에 대한 분노가 쌓여가는 이유는 아버지의 무능력함과 엄마를 계속 고생시키면서도 태연한 모습뿐만이 아니었다. 내가 해외로 대학교를 진학하게 되면 엄마는 아버지에게 돈을 안 보내고 나에게 직접 학비와 생활비를 보내 주실 것이기 때문에 곧 아버지의 돈줄이 끈기게 되는 것을 두려워했기 때문이었다.

동균 오빠는 나보다 2살이 많기 때문에 3학년 졸업인 대학교에 남은 시간은 앞으로 1년뿐이었다. 내가 필리핀에서 앞으로 최소한 3, 4년 동안 대학교를 다녀야 아버지는 계속 엄마로부터 딸을 빌미로 돈을 뜯어낼 수가 있었다. 나는 아버지의 그 이기적인 생각을 알고 있었고 마음속으로 치를 떨었다. 엄마는 우리를 일본으로 데리고 가고 싶어 하셨다. 이제 영어를 어느 정도 잘할 수 있으니, 일본에서 공부하면서 일어에도 능통하게 배우고 동경 소피아 대학교에 입학하길 바라셨지만 아버지는 절대로 우리 남매를 엄마에게 보내지 않으셨다. 자식들을 본인이 잡고 있어야 아내의 돈줄이 끊기지 않는다는 원리를 너무도 잘 알고 계셨기 때문이다. 결국 자식들의 미래보다 자신의 돈줄이 끊기지 않는 것이 더 중요했던 아버지의 모습을 보면서, 내가 얼마나 더 이 나라에서 참아야 하는지 너무 힘이 들었고 아버지의 손아귀에서 벗어날 수 있는 그날이 내 눈에는 보이지 않았다.

누군가 날 위하여

"너 알아? 외교관이 델라살 대학교 전자공학과에 간대!"

나는 어느 날 친구를 통해서 이러한 소식을 접하게 되었다. 외교관이 내가 떨어진 대학교의 전자공학과를 간다는 말이었다. 프럼 이후 그를 다시 본 적이 없었다. 나를 그렇게 처참하게 바람 맞힌 후 외교관도 괴로워했다는 것을 그의 측근을 통해 들을 수 있었다. 프럼 당일 날, 외교관은 부모님의 고급 자가용을 빌려야 했기 때문에, 나와 함께 프럼에 간다는 것을 어머니에게 뒤늦게 말했다고 한다. 아들의 졸업파티 데이트가 나라는 것을 당일 날 들은 그의 어머니는 한동안 침묵을 지키더니 아들에게 아버지가 출장 중이시니 엄마를 대사관의 만찬에 데려다 주고 가라고 설득을 하였고 만찬에 도착해서 대사를 비롯한 어른들에게 인사를 하라고 시킨 후 차 열쇠를 빼앗아 버린 것이다

"우리 아들이 아버지 대신 만찬을 참석했습니다."

어머니가 많은 사람 앞에서 선포를 한 것이다.

"벌써 이렇게 늠름하고 핸섬하게 자랐네요. 차-기 외교관으로 기대됩니다. 그리고 또 효자이네요!"

어른들이 칭찬을 하자 그 자리가 그에게 족쇄가 되어 버린 것이었다.

"니가 제정신이니? 엄마 아빠의 얼굴에 똥칠을 해도 유분수지……. 그 사기꾼 딸과 학교 애들이 다 보는 앞에서 프럼을 같이 간다고? 너는 도대체 생각이 있는 애니 없는 애니? 오늘은 잘 봐! 여기서 아빠 대신 외교관 수업이나 받아."

그의 어머니는 그의 귀에 단호하지만 무섭게 속삭였다. 그리고 그 만찬에 아버지 대신 엄마 옆에 앉아 있으라고 명령을 한 것이다.

차가 없으면 나올 수가 없는 그러한 외각 숲 속에 위치한 저택에서
이루어지는 만찬이었고, 외교관은 어머니의 그러한 행동으로 화가 엄
청 치밀었지만 다른 주요 인사들 앞에서 화를 낼 수도 없었고, 걸어서
그 자리를 빠져나올 수 있는 방법도 없었다. 그는 그렇게 그날 밤 답답
한 마음으로 시간을 보내고 나서 어머니와 침묵을 지키며 집에 돌아온
후 곧바로 이틀 동안 가출을 했다고 한다. 외교관은 나에게 미안해서
더더욱 연락을 할 수가 없었을 것이다. 그 이후 외교관과 나에 대한 소
문은 무성해졌다. 그의 어머니가 나를 그토록 싫어하고 있었다는 사실
이 그리 놀랍지는 않았다.

“도대체 그 사기꾼 집 딸과 졸업파티에 간다는 발상은 어떻게 나온
건데? 엄마 아빠의 얼굴을 생각해야지!”

상류층의 부모들에게 우리 아버지는 이미 사기꾼으로 낙인이 찍혀
있었던 것이다.

‘당신 아들이 나에게 데이트를 신청한거라구요!’

나는 그 아줌마에게 얘기해 주고 싶었다.

‘아줌마는 서러움이 뭔 줄 아세요? 가난이 뭔 줄 아세요? 엄마 없이
살아가는 저의 피 묻은 가슴을 보셨나요?’

‘엄마 옷이 있었던 옷장 속에서 울다가 잠이 들어 밤을 지세워야 했
던 그 외롭고 고독했던 시간들을 상상이나 할 수 있으신가요?’

나에게 그 집 아들은 중요하지도 않았고 안중에도 없었다. 졸업파티
에 인기 있는 남자아이와 같이 갈 수 있다는 설레는 마음은 있었지만,
나에게 연애는 그야말로 사치였다.

“그런 집 딸과 놀아나니까 우리 아들이 집에서 가출을 했잖아!”

아들이 가출을 한 것도 그 어머니에게는 내 탓이었다. 그리고 아는

친구 집에서 이틀 동안 지내면서 집에 들어가기를 거부한 것이 무슨 가출이라고……. 참으로 기가 막히고 황당한 얘기를 들으면서 나는 앞으로 남자를 개만도 못한 취급을 하기로 마음을 먹었다.

'정말 차라리 충성하는 개가 인간들보다 더 낫다.'

나의 마음에 무엇인가 꿈틀거리기 시작했다. 갑자기 전자공학과에 반드시 들어가야 한다는 사명이 불타올랐다. 그 잘난 집안 아들과 대학교에서 만나서 나도 똑똑하고 실력 있다는 것을 보여 주고 싶었다. 지금은 그들이 이 세상을 누리고 지배하고 있는 것 같지만, 먼 훗날 똑똑한 한 여자가 열 남자 안 부럽다는 것을 보여 주고 싶도록 내 마음속에는 불 같은 화가 치밀었다. 그리고 바로 대학교 행정사무실로 달려갔다. 전자공학과 대기자가 몇 명인지 알아보기 위해서였다.

"너무 늦게 왔네. 이미 140명이 대기중이란다. 너는 141번째가 되기 때문에 지금 아예 다른 학과에 지원을 하는 것이 좋을 것 같다."

사무실 직원은 나에게 포기하라고 조언했다. 그러나 내 안에 무언가가 절대로 포기 못한다는 오기가 솟았다. 그것은 내 안의 분노였다. 아버지를 향한 미움, 나의 비참한 환경에 대한 서글픔, 그리고 이 불공평한 세상을 향한 분노가 그동안 아무 생각 없이 어렸던 나의 정신세계 속에 가슴 아픈 성인식을 치르고 강한 내면을 뿜어내기 시작했다. 나는 매일 아침마다 대학교 행정실에 출근 도장을 찍었다. 정규 합격생들이 모두 등록을 한 후, 자리가 남아 있으면 다음 성적순으로 대기자들에게 기회가 주어지는 것이었다. 물론 현실적으로 대기자들 100명이 넘는 인원이 후기생으로 입학하기는 불가능했다. 정규 등록이 모두 끝난 후 대기자들 중에서 20명만이 선착순으로 입학이 가능하다고 했다.

"어제 대학교 측에서 우선 대기자들 중 100명에게 선착순으로 등록

하라는 우편이 보내졌으니, 그들이 등록을 안 하면 연락이 갈 것이다. 이제 집에서 기다리는 수밖에 없구나."

여직원은 그렇게 말하고 나를 집으로 돌려보내려고 했다. 지겹기도 하겠지, 나는 매일 출근하여 물어본 것 또 물어보고 확인을 여러 번 반복했기 때문이다.

'꼭 전자공학과에 입학해야 해!'

시간이 지나가면서 나는 너무나 다급해졌다. 그동안 전자공학과에만 신경을 쓰고 대기자로 기다리다가 이미 영문과 및 다른 전공은 등록이 마감된 상태가 되었다. 마지막으로 전자공학과만 일주일 정도 기간을 늘려서 대기자들 중 등록을 받고 있었다. 전자공학과에 등록을 못하면 나는 그 해 대학교 입학을 아예 못하는 것이었다. 정신이 아찔했다.

'안 돼요. 꼭 들어가야 해요. 기적이 필요해요. 내가 대학에 못 가면 우리 엄마가 너무 불쌍하잖아요, 제발……'

나는 누구에게 말했던 것일까?

나는 일주일 동안 학교 사무실에 앉아서 이제나 저제나 등록하는 학생이 오는지 세고 또 세고 있었다. 그런데 참으로 희한한 일이 벌어졌다. 일주일이 지났는데 100명 중 17명만 등록을 했고, 나머지는 코빼기도 보이지 않았던 것이다. 그리하여 마지막 3명의 대기자를 남겨 놓고 등록 마감을 하면서 학교 직원은 나에게 이제 등록할 수 있다며 신청서를 내밀었다. 그 감격은 말로 설명을 할 수가 없었다. 나는 그렇게 델라살 대학교 전자공학과에 입학을 하게 되었고, 시작은 어쨌든 턱걸이로 간신히 대학생이 되었지만 엄마의 기쁨과 자랑이 되었다.

곧 신학기가 되었고 자랑스럽게 학교를 다니기 시작하면서 나는 새로운 사실을 알게 되었다. 100명의 선착순 대기자 중 대부분이 우편이 늦게 도착하여 그 부모들의 항의가 빗발치게 되었던 것이다. 필리핀이기 때문에 가능했던 현실이다. 이 나라에서는 우편물이 분실되는 사례도 많았고, 늦게 도착하는 것은 다반수였기 때문이다. 학교 측에서는 아무런 잘못이 없다며 굴하지 않았고, 그 아이들은 아마도 다른 2류 대학을 가야 하는 신세가 되었을 것이다.

'나는 역시 운이 좋아.'

또 놀라운 사실은 외교관이 우리 학교 전자공학과에 입학한다는 터무니 없는 소문이 도대체 어디서 나왔는지 알 수가 없었다. 알고 보았더니 그 아이는 이미 1년 전부터 미국 아이비리그 대학 진출을 준비하고 있었고 졸업하자마자 그 어머니는 아들이 나를 만날까봐 두려움에 떨면서 바로 미국행 비행기에 아들을 실어서 보냈던 것이다.

그렇게 들어간 전자공학과의 첫 수업부터 처절한 고문이 시작되었다. 곧바로 나는 내가 왜 전자공학에 들어와서 머리가 빙빙 도는 수업에 앉아 있어야 하는지 후회하기 시작했다. 교수님의 강의는 도저히 알아들을 수가 없었다. 나에게 외교관이 우리 학교에 입학한다는 헛소문을 퍼트린 그 친구를 찾아가 머리털을 다 뽑아버려도 속이 시원하지 않을 것 같았다. 우리 반에는 39명의 남학생과 3명의 여학생이 있었고, 모두 전자공학과 입학을 위해서 최소한 3, 4년 전 고등학교부터 IT 기본 과정을 준비해서 입학한 공부벌레 공대생들이었다. 나는 그 당시 어마어마하게 비싼 386 컴퓨터는 감히 상상도 할 수 없었기 때문에, 대학교에 입학해서 처음으로 컴퓨터라는 것을 구경할 수 있었다. 그러니 교수님들은 다들 외계어를 하고 있었고, 반 친구들은 극히 정상이 아닌 것처럼 보였다.

4장

절망의 늪으로

그대는 아직도 생각과 느낌의 '감'옥에서 살고 있는가?
열등감, 상실감,
우월감, 자신감, 자존감,
행복감, 만족감,
절망감, 죄책감

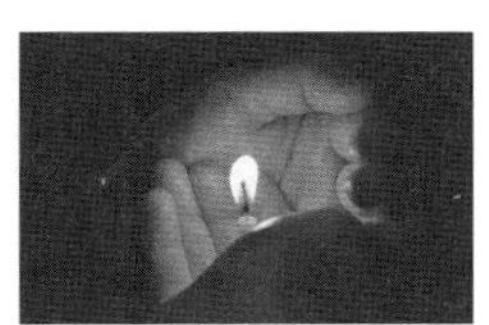

그런즉 믿음, 소망, 사랑, 이 세 가지는 항상 있을 것인데 그 중의 제일은 사랑이라.
〈고린도전서〉 13장 13절

런 어웨이

엄마는 내가 대학교에 입학했다는 소식을 들으시고 바로 나에게는 컴퓨터, 오빠에게는 중고차를 사라고 거금을 보내 주셨다. 오빠는 그동안 대중교통인 지프니를 타고 학교에 다녔는데 이제 동생을 데리고 학교에 다닐 수 있도록 배려를 해 주셨다.

"당신은 이제 집안에 앞으로 어떠한 인간들도 들이지 마세요. 애들 공부하는 데 조금이라도 방해가 된다면 생활비는 커녕 절대로 돈을 보내지 않을 거예요!"

엄마는 아버지에게 엄포를 놓으셨고, 우리가 공부하는 데 조금이라도 방해가 된다면 생활비를 절대로 보내지 않을 것이며, 우리를 바로 엄마가 데리고 가겠다고 협박까지 하셨다. 이제 오빠와 내가 성인이 되었기 때문에 보호자로서 아버지의 법적 승인이 필요하지 않았다. 그래서 이날만을 기다린 사람마냥 엄마는 우리를 위해 해 주고 싶은 것들이 너무나 많았다. 그리고 엄마는 그동안 너무 많이 지쳐 있었다. 이미 필리핀에서 우리가 대학을 다니게 되었으니 졸업할 때까지는 아버지 품에서 최종 학업까지 무사히 마칠 수 있도록 최선을 다하기로 마음을 먹으셨다.

"이제 제발 당신은 아무것도 하지 마세요. 그냥 집에서 애들 관리만 하세요. 사업도 벌리지 말고, 해삼 장사도 하지 말고, 절대로 사기꾼 같은 인간들 말을 믿지도 말아요!"

엄마의 호소는 계속되었다.

아버지가 사기를 당하게 되거나 밀수로 손해를 보게 되면, 동경에 가서서 엄마의 여권을 담보로 또다시 큰돈을 빌려 오셨다. 그러면 엄마는 본인의 여권이 담보로 잡혀 있었고, 이자율이 높은 사채 빚 독촉이 엄마에게 오기 때문에 그 빚을 고스란히 다 갚아야 했다. 모아 놓은 돈은 생활비도 다 아버지에게 보내는데 갚아야 할 빚은 계속 쌓이고 있었다.

"이제 나도 학생비자로 더 이상 연장이 안 되기 때문에 일본에서 돈을 벌 수 있는 날이 얼마 남지 않았어요. 그러니까 제발 딴짓하지 말고, 애들 공부나 시키세요."

아버지는 엄마의 단호한 말에 순종하는 듯했다.

"동균아, 내년에 대학교를 졸업한 후 유럽으로 갈 준비를 하거라. 필리핀에서 대학을 나와봐야 알아주지도 않을 테니, 대학원까지는 엄마가 지원해주도록 노력할게. 송하도 마찬가지고."

엄마는 우리 대학원 학비까지 계획하고 걱정하고 계셨던 것이다.

"너희들이 석사, 박사과정까지 공부를 하고 싶다면 엄마는 끝까지 학비를 대 줄 것이다. 그렇지만 사회생활에 진출한 이후부터는 절대로 엄마는 도와주지 않을 것이니 손을 벌릴 생각도 하지 말아라."

오빠와 나에게 못이 박히도록 엄마는 말씀하셨다. 항상 공부를 할 수 있는 만큼 해야 한다고 말씀하셨다(대학교도 지겨운데 대학원? 박사과정?

미치지 않고서 나는 공부를 계속 할 이유가 없었다). 전자공학과는 정말 졸업하기가 너무 힘들었다. 그리고 또다시 필리핀에서 가장 비싼 사립대학교를 들어갔기 때문에 이제 돈에 대해서도 어느 정도 눈을 뜨게 된 나는 엄마를 위해 비싼 학비도 걱정이 되었다. 장학생이 되면 학비를 면제받을 수 있었기에, 나는 커피를 사약처럼 사발르 마시면서 밤을 세우며 공부를 하기 시작했다.

어느새 오빠는 곧 졸업을 앞두고 있었고, 나는 2학년 학기말 고사를 준비하고 있었다. 그날도 나는 새벽까지 시험 공부를 해야 했다. 점점 전공과목은 힘들어지고 있었고, 나의 본 전공인 소프트웨어 분야로 나뉘어지면 학생들은 다양한 프로그램들을 만들어야 했다. 나는 다른 아이들보다 매 학기마다 한두 과목을 더 신청했다. 한 학기에 18학점 이상을 신청하려면 전 학기의 성적으로 판단해 이 학생이 21학점 또는 24학점을 소화할 수 있는 능력을 보고 학장님의 승인을 얻어야 했다. 나는 마지막 졸업할 때 이 지긋지긋한 필리핀을 한 학기라도 빨리 끝내고 떠나고 싶었기 때문에 힘이 들더라도 밤마다 종종 코피가 줄줄 흐르는 코를 막고 공부에 몰두했다. 이번 학기 시험을 잘 치르고, 내년에 마지막 한 학기만 무사히 버티면 드디어 나도 졸업을 할 수 있었다.

밤 12시가 되어서 나는 커피를 끓이기 위해 1층으로 내려가려 하는데 아버지의 방문이 열리는 소리가 들리고 1층으로 내려가시는 발자국 소리가 들렸다. 나는 아버지를 따라 내려가면서 같이 라면을 끓여먹을까 생각했다. 1층으로 내려가서 아버지가 어디에 겨신지 부엌과 거실을 찾았지만 아버지는 갑자기 사라져 버리셨다.

'이상하다, 방금 내려오셨는데…….'

나는 멀리서 문 닫는 소리가 들리는 곳으로 향했다. 그리고 걸어가서 곧 그 문 앞에 멈춰 섰다. 소름이 쫙 끼치면서 내가 그동안 이 집에 살면서 이상하다고 생각하고 궁금했던 점들이 이제서야 하나씩 풀리기 시작했다. 그 방은 필리핀 가정부 빌마의 방이었다. 아버지는 그 방에서 매일 밤마다 잠을 자고 나오셨던 것이다. 나는 숨소리조차 낼 수 없었고, 그동안 잠재웠던 가슴속 분노가 다시 활활 타오르기 시작했다. 내 몸의 머리부터 발끝까지 부들부들 떨리기 시작했다. 이럴 수는 없었다.

'하고 많은 여자 중에서 아버지가 버젓이 바람을 피우고 있었던 상대가 우리집 식모라니……'

엄마는 일본에서 10년 가까이 생고생을 하면서 돈을 보내오고 있었는데, 아버지는 나와 오빠가 버젓이 눈을 뜨고 이 집에 살고 있는데 빌마와 살림을 차리고 있었다.

'이 사람은 인간이 아니야. 이 사람은 악마야. 이 인간을 그동안 아빠라고 부르며 나는 살아왔어……'

나는 그러한 나의 입술을 순간 도려내고 싶었다. 나는 오랜 시간 동안 닫혀진 방 안에서 들리는 신음소리와 웃음소리를 조용히 듣고 있다가 나의 방으로 돌아왔다. 바로 문을 벌컥 열고 들어가기에는 그 후에 일어날 일들에 대해서 내가 좀 더 생각을 하고 계획을 세워야 했다.

'어떻게 복수를 해야 하지?'

'어떻게 이 인간 말종들을 손 봐야 하지?'

'어떻게…… 어떻게…… 미쳤어. 아빠는 미친 사람이야. 그 인간이 미치지 않고서 엄마와 오빠와 나에게 이럴 수 없어.'

'짐승만도 못한 새끼.'

나는 아버지를 향해 처음으로 입 밖으로 욕설을 하였다. 너무 화가 치밀어서 숨이 확확 막혔다. 내일부터 본격으로 시험이 시작되는데, 나의 머릿속은 텅 비어진 느낌이었고 암흑이 찾아왔다. 지금 나에게는 시험 공부가 전혀 중요하지 않았다. 나는 그날밤 뜬눈으로 밤을 지새우고 아침 일찍 집을 나와 극장으로 갔다. 하루 종일 극장에 앉아서 잠을 자기도 하고 계속 돌아가는 영화의 장면들을 다시 보면서 분노를 삭혔다. 둘의 불륜은 이미 오래 전부터 시작되어 왔다는 것을 깨닫게 되었다. 빌마가 야하고 야들야들한 란제리를 입고 밤에 돌아다니는 모습을 보면서 저 여자가 정신이 나갔다는 생각을 했었다.

"오빠, 빌마가 완전 이상해졌어. 야한 잠옷을 입고 집에서 설쳐대지? 누가 봐 준다고?"

"노처녀가 시집 못 가서 정신이 나갔나 봐."

오빠는 건성으로 대답했다. 그러나 나의 예민한 눈에는 빌마의 이상한 행동들이 하나 둘씩 들어오기 시작했지만 오빠는 남자라서 그런지 집안일과 사소한 일에는 신경이 매우 둔했다. 빌마는 그리고 어느 때부터인가 아버지 대신 돈 관리를 하면서 나에게 용돈을 주면서 신경을 계속 건드렸다.

"송하, 용돈 아껴서 써, 돈 없어! 알았어?"

'아니 이것이…… 누가 벌어서 보내오는 돈인데 내가 알아서 아껴 쓰든 말든 지가 무슨 상관이야?'

나는 순간순간 화가 나는 마음을 참으며 나중에 아버지에게 따져야겠다고 마음을 먹었다. 빌마의 시골 동생들이 한두 명씩 우리 집에 와서 살기 시작했고, 우리 가족은 세 명인데 빌마의 친인척들이 어느새 다섯 명으로 늘어나고 있었다. 빌마는 집에서 손 하나 까닥하지 않았고 점점 우리 집 안주인 행세를 하는 모습을 나는 유심히 지켜보고 있

었다. 왜 엄마가 일본에서 계속 많은 돈을 보내도 보내도 오빠와 나를
위해서 풍족하게 사용되지 않는 이유가 있었다. 아버지는 벌지도 못하
면서 먹여 살릴 입이 너무 많았고, 많은 금액이 빌마의 친정으로 유출
되고 있었던 것이다. 나는 아버지의 불륜을 내 눈으로 생생하게 목격
한 후 일주일 동안 학교를 결석했다. 전 과목의 시험을 하나도 치르지
않은 것이다. 학교에 간다고 집을 나와서 쇼핑몰을 돌아다니거나, 현재
상영하고 있는 영화들을 모두 보면서 여기저기 떠돌아 다니다가 집에
돌아갈 시간에 맞춰서 들어왔다. 결국 모든 과목의 시험을 치르지 않았
던 것이다.

'이 집을 나가야 돼. 여기에 이 인간들과 하루라도 더 산다면 나는 미
쳐버릴 거야.'

'아니, 나는 이미 미쳤어. 시험을 하나도 보지 않다니……. 이제 어떻
게 하려고…….'

나는 정말 아무 생각이 없었다. 집에 가면 오빠에게도 말을 전혀 안
하고 침묵을 지켰고, 아버지와 빌마의 행동만 나의 눈에 들어왔다. 모
든 것이 너무나 분명해졌고, 안 보는 척하면서 훔쳐본 둘의 행동은 정
말 가관이 아니었다.

'빌마 저년은 내가 힘들게 요리하는 모습을 지켜보면서 나를 이 집
식모로 부리며 살고 있었던 거야.'

'나는 저 사람을 아버지라고 부르며 살 수 없어. 둘 다 죽여 버릴 거
야.'

나의 분노는 그야말로 용광로처럼 부글부글 끓고 있었다.

'하지만 살인을 하면 나만 죄인이 되잖아. 내가 왜 더럽게 저런 인간
들의 피를 손에 묻혀야 하는데?'

'차라리 이 집을 나가자.'

나의 현실이 너무나 간단해졌다. 그동안 나는 너무 힘들게 살아왔다. 이를 악물고 엄마가 나는 여자니까 아버지와 오빠를 잘 챙기라고 부탁하신 말씀을 잊지 않으려고 무던히 노력했다. 그러나 아버지라는 인간은 해도해도 너무했다. 엄마와 나에게 너무나 악랄했다. 나는 살면서 저 사람이 나의 친아버지가 맞는지 의심이 들 정도였다.

성추행을 당하다

내가 이렇게 집을 나가기로 결심하기 3개월 전쯤, 일본에 들락날락거리는 노 씨 아저씨라는 사람이 우리 집에 함께 살고 있었다. 아버지는 필리핀 현지에서 비자 업무를 대행해 주고 있었고, 여자들의 비자가 승인되면 노 씨는 일본으로 직접 데리고 들어가서 일자리를 주선해 주는 사람이었다. 판자 하나 사이로 만들어진 옆방에서 노 씨와 일본행 여자가 밤에 몸을 섞으며 시끄러운 소리를 내는 것을 들으며 나는 귀를 막고 울었다. 호기심 많은 청소년기에 그 음란한 신음소리는 나의 영혼을 점령해 나가기 시작했다. 나는 그 소리가 끔직하게 싫었고 남자들이 싫었고, 이러한 현실이 누군가를 죽이고 싶도록 화가 치밀었다.

그리고 정말 노 씨가 싫었다. 그 아저씨는 항상 느끼하고 축축한 눈빛으로 나를 쳐다보았다. 나의 방문을 불쑥 열고 들어와서 선물이 있다고 잡지책들을 던져주고 갔는데, 그 책들은 일본 편의점에서 팔고 있는 포르노 잡지 및 야한 만화책들이었다. 나는 너무 화가 치밀었지만, 아버지와 함께 일하는 사람들의 수준이 뻔했기 때문에 그냥 무시하자 라고 생각하고 꾹 참았다.

그러던 어느 날, 내 방에 머물던 여자들이 한꺼번에 모두 비자가 해결되어서 일본으로 떠났고, 나는 앞으로 며칠이 될지 모르지만 나 혼자서 내 방의 자유를 누리다가 잠이 들었다. 늦은 밤, 잠결에 내 코에 술 냄새가 확 풍겼다. 그리고 엄청 무거운 체중이 나를 누르고 있어서 깨어 나게 되었다. 나는 화들짝 놀라서 눈을 떴고 내 바로 위에는 노 씨가 나를 덮치고 있었다.

"쉬이! 나야 나. 아저씨야 놀라지마. 괜찮아."

순간 소리를 지르려는 나의 입을 노 씨가 막으며 속삭였다. 내 코앞에서 확확 불어대는 그의 숨소리는 너무나 역겨웠다. 나는 분명히 방문을 잠궜는데 그가 어떻게 열고 들어왔는지 알 수가 없었다.

"난 송하를 한번만 이렇게 안아보고 싶었어. 안아만 보고 갈거야. 건드리지 않을 테니까 걱정하지마. 아휴, 너무 좋다."

나는 아주 얇은 치마 잠옷만 입고 잠이 들었고, 무더운 열대야에 잠옷은 이미 내 허리 위로 올라가 있었기 때문에 나의 하체는 팬티 외에는 속살이었다. 내 손에 도끼가 들려 있다면 이 인간을 정말 도끼로 찍어버리고 싶었다.

"당장 안 나가면 오빠한테 소리 지를 거야. 당신이 그 입을 나한테 갖다 대는 순간 물어뜯어 버릴테니까 알아서 해."

나는 이를 빠드득 갈면서 그의 귀에 대고 말을 했다.

"알았어, 알았다구. 송하는 정말 몸매도 너무 예쁘다. 이 부드럽고 탱탱한 살결…… 다리 좀만 벌려봐 아저씨가 기분 좋게 해 줄게."

그의 말이 끝나기도 전에 나는 소리를 빽 질렀지만 노 씨는 바로 내 입을 손으로 막았기 때문에 소리는 그리 크게 방 밖으로 나가지 못했다. 그리고 그의 바지가 이미 반쯤 내려와 있다는 것을 나의 하체를 통해서 느껴졌다. 나는 있는 힘을 다해 그의 손을 물어뜯었다. 남의 살을 그렇게 고기 뜯듯이 세게 물어 본 적은 없었다. 아팠을 것인데 노 씨는 내 입에서 손을 뗄 수가 없었다. 손을 때는 즉시 내가 소리를 지를 것을 알기 때문이다.

"윽…… 알았어, 알았어, 소리치지마! 이제 됐어. 만져봤으니까 됐어. 나 갈거야 진짜로."

노 씨가 일어나서 바지를 추스리며 후다닥 문을 닫고 나간 후, 그의 손에서 흘렀던 피가 내 입에 묻어 있는 것을 느끼고 손으로 닦았다. 그 피를 본 순간 나는 너무나 놀란 가슴에 울음을 터트리고 말았다. 이 집이 너무나 지긋지긋했다. 나의 현실은 하루하루 내 자신을 안팎으로 보호해야 했다. 아버지는 이러한 사람들로부터 하나밖에 없는 딸을 지켜줄 생각도 하지 않았다. 나는 뜬 눈으로 밤을 지새우그 나서, 동균 오빠가 아침 일찍 학교에 갈 때까지 기다렸다가 나가는 문소리를 들은 후, 노 씨가 그동안 가져다 준 잡지들을 들고 부들부들 떨면서 거실로 갔다. 거실에는 아버지와 노 씨 그리고 2명의 보따리 장사꾼이 담배를 피우면서 노닥거리고 있었다.

"이런 쓰레기 같은 잡지들 한번만 더 나한테 가지고 오기만 해봐. 그리고 내 방에 다시 한번 들어오는 날에는 경찰을 부를 거야, 알았어?"

나는 그렇게 소리를 지르며 잡지들을 그의 면상에 있는 힘껏 던져 버렸다. 한 잡지의 모서리에 노 씨의 얼굴이 콕 찍혔고, 앉아 있는 어른들의 놀란 얼굴이 포착되었지만 나는 화를 주체할 수 없어서 부들부들 떨면서 계속 반말로 소리를 박박 질렀다.

"당장 이 집에서 나가! 안 나가? 내가 오빠랑 오빠 친구들 부르기 전에 당장 나가! 이 나쁜 새끼야!"

나는 아버지도 안중에 없었다. 어차피 다 똑같은 부류였다. 아버지도 사기꾼이었고, 인간 말종이었다. 나는 최소한 오빠에게는 이 사실을 알리고 싶지 않았다. 오빠가 알게 되면 애지중지 아끼는 여동생의 방에 노 씨가 방문을 따고 들어갔다는 사실만으로도 칼부림이 날 것이다. 오빠도 들어가지 못하는 동생 방에…….

한바탕 화풀이를 하고 다들 놀라서 아무 말도 못하고 있는 상황을 뒤로 한 채 나는 옷을 갈아 입고 집을 나왔다. 그 사건은 나에게는 너무나 큰 충격이었고 아픔이었다. 그러나 그날도 그 후에도 아버지는 그 사건에 대해서 나에게 한 마디도 물어보지 않았고 알고 싶어하지도 않았다. 노 씨는 그날로 짐을 싸서 나갔지만 아버지는 그와 계속 밖에서 만나면서 일에 대해 상의하고 같이 다녔다. 나는 아버지를 정말 이해할 수 없었다. 이미 내가 소리를 지른 내용으로 봐서 노 씨가 내 방에 들어왔었고 이상한 행동을 했을 거라는 추측을 할 수 있었는데도 불구하고 아버지는 관심이 없었다.

'어떻게 아버지라는 사람이 딸에게 이렇게 관심이 없을 수가 있을까.'

나는 그저 어의가 없을 뿐이었다. 아니, 필리핀이라는 이 나라에서 내가 정상이 아닌 것처럼 생각이 되기 시작했다. 오히려 내가 미쳐만 가는 것 같았다.

"지난주에 한국에서 반반한 남자 가수 하나가 도피해 왔다던데, 얼굴 좀 팔렸던 애던데! 한번 부를까?"

팜 빌리지 댁이 말했다.

"대마초래, 불륜이래?"

벨에어댁이 물었다.

나는 우연히 그 집 아이 숙제를 도와주러 갔다가 상류층 아줌마들이 거실에서 떠드는 대화를 듣게 되었다. 남편이 벌어다 주는 돈으로 풍족하게 가정부와 운전기사를 부리며, 자녀들을 학교에 보낸 후 골프 라운딩을 하거나 점심을 먹은 후 한인 사회 수다를 덜기 위해 모이는 것이 그녀들의 스케줄이었다.

"이번 주말에 애 아빠 출장가니까 그 가수 가라오케에서 노래 솜씨 좀 보이라고 해. 내가 먼저 맛을 볼 테니, 이 좁은 바닥에 족보 좀 유지하자고 제발……. 나중에 알리바이나 잘 만들어줘!"

"기장댁은 남편이 비행 나갔다가 바람을 피우고 오면 엉덩이에 종기가 난대 글쎄…… 하하. 그래서 남편이 엉덩이를 안 깔라고 한대! 그러니까 집에 가서 남편 엉덩이나 확인해봐!"

그녀들의 화두는 주로 남자, 가십, 불륜이었다.

"우리 남편 한국에 젊은 여자 있는 것 같아……. 나는 늙어서 식모 취급 안 받으려면 우리 아들 하버드 보내야 해……. 아니면 다른 아이비리그라도 입학해야 내가 다리 뻗고 살지! 그리고 다이아 반지 1캐럿 정도 해 달라고 큰소리치고, 우리 애 아빠는 바람 한두 번 피우다 걸렸냐? 나는 돈이나 펑펑 쓰면서 살란다! 근데 아들놈은 하라는 공부는 안 하고 아이고 내 팔자야……."

상류층 아줌마들이나 일본 술집으로 진출하는 언니들이나 우리 집을 드나들며 아버지와 작당하는 보따리 장수 아저씨들이나 내 눈에는 다 똑같이 싫었다. 그리고 아버지와 빌마의 불륜을 본 순간 뚜껑이 열려 버린 것이다. 그리고 곧 성인으로 가치관이 형성될 무렵 나에게 엄청난 혼돈이 덮쳐왔다.

'내가 아무리 참고 견디려 해도 나의 이 현실은 변하지 않아……. 지금까지 시간이 지나면 이곳을 벗어날 수 있다고 믿은 것은 나의 착각일 뿐이야. 이 나라에서, 이 집에서, 이 사람들과 살면서 나는 미쳐버릴거야! 책에서 읽었던 뉴욕, 런던, 성공, 행복, 그런 유토피아 같은 세상은 존재하지 않아.'

내 가슴속에 잠재되어 있던 엄청난 분노는 조용히 무섭게 폭발했고, 꿈을 포기하는 순간 너무나 자유롭고 이 현실이 다른 각도로 보여졌다. 그러나 주위의 어른들은 알고 있었다. 동균 오빠와 그 친구들이 얼마나 나를 보호하고 있다는 사실을. 그 이후로는 아무도 우리 집 거실에서 노닥거리거나 한 끼 식사를 때우기 위해 얼씬도 하지 않았다.

"채송하를 건드리면 채동균이 가만히 놔두지 않을 것이다!"

항간에는 이러한 소문이 나돌았고, 그로 인해 어떠한 남자도 나에게 접근하지 못했다. 동균 오빠는 어릴 때부터 운동을 잘해 그 당시 합기도 7단, 태권도 5단의 소유자였고, 오빠와 대련만 했을 뿐인데 팔다리가 부러진 남자아이가 두어 명 있었다. 그렇게 당한 아이들은 내가 집에 데리고 와서 미안한 마음에 맛있는 음식을 먹이곤 했다. 그리고 오빠의 가장 친한 친구들과 선배들은 한인 사회에서 유명한 합기도 사범님과 농구 선수를 버금가는 키다리, 왕년 유도선수 등 절대로 평범하지 않은 남자들이었다.

그래서 내가 영화를 보든 음식을 먹든 혼자 보내지 않고 늘 대동했다. 하지만 그러한 보호도 나는 이제 너무 지겨웠다. 어디에도 나의 자유는 없었고, 이 집에서 9년 동안 아버지와 살면서 참고 참고 또 참았지만, 빌마의 오랑우탕 같은 얼굴을 보면서 나의 인내력에 드디어 한계가 왔다.

'나만 이 집을 떠나면 되는데 왜 그 생각을 진작에 하지 못했을까?'

가출

나는 본격적으로 가출을 계획했다. 디데이는 30일 후로 잡았다. 대략 학교에서 한 학기가 끝나고 성적표가 집으로 발송도기 전까지의 시기를 계산한 것이다. 시험을 안 보았기 때문에 전과목 F 학점이 곧 발송될 것이다. 너무 아까웠던 것은, 얼마 전에 신부감을 만나기 위해서 우리 집을 거쳐간 사우디 노총각이 있었다. 그 노총각이 나에게 한눈에 반해서 신부에게 예물을 주기 위해서 사 온 진품 다이아몬드로 장식된 엄청난 고가의 파텍필립 시계를, '송하가 차면 너무 잘 어울리겠다.' 하며 그냥 선물로 주는 것이다. 일주일 동안 내가 그 시계를 차고 다니는 모습을 보면서 노총각은 매우 황홀해 했다. 그러나 그 사실을 아버지가 알게 되었고 노총각이 떠나자마자 그 시계를 바로 압수했다. 그리고 아버지는 시계를 팔아 버렸고 나는 그 돈을 한푼도 구경하지 못했다.

'그 시계만 있었어도, 돈이 충분히 생기는 건데……'

돈 없이는 가출을 할 수가 없었기에 뒤늦게 아까운 생각이 들긴 했다. 그리고 여권을 가지고 나가야, 집을 나간 후 엄마에게 연락을 해서 일본으로라도 갈 수가 있었다. 그러나 나의 여권은 아버지가 항상 가지고 다니셨고, 몇 번 여권을 빼내려고 시도하다 아버지에게 들켜서 아버지는 더욱 꽁꽁 감추었다. 나는 여권을 포기할 수밖에 없었다. 내가 집을 나가서 최소 6개월 넘게 생활을 하려면 우선 돈이 가장 중요했다. 나는 한인 친구들이 모이는 아지트 카페에 나갔다.

동갑내기어도 나는 다른 아이들보다 한 학년이 높았기 때문에 저학년 친구들과는 잘 어울리지 않았다. 대학교에서도 나는 전자공학과에서 외국인 친구 중 가장 예쁜 여자아이 두 명과 친해졌고, 한 친구는 잡지모델이었고 한 친구는 피비 케이츠를 닮은 혼혈이었다. 알고 보니 대기자 명단 마지막 3명 남은 인원에 같이 등록을 하게 된 동창들이어서 우리는 정말 생존을 위한 아삼육이 되었다. 나는 카페에 모여서 웃고 떠들고 수다를 떨 시간이 없었지만 목적이 있어서 이곳에 왔다. 나를 도와줄 공범자를 찾기 위해서 온 것이다. 추리소설을 통해서 나는 많은 범죄에는 공범자가 반드시 있게 마련이라는 것을 배웠다. 그리고 쉽게 나에게 넘어올 파트너를 찾아야 했다.

"어? 송하! 여긴 웬일이야? 혼자 왔어? 우리랑 같이 조인할래?"

나는 자연스럽게 안면이 있는 친구들 일행의 자리에 앉게 되었다. 그리고 모르는 얼굴들은 서로 인사를 했고, 곧 친하게 술을 권하며 웃고 떠들며 이러저런 이야기를 하게 되었다. 그동안 고등학교에서 나를 괴롭혔던 아이들은 모두가 해외로 떠났거나 별 볼일 없는 상태였고, 나는 이미 필리핀에서 가장 명문대 공대생이 되어 있었다. 그리고 다른 한인들과는 여전히 어울리지 않기로 유명했기 때문에, 학교에서 장학생 명단에 오르락 내리락 하는 나의 명성은 베일에 쌓인 신비스러운 존재가 되어 있었다. 한인 친구들의 관심은 그들과 절대로 어울리지 않는 내가 이런 자리에 나왔다는 이유로 온통 나에게 쏠렸다. 나는 남자를 찾기 위해서 이곳에 왔다. 그래서 더욱 관심 있게 그들의 인적 사상을 물어보았다. 그리고 곧 나의 레이더망에 걸리는 한 명을 찾게 되었다. 그의 별명은 제비였다. 옷을 너무 잘 입고 다녔고 여자에게 매너가 만점이었기 때문에 만들어진 별명이었다. 그리고 이혼한 어머니가 홍콩에서 돈만 보내 주고 계셨으며 공부와는 거리가 먼 아이였다. 나의 조건에 너무나 완벽했다.

"아, 어지러워. 나 술을 잘 못 마시거든……."

나는 제비의 어깨에 머리를 기대며 그에게 속삭였다.

"송하, 걱정하지마! 내가 있다가 집에 데려다 줄게. 마음껏 마셔. 오늘 클럽에 가서 춤도 신나게 추자. 오늘 클럽은 내가 쏜다."

제비는 계속 나에게 술을 권했고, 다른 친구들은 그가 쏜다는 말에 환호했다. 제비는 언제나 현찰을 기본 몇 천 페소를 가지고 다니며 돈을 펑펑 쓰는 아이였다. 지금 누가 누구를 꼬시고 있는 상황인지 상대방은 전혀 눈치채지 못하고 있었다. 그는 내가 자기 품에 안겨 있는 이 시간이 황홀하기만 한 착각에 빠지고 있었다. 나는 남자들이 나에게 무엇을 원하는지 너무나 잘 알고 있었다. 그것은 나의 몸이었다. 얼마 전까지 나에게 순결은 내 목숨보다 더 중요한 것이었지만, 지금은 판도가 바뀌었다. 나에게 지금 가장 중요한 것은 가출이었고, 나를 위해서 공범자가 되어 줄 수 있는 남자에게 나의 몸을 주기로 결정했다.

이 일은 악마도 환호했고 기뻐서 춤을 췄다. 그동안 나를 무너트리기 위해서 온갖 수단과 방법을 다 동원했겠지만 도두 실패했는데, 내가 악마의 품에 제 발로 걸어 들어와서 안겨 버린 것이다. 이런 횡재가 또 어디에 있을까!

죄악은 한순간이었다. 내가 올바른 정신력을 놓아버린 순간 마귀는 나의 마음속에 바로 들어와서 나를 지배하기 시작했다. 내가 아무리 눈을 떠도 보이는 것은 암흑이었다. 시험을 하나도 치르지 않았던 하나의 죄는 곧 다른 죄로 이어졌다. 마치 아침에 커튼을 활짝 쳤는데도 밖은 어두운 밤처럼 느껴졌다. 이 세상은 온통 어둠 뿐이었다. 그러나 힘든 고통 가운데 밝은 세상보다 어둠 속에 있는 것이 훨씬 더 달콤하고 포근하게 나를 감싸 안아 주었다. 내가 살고 있는 이 집은 마치 음란한 악령으로 가득 차 있는 것처럼 느껴졌고 도움을 요청하고 싶은 엄마는 너무나 먼 곳에 있었으며, 이제 벌써 9년이 넘는 세월 동안 떨어져서 살았기 때문에 정말 남처럼 느껴졌다. 그리고 오빠에게는 너무 미안했지만 이제 오빠와 나는 가야 할 길이 너무나 달랐다.

어둠의 영은 남자인 오빠를 건드리지 않았고, 필리핀 그 후진국의 열악한 환경에 너무나도 연약한 존재로 서 있는 나만 괴롭혔다. 내가 오빠에게 도움을 청하고 그를 끌어들이는 순간 오빠도 마귀의 손아귀에 들어올 것만 같았다. 내가 커가면서 그 실체를 알게 된 아버지는 이미 처자식에 대한 아무런 가슴 아픔도 느낄 수 없을 정도로 정상이 아니었다. 엄마는 정신병자한테 속아서 결혼을 한 것이고 아버지에게는 우리 눈에 보이지 않는 악령이 씌워져 있는 것 같았다. 그리고 우리 남매는 지금 살얼음판을 걸어가고 있는 것이다. 한순간에 얼음이 깨지고 빠지느냐 무사히 건너가느냐 하는 미래가 바뀌는 살얼음판이었다.

이 현실을 냉정하게 분석하고 정신력을 지키기에 나는 너무 어렸고, 한때는 무시무시한 살인도 계획했었다. 그것은 모두가 잠든 사이에 집에 불을 지르는 것이었다. 그러나 오빠 때문에 할 수 없었고, 그렇다고 오빠에게 나와 함께 죄악 속으로 빠지자고 할 수도 없었다. 나만 빠져버리면 이 고통이 곧 끝날 것이라 믿었다.

'오빠, 오빠는 반드시 올바른 길과 성공의 길을 향해서 가야 해. 나는 이렇게 악을 선택했고, 우리는 앞으로 다시는 만날 일이 없을 거야, 안녕……'

이제는 눈물도 메말라 버렸다. 전혀 양심의 가책도 느끼지 못했으며, 가족들을 나의 기억 속에서 완전히 지워 버렸다. 이 집을 나가야 한다는 집념만이 나를 강하게 만들었고, 그 목표로 인해 나는 다른 어떤 것도 보이지 않았다. 내가 또 다른 음란한 어둠과 손을 잡게 된다는 것을 깨닫지 못했다. 그 후 제비는 내가 원하는 것을 모두 들어주었다. 가출을 하면 나와 함께 마닐라에서 2시간 떨어진 지방 라구나로 함께 도망을 갈 것을 약속했고, 거액의 돈도 준비를 했다.

모든 것이 완벽하게 나의 계획대로 되어 갔고, 우리는 그렇게 세상으로부터 숨어 버렸다. 내 나이 열아홉 살에 마치 영원히 세상으로부터 숨을 수 있을 것처럼 착각을 하면서…….

오빠를 불러줘

내가 죽음에서 눈을 떴을 때, 내 얼굴에는 천이 덮여
져 있었다. 나의 신음소리에 놀라서 필리핀 여자가 달려왔다.

"아휴 살았네!"

나는 깨어난 후 말할 기력도 없었고, 몸은 부축을 받고 간신히 걸을
수 있을 정도였다.

"기적이야. 뱃속에서 아이가 죽어서 나오면서 모든 독약을 다 품고
나왔어. 이제 깨끗할거야. 조금만 늦었어도 죽었을 거야. 앞으로 애는
못날 테지만 당신은 살아 있는 것만 해도 행운이야. 그렇게 알고 남은
인생을 살아."

필리핀 아줌마가 하는 얘기는 나에게 더 이상 절망이 되지 않았다.
내가 죽지 않고 살아 있다는 것으로도 충분히 감사했다. 속히 엄마에게
돌아갈 준비를 해야 했다. 나는 일주일 동안 대충 몸을 추스리고 나서
모니카에게 연락을 했다. 내 몸이 엉망이 되었다는 것을 짐작했지만 병
원에 가서 진찰을 받을 용기도 없었고 이제 돈도 없었다. 그 집에서 대

충 정리하고 약국에서 가장 강한 진통제 몇 통을 사가지고 내가 살고 있던 단칸방으로 돌아왔다. 필리핀 아줌마도 내가 빨리 자기 집을 나가 줘야 더 이상 송장을 치울 걱정을 안 해도 되니 속이 시원했을 것이다. 그리고 모니카에게 전화를 걸었다.

"모니카, 우리 오빠를 찾아서 아직 집에 있으면 오빠와 직접 통화를 하고 내가 살고 있는 주인집 전화번호를 알려 줘. 그러나 만약 오빠가 이 나라를 떠나고 없으면 그냥 끊어 버려. 알았지?"

다행히 오빠는 아직 마닐라의 집에 있었고 나의 연락을 이제나 저제나 눈빠지게 기다리고 있었다. 오빠는 곧바로 내가 살고 있는 집으로 전화를 걸었다.

"오빠…….'

"송하야, 너 지금 어디야? 오빠가 데리러 갈게. 어디 있는지 알려 줘."

오랜만에 듣는 오빠의 목소리에 나의 목은 꽉 막혀서 말을 할 수가 없었다.

"오빠…… 나 지금 라구나에 있어. 지금 당장은 오지 말고 내일 나를 데리러 와."

나는 힘 없이 오빠에게 말했다.

"그래 알았어. 내일 아침에 일찍 갈게. 너 몸은 괜찮은 거야? 밥은 잘 먹고 살았어?"

오빠는 9개월 만에 동생과 통화하면서 전화를 끊는 것이 아쉬운지 계속 말을 이었다. 그러나 나는 흐르는 눈물 때문에 전화상으로 계속 말을 이을 수가 없었다.

"그래 그래 알았어. 만나서 얘기하자. 오빠가 내일 데리러 갈게. 조금만 기다려 알았지?"

오빠는 다음 날 나를 데리러 왔고, 나의 모습에 경악을 금치 못했다.

"송하야, 너 왜 이렇게 말랐어. 이 바보야! 오빠한테라도 연락을 해야지. 내가 너 찾아다니느라고 전국을 헤매고 다녔단 말야! 너 찾기 전에 내가 어떻게 이 나라를 떠날 수 있겠어. 그리고 오빠가 떠나고 없으면 내 동생이 영영 집에 못 돌아올 것 같아서 유럽에 가지도 못하고 기다렸잖아."

오빠는 나 때문에 대학을 졸업하고 일 년을 그렇게 허송세월을 보냈던 것이다. 오빠는 내가 집을 나가고 나서 자신의 친구들을 총동원하여 어느 날 갑자기 사라져버린 여동생을 찾기 위해 사방팔방을 돌아다녔다. 그리고 제비라는 아이와 함께 사라졌다는 것을 알게 되었고, 나의 친구들에게 한 명씩 모두 찾아가서 동생이 어디에 있는지 알고 있으면 제발 말해 달라고 사정을 했다. 그러나 아무도 나의 행방을 알지 못했고, 처음에는 모니카조차도 알지 못했다. 내가 모니카에게 연락을 한 것은 한참 지나고 나서였다.

그렇게 한 달 두 달이 지나고 육개월이 지나도 동생을 찾을 수 없게 되자 오빠는 발을 동동 구르며 답답하고 애가 타는 마음을 가누질 못했다. 시간은 계속 흘러가고 있었고, 그동안 20년 가까이 애지중지 해왔던 여동생이 하루아침에 온 데 간 데 없이 사라져 버린 것이다.

커가면서 몽오리에서 꽃이 활짝 피어나듯이 점점 아름다워지는 여동생의 모습을 보면서, 여동생을 보고 침을 질질 흘리는 남자들이 너무나 많았던 열악한 동네와 집안 환경 속에서 동생을 더욱 철저하게 보호하고 있었건만, 전혀 예측하지 못했는데 동생이 견디다 못해 제 발로 집을 나가버린 것이었다.

오빠는 예전에 집에서 나에게 호신술도 가르쳐 주었다. 가장 중요한 것은 남자의 명치를 발로 힘껏 차고 도망가는 것, 뒤에서 나의 목을 위협하면 기회를 보다가 남자의 두 눈 또는 목젖을 두 손가락으로 세게 찌르고 도망가는 것 등 오빠는 자기를 나쁜사람이라고 생각하라며 나에게 여러가지 상황을 연습하게 하였다. 그럴대마다 오빠는 무지 심각하였지만 나는 장난을 치면서 오빠를 때리고 도망가곤 했다.

오빠도 처음에는 동생이 이렇게 집을 나가버려서 무지 괘씸했지만 시간이 가면 갈수록 '살아만 있어다오!' 하는 마음으로 나를 찾아다녔다. 일본에 계신 엄마도 식음을 전폐하고 계속 우시기만 했다. 아버지를 믿고 우리를 맡겼는데 딸 관리를 재대로 못한 아버지와 매일 전화상으로 싸우셨다. 아버지는 내가 왜 가출을 했는지 그 이유를 진정 알지 못하셨다. 자신은 아무 잘못이 없었고, 집 나간 딸이 나쁜년이었던 것이다.

"남자가 좋다고 바람나서 집 나간 년을 나보고 어떻게 하라고!"

아버지 본인은 우리에게 최선을 다해서 잘해주었는데 딸인 내가 바람나서 나간 것으로 엄마를 비롯한 모든 일가친척에게 얘기를 했다. 물론 그렇게 보일 수밖에 없는 가출이었기 때문에, 이곳의 사정을 하나도 모르는 엄마도 아버지 말만 믿을 수밖에 없었던 것이다.

"송하야, 우리 맛있는거 먹으러 가자. 뭐가 제일 먹고 싶니?"

오빠는 나에게 물었다.

"나 먹고 싶은거 없어, 오빠. 이제 집에 가야지. 가고 싶지는 않지만 가야지……."

오빠는 나에게 아무것도 묻지 않았다. 내가 돌아와 준 것만으로도 이제 모든 것을 덮고, 동생이 새 출발을 할 수 있다면 되는 것이었다. 오빠는 나를 보고 안도의 한숨을 쉬었다. 그리고 마닐라 집으로 우리는 출발했고, 내가 오빠 뒤를 따라 마닐라에 있는 집에 도착했을 때 아버지의 구타가 바로 날라왔다.

"이 나쁜년! 니가 집을 나가? 남자랑 바람이 나서 집을 나가? 그래 어디 얼마나 잘 살았나 보자, 이년아!"

아버지는 나에게 욕설을 퍼붇고 내 얼굴을 향해 사정없는 따귀를 두 대나 퍽퍽 날렸다. 나는 순간 별이 보이며 나동그라졌고 아버지는 달려와서 발로 나의 복부를 걷어찼다. 갑작스러운 아버지의 행동에 오빠는 무방비 상태였지만 아버지가 다시 나를 때리려고 팔을 올리자 힘껏 제어했다. 그런 후 나는 오빠의 부축을 받으며 나의 옛날 방으로 돌아와서 분노를 다시 삭혀야 했다.

'이 나라를 벗어날 때까지만 참고 침묵을 지키자.'

'누가 더 거지 같은 인간인지 나중에 봅시다.'

나는 이를 악 물고 심호흡을 한 번 했다.

이곳의 사정을 아무것도 모르는 엄마는 내가 정말 남자가 좋아서 바람이 나서 집을 나간 것으로 알고 계셨고, 가족들도 아무것도 묻지 않았다. 그리고 나 또한 아무 말도, 아무런 변명도 하지 않았다. 나도 잘한 것이 하나도 없었고, 나는 이미 죽음을 경험한 사람이었기 때문에 예전과 전혀 다른 인격체로 변해 있었다. 나의 공범자는 이미 오래 전에 떠나 보냈다. 그도 학업을 계속 해야 했고, 부모님이 한국으로 돌아오기를 원했기 때문에 우리는 헤어졌다.

가출을 한 후 9개월 동안 나의 삶은 비참했고, 하루아침에 나의 인생을 이렇게 망쳐버린 내 자신이 너무 미웠다. 시간을 되돌리고 싶었지만 불가능했고, 집을 나왔다고 해서 자유를 얻은 것도 아니었다. 이 나라를 벗어날 수 있었던 것도 아니었고, 제비는 너가 사랑하는 사람도 아니었다. 나는 매일같이 엄마 생각에 가슴이 아파서 울어야 했다. 남자에 대해서 또는 성에 대해서 전혀 알지 못했던 나는 피임에 대한 정보도 없었다. 내가 임신을 했다는 사실을 알게 되었을 때 나는 이미 절망 깊숙이 빠져 있었고, 계속 이렇게 살아가야 할 이유가 없었다. 그래서 죽음을 선택하게 되었던 것이다.

집에 다시 돌아온 후 나는 곧바로 학교를 찾아갔다. 전과목 낙제로 인해 그리고 계속되는 무단 결석으로 자동 퇴학 처리가 되어 있었다. 학장님을 찾아가서 어떻게 다시 학교를 다닐 수 있도록 말을 해야 할지 속수무책이었다. 되든 안 되든 부딪쳐 봐야 했다. 사정이라도 하고 빌기라도 해야 했다. 내가 마음을 단단히 먹고 전자공학과 학장님을 만나러 갔을 때 나는 놀라운 만남을 경험했다.

"알다바 선생님?"

그녀는 일 년 전까지 우리반 알지브라(대수학) 선생님이셨고 나를 많이 아껴주셨다. 2년 동안 수학 점수가 가장 높았던 나를 특별히 관심을 가지고 지도해 주셨는데 일 년 만에 전자공학과 학장으로 승진을 하셨던 것이다.

"송하, 너 도대체 어떻게 된거니? 갑자기 사라져서 내가 얼마나 너에 대해서 궁금했는지 알아? 오, 맙소사! 무슨 일이 있었건 거야?"

"죄송해요. 제가 몸이 많이 아파서 요양을 하기 위해서 멀리 갔다 왔어요. 그런데 우리 아버지가 영어를 못하셔서 학교에 미리 연락도 못하고 이렇게 됐어요. 학장님, 제가 마지막 한 학기가 남았는데, 지난번에 못 본 시험을 재시험 볼 수 있게 해 주시고 남은 학기를 끝내서 졸업할 수 있도록 부탁을 드립니다. 그렇게 해 주신다면 학장님에게 개인적으로 사례를 하겠습니다."

나는 마지막 지푸라기라도 잡아야 했다. 그리고 이 나라에서 돈으로 안 되는 것이 없었기 때문에 뇌물의 뜻을 비추었다.

"걱정하지 말아라. 내가 너를 모르는 것도 아니고, 네가 얼마나 공부를 열심히 한 학생인지 알고 있단다. 몸이 정말 많이 상했구나. 너를 못 알아 보겠다. 그리고 재시험은 걱정하지 말고, 다음 학기에 남아 있는 과목들을 최선을 다해서 마무리하도록 해라."

그렇게 나는 이를 악물고 다시 공부할 수 있었다. 내가 마지막 학기를 무사히 마칠 때까지 오빠는 끝까지 내 곁에서 나를 기다려 주었다. 그리고 얼마 후 오빠는 유럽으로, 나는 한국으로, 각자 희망의 나라를 향하여 이별을 했다.

"송하야, 나랑 같이 유럽에 가자. 거기서 공부하고 새로운 세상에서 새로운 삶을 살자, 응?"

오빠는 석사과정으로 공부하기 위해 유럽을 택했다. 우선 도착해서 여행을 하고 영국, 프랑스, 스페인의 학교를 비교해 보면서 결정하겠다고 했다. 그러나 나는 오빠의 짐이 될 수 없었다. 오빠는 한 학기는 공부를 하고 한 학기는 일을 해서 부족한 학비와 생활비를 마련할 계획이었다. 나의 몸은 너무 망가져 있었고, 하루에 12시간 이상 잠을 자야 정상적인 생활을 할 수 있었다.

"오빠, 나는 한국으로 갈래. 이제 공부는 지겨워. 한국에 가서 일자리를 찾아보고 돈을 벌어야지. 내 걱정은 하지 마. 나 이제 정신 똑바로 차리고 살거야."

나의 의지는 확고했다. 또다시 외국 생활은 나를 너무도 지치게 만들 것 같았고, 거기 가서 내가 아프기라도 한다면 오빠는 공부도 못하게 될 것이다. 아파도 나 혼자 아파야 했고 더 이상 오빠의 발목을 잡고 있으면 안 되었다.

　필리핀에서 정확하게 10년 동안 가난과 혹독한 정신적 고난의 시간이 있었다. 그러나 나는 9년째에 무너지고 말았다. 악을 선택하고 나서 죽음 직전에서 목숨을 건진 후, 후회를 했고 나의 잘못을 깨닫게 되었다. 그리고 나는 더욱 강하게 다시 일어날 수 있었다. 이제 나에게 죽음보다 그리고 그때의 처절하고 극도의 육체적 고통보다 더 두려운 것은 이 세상에 더 이상 없었다. 외로움, 배신, 남자들의 음흉함도 이제 나는 전혀 겁나지 않았다.
　'아버지가 싫은 것인가?'
　'아버지 때문에 화가 날 일인가?'
　아니다. 이 세상에는 싫은 것도 없고, 화가 날 일도 없었다. 나의 생각과 열등감이 내 자신을 감정이라는 감옥에 가두어 나 스스로 미워하고, 좌절하고, 포기했던 것이다. 아버지로 인해 훈련받아야 했고, 필리핀에서 절대 빈곤층의 사람들을 보고 긍휼의 마음을 품어야 했고, 영어를 배워야 했으며, 부유하게 여행할 수 있는 형편이 안 되었던 우리 가정에서 밀수를 통해서 선진국 도시를 눈으로 생생하게 봐야만 했다. 마치 뜨거운 용강로에 달구어진 칼이 차가운 물속에 들어감을 반복하므로서 명검이 되듯이, 나의 정신력이 앞으로 결코 다시는 무너지지 않을 것을 마음속으로 다짐했다.

나를 외면한 고국

　　그 해 연말, 나는 혼자서 서울에 도착해 매섭게 부는 한국의 겨울을 맞이했다. 이제서야 나는 자유를 얻을 수 있었다. 아버지의 손아귀에서 완전히 벗어났고, 지긋지긋한 필리핀을 떠날 수 있었다. 나는 막연히 한국으로 왔다. 갈 곳이 없었기도 했지만 다시 못 올 것이라고 생각했던 서울 땅을 밟고 싶었고, 종로의 부산한 거리를 걸으며 여기저기서 들리는 우리말을 들을 수 있는 나의 고국에서 살고 싶었다.

　　나는 추운 겨울 시내를 걸으며 우리나라 사람들의 인물이 매우 좋다는 생각을 하게 되었다. 나는 필리핀을 비롯하여 홍콩, 일본, 대만, 태국, 말레이시아 등 동남아시아의 많은 나라를 자주 다닐 수 있었고 얼굴을 보면 어느 나라 민족인지 대충 알 수 있었다. 그러나 우리나라처럼 길거리에서 멋지고 잘생기고 예쁜 민족을 보지 못했다. 열대지방인 필리핀에서 10년을 넘게 살아온 나에게 한국의 추운 겨울은 이빨이 달달달 떨릴 정도로 적응이 안 되었지만, 이 추운 겨울도 내가 사랑하는 고향이라고 생각하니 마음이 너무나 포근하게 느껴졌다. 나와 같은 민족과 같은 땅에서 살 수 있다는 현실이 나의 외로움을 조금은 달래주었다. 해외에 이민가서 살아보지 않은 사람들은 고국에 대한 향수를 느끼지 못할 것이다. 타국에서 다른 민족들과 다른 언어를 들으면서 산다는 것은 보이지 않는 스트레스이며, 나의 가족들이 함께 있다고 해도 내 땅과 고국을 향한 향수병은 참 말로 표현하기 힘들다. 향수병을 느껴 본 사람들만이 알 것이다.

"고모 집에서 얼마간 생활을 하도록 해. 그리고 네가 원하는 직장을 알아볼 때까지 엄마가 용돈을 보내 줄게."

엄마는 내가 한국으로 가겠다고 했을 때, 흔쾌히 허락을 하셨고, 앞으로 내가 원하는 삶을 자유롭게 살라고 하셨다. 내가 더 공부를 하고 싶다면 오빠를 따라서 유럽을 가든지, 아니면 동경에 와서 엄마와 살아도 되고, 내가 원하는 대로 다 해 주시겠다고 하셨다.

"저 한국으로 갈래요. 이제 한국에서 살고 싶어요. 다른 외국은 싫고, 일본에 가면 다시 일어를 공부해야 하기 때문에, 지금은 너무 힘들어서 더 이상 공부하고 싶지 않아요, 엄마."

나의 가족들은 아무도 내가 가출해 있는 동안 무슨 일이 있었는지 전혀 알지 못한다. 나도 내가 어떻게 살아났는지 정말 이해할 수 없었다. 나는 고모댁에서 신세를 지는 동안 일자리를 찾아 보았다. 엄마는 직장을 찾을 때까지 쓰라고 얼마간의 생활비와 용돈을 보내 주셨다. 나는 그 돈이 떨어질 때까지 반드시 좋은 직장을 찾아서 엄마에게 희소식을 전해드리리라 마음먹었다.

"월요일자 신문에 취업광고가 가장 많이 실리니까 거기서 회사들을 찾아서 이력서를 내 봐라."

고모가 조언을 해 주셨다.

나는 솔직히 너무 막막했다. 때는 1991년, 아직 인터넷이 발달하지도 않아서 나는 취업에 대한 정보가 하나도 없었고, 어떻게 직장을 구해야 하는지 절차도 알지 못했다. 고모는 나에게 신문에서 취업정보를 찾아보라고 하셨다. 나는 《조선일보》, 《동아일보》와 《중앙일보》를 매일 뒤지며 나의 이력서를 정성스럽게 써서 우편으로 보냈다.

나의 이력서는 너무도 간단했다. 미동 초등학교 졸업, 산 어거스틴 고등학교 졸업, 델라살 대학교 졸업을 쓰는 것이 끝이었다. 아무런 경력도 없었고 쓸 내용도 없었다. 내가 보낸 이력서는 수십통이 되어 가는데, 연락이 오는 회사는 아무 데도 없었다. 그렇게 3, 4개월이 흘러가고 있었다.

'왜 연락이 없는걸까? 우편물이 도착을 안 했나?'

나는 혹시나 해서 최근에 나의 이력서를 보낸 회사들의 인사과에 전화를 걸었다. 나의 이름을 말하고 혹시 내 이력서를 받아 보았는지 확인해 달라고 부탁했다.

"우린 바빠서 이력서를 보내는 사람들을 일일이 전화로 확인해 줄 수 없어요. 연락이 안 가면 1차 서류 전형에서 떨어진 거예요."

담당 직원은 퉁명스럽게 대답을 하고 내가 다른 말을 묻기도 전에 전화를 끊어 버렸다.

'내 이력서는 그럼 면접도 볼 수 없는 수준이라는 것인가?'

나는 작전을 바꾸기로 했다. 신문에 대부분 회사 주소가 나와 있기 때문에 이제부터는 내가 직접 이력서를 들고 찾아가 보기로 했다. 아무래도 얼굴 도장을 찍고 인사라도 하고 나와야 나를 기억해 주고 면접이라도 볼 수 있을 것 같았다. 그 후 이력서를 들고 여러 회사를 직접 찾아다녔지만 인사과 과장님을 만나는 것은 하늘에 별 따기였고, 말단 사원들이 이력서를 받아서 나중에 연락을 할 것이라고 시큰둥하게 말해 주는 것이 대부분이었다. 그렇게 시간은 흘러가고 있었고, 내 용돈은 이제 거의 다 떨어져 가고 있었다. 물론 엄마에게 돈을 더 보내달라고 하면 되겠지만, 나는 이제 그러고 싶지 않았다. 나의 가출로 인해 엄마의 가슴을 그렇게 문드러지게 만들고 나서 어떠한 면목도 없었다. 이제는 더 이상 엄마의 도움 없이 나 홀로 일어서는 모습을 보여 드리고 싶었다. 그동안 엄마에게 우리 세 식구는 너무나 큰 짐이었기 때문에 나를 그동안 공부시켜 주신 대가를 앞으로 보상해 드리고 싶었다.

그러나 현실은 나를 더욱 비참하게 만들었다. 동남아 후진국으로 인식되는 필리핀에서 대학교를 졸업한 여자 공대생에게 IT 분야의 중소기업은 거들떠 보지고 않았고, 대기업에서는 전화 문의를 하는 것조차도 짜증을 냈다. 나는 차비도 아까워서 하루의 행선지를 가까운 위치로 연결하여 시청, 종로, 청계천, 을지로, 혜화동 그렇게 북쪽으로 스케줄을 짜고, 남쪽으로는 삼성, 역삼, 강남, 반포, 대치 등으로 일정을 짜서 운동화를 신고 걸어 다녔다. 약간 큰 가방을 들고 그 안에 구두를 넣어서 회사 밖에서 신발을 갈아 신었다.

그리고 혜화동에 위치한 어느 컴퓨터 잡지회사를 찾아가게 되었다. 그 회사는 컴퓨터 관련해서 영어를 국문으로 번역을 할 수 있는 신규직원을 찾고 있었다.

"안녕하세요. 이력서를 제출하러 왔습니다."

나는 인사과를 안내받아서 과장님으로 보이는 남자분에게 정중하게 인사를 하고 나의 이력서를 제출했다.

"우편으로 보내라고 써 있을 텐데 직접 가지고 오셨네요? 테…… 라…… 사? 여기가 뭐하는 댑니까?"

인사 담당은 내 이력서를 봉투에서 꺼내서 읽더니 인상을 찌푸렸다.

"네, 필리핀에 있는 대학교입니다. 델라살 대학교라고 전자공학으로 유명한 학교입니다."

나는 성심성의껏 대답을 했다.

"이런 이력서를 가지고 오면 어떻게 해요. 바빠 죽겠는데. 우리는 한국에서 외대 또는 영문과를 졸업한 신규 직원을 찾고 있지 외국에서 나온 사람 채용 안 해요. 그러니 그냥 가세요."

인사 담당은 이렇게 말하면서 나의 이력서를 책상 위에 던졌다. 그런데 힘이 셌던지 이력서가 그만 바닥으로 떨어지고 말았다. 마치 내 이력서를 휴지조각처럼 버린 것 같은 느낌이었다.

"그리고 아가씨, 내 책상 위에 놓인 이력서들 보이시지요? 서강대, 숙명대, 한양대, 여기 연대생도 있네. 이런 이력서 검토하기도 바빠요. 아가씨를 위해서 내가 하는 말인데, 이력서 이렇게 개판으로 쓰면 안 돼. 쓸 게 없어도 주절이 학교에서 클럽 활동했던 내용이라도 쓰던지, 너무 깨끗하잖아."

인사 담당은 책상 위에 놓인 수많은 이력서를 나에게 보여 주면서 나를 한심하다는 듯이 쳐다보았다. 나는 바닥에 떨어진 내 이력서를 집어서 가방에 넣고, 고개를 푹 숙인 채 눈물을 참으며 계단을 내려왔다. 내려오면서 나는 올라오는 어느 중년의 남자와 마주치게 되었지만 무시하고 빠르게 뛰어서 계단을 내려왔다. 그리고 조금 후 그 중년의 남자가 따라 내려와서 나를 불렀다.

"잠깐만요, 우리 회사 오셨나요? 내가 여기 사장인데……."

그 아저씨의 말에 나는 한줄기 희망의 빛이 보이기 시작했다. 그는 나의 울먹이는 얼굴을 본 것이다.

“저…… 이력서 내려고 왔는데요. 위에 계신 분이 저같은 사람 찾고 있지 않다고 해서 그냥 가는 거예요, 사장님.”

“그래요? 그러면 내가 아가씨 이력서를 좀 볼까? 우리 어디 가까운 커피숍에라도 갑시다. 내가 직접 면접을 보도록 하지.”

나는 이것이 꿈인지 생시인지 모를 정도로 너무나 기쁜 마음에 그 사장을 따라갔다. 우리는 가까운 커피숍에 들어갔고, 나는 이 기회에 꼭 취직이 될 것 같은 기분에 떨리는 마음을 가다듬었다. 사장은 나의 이력서를 한번 훑어 보더니 질문을 시작했다.

“음…… 필리핀에서 대학을 나왔네. 거기에는 유학간 건가?”

“아니요, 아버지 사업 때문에 이민을 갔습니다. 지난 10년 동안 살았습니다.”

“오호, 그럼 한국에 온 지 얼마 안 되네? 골프는 잘 치나? 지금 혼자 사나?”

사장의 질문은 전혀 예상 밖이었다.

“골프는 잘 못 치는데요. 그리고 고모님 댁에 살고 있습니다.”

“필리핀에 살면서 왜 골프도 안 배웠지? 고모댁에 살면 불편하지 않나요?”

“아니요. 불편하지 않습니다. 그리고 골프는 아직 취미가 없어서 공부하느라고 배우지 못했습니다. 기회가 되면 배우고 싶습니다.”

나는 의무적으로 사장의 질문에 대답을 했다. 회사 면접 보는데 골프라니…… 약간 어의가 없긴 했다.

“그래요? 회사는 다녀서 뭐하려고? 아직 아무런 경력도 없으니 모르나 본데, 직장생활 하는 게 만만한 줄 아나? 힘들게 일해 봐야 우리 회사는 이제 창업했기 때문에 월급도 많이 못 주는 회사라고. 내가 골프도 가르쳐 주고 집도 얻어줄 수 있는데 어떻게 생각해?"

나는 사장이 지금 무슨 말을 하는지 이해가 안 되었다.

"네? 무슨 말씀이신지……."

"이 아가씨 진짜 순진한 거야, 아니면 못 알아 듣는 거야? 나하고 인생을 즐기며 살자고. 내가 그 정도 재력은 되거든! 우리 만난 지 얼마 안 됐지만 나는 채송하 씨가 참 마음에 드는데."

나는 순간 나의 뒤통수를 얻어맞은 것 같은 느낌을 받았다. 한참을 멍하니 생각하고 나서야 사장의 뜻이 이해가 갔다. 그리고 그 자리에서 벌떡 일어났다. 마음 같아서는 영화의 한 장면처럼 커피를 그의 면상에 뿌리고 나오고 싶었지만 너무 떨리고 분해서 말도 안 나왔고 그 사장이 무서워서 나는 빨리 도망을 나와야 했다. 그리고 뒤도 안 돌아보고 뛰었다. 한참을 뛰다가 왼쪽 구두굽이 부러졌다는 것을 알고 절뚝거리며 걷기 시작했다.

'울지 말자. 집에 갈 때까지 참아야 돼.'

지난 10년 동안 너무나 그리워했고 다시 돌아와서 살고 싶었던 대한민국이고 나의 조국이었다. 이것이 나를 환영해주는 이 나라의 첫 인사였다. 이 땅에 혼자라는 서러움보다 내가 사랑하는 조국이 나를 외면한다는 차가운 현실이 나의 가슴을 칼로 그었다.

이를 악물고 나는 계속 걸었다. 방향 감각을 잃었지만 지하철역이 나올 때까지 걷다가 청계고가가 끝나는 광교까지 걸어오게 되었다. 그 순간 건너편 빌딩에서 팍팍 터지는 환한 불빛이 나의 시선을 끌었다. 밤이 어둑해지면서 빌딩을 밝히기 위해서 서치라이트가 자동으로 켜지는 시간이었던 것이다. 나는 그 높은 빌딩을 쳐다보았다.

'한화…….'

그 빌딩 꼭대기에 '한화'라고 쓰여 있었고, 다른 빌딩들과는 다르게 참 예쁜 오렌지 색으로 디자인 된 건물이었다. 나는 길 건너편에 서서 멍하니 그 빌딩을 쳐다보며 갑자기 너무나 큰 서러움이 복받쳐 왔다.

'하나님…… 정말 계신가요? 신이 정말 존재하나요? 저런 빌딩에서 일하는 사람들은 도대체 어떤 사람들인가요? 왜 나는 안 되는 건가요? 왜 나는 저런 멋진 빌딩에서 일할 수 없는 건가요?'

'나도 저런 빌딩에서 일하고 싶어요. 저런 빌딩어서 일할 수만 있다면 하나님이 원하시는 거 다 들어 드릴게요!'

나의 막연한 소망은 또다시 마음속으로 누군가를 찾게 되었다. 이 세상을 창조한 창조주가 하늘에 있다고 했나? 그러나 언제나 그렇듯이, 십년 전 필리핀에서도, 엄마가 떠날 때도, 내가 가출할 때도, 그분은 아무런 대답도 없었다. 그렇게 중얼거린 내 자신이 바보천치였다. 있지도 않은 하나님을 부르며 기도했던 내 모습에 자존심이 상했다.

또다시 서러움에 닭똥같은 눈물을 하염없이 흘렸다. 그리고 나는 길바닥에 서서 엉엉 소리를 내면서 울었다. 그냥 가슴이 너무 아프고 힘들어서 참을 수가 없었다. 지나가는 사람들은 나를 이상한 눈으로 쳐다보면서 내가 실연을 당한 것으로 생각하는 것 같았다. 그렇게 생각하든 말든…….

커피숍 캐셔

내가 직장을 못 찾고 마음 아파하는 현실을 막내외숙모가 듣고 걱정이 되어서 발벗고 나섰다. 막내삼촌은 마음씨 착한 숙모와 결혼을 했고, 막내숙모는 동균 오빠와 나를 무척이나 아껴주셨다.

"어머, 어쩌면 이렇게 인형같이 이쁘게 생겼니? 송하처럼 예쁜 애는 내가 태어나서 처음 본다."

막내숙모는 내가 종종 아버지의 불법 심부름으로 한국에 갈 때마다 맛있는 식사를 사 주면서 나에게 찬사를 아끼지 않으셨다. 그리고 내가 한국에 귀국하여 직장을 찾고 있었지만 아무런 진전 없이 갈 곳을 잃은 나에게 전화를 하셨다.

"송하야, 요즘 취업하기가 쉽지 않을거야. 우선 네가 원하는 직장을 찾기 전까지라도 캐셔로 일해 볼래? 숙모 친척분이 시청에 있는 호텔 경리과에 근무하고 계시는데, 지금 신규 직원 한 명을 뽑고 있대. 그래서 숙모가 부탁해 보려고."

막내숙모는 그렇게 나에게 사막의 한줄기 오아시스 같은 시원한 물줄기를 틀어 주셨다. 나는 시청에 위치한 프레지던트호텔 1층 커피숍 캐셔 연수생으로 입사를 하게 되었고, 수습기간 6개월 동안 월급은 아주 적었지만 나의 마음은 오직 일할 수 있다는 것에 대한 감사함뿐이었다. 엄마가 일본에서 시작하신 것처럼 나도 접시닦이라도 닥치는 대로 일을 시작하려고 각오했는데, 캐셔는 나에게 그야말로 감지덕지한 직장이었다. 나는 입사하여 하늘 같은 선배 언니들 밑에서 하루하루 힘든 실전 훈련이 시작되었다.

캐셔는 경리과 소속이었고 호텔의 각 매장에서 그날의 매출 즉 현금을 만지는 직원이었기 때문에 입사 서류에 직계가족이 아닌 2명의 보증인이 필요했다. 막내숙모가 보증을 섰지만 한 명이 더 필요했기 때문에, 결국 숙모의 친척인 경리과 과장님이 나에 대해 아무것도 알지 못했지만 믿고 보증을 서 주어서 나는 무사히 입사할 수가 있었다.

"이리 와서 머리통 대, 빨리! 야! 너 꼴통이야? 어떻게 매일 숫자가 틀려?"

왕언니의 호통이 이어졌다. 나는 경리과 사무실에 올라가서 그날의 매출을 보고하는데 또 총 매출 금액과 현금이 틀렸던 것이다. 캐셔 초짜였던 나는 항상 내 주머니에서 틀린 금액만큼 채워서 마감을 해야 했다. 그것이 캐셔들의 법이었다. 천 원이 틀려도 백 원당 한 대씩으로 무시무시한 왕언니의 계산기 모서리로 맞아야 했다. 그리고 백 원이 틀려도 십 원당 한 대씩 열 대를 맞는 것은 마찬가지였고, 노처녀였던 왕언니의 기분에 따라서 항상 열 대는 기본으로 맞았다.

"송하야, 캐셔는 항상 돈을 만지기 때문에 견물생심이라는 말이 있다. 돈 보기를 돌같이 해야 한다. 알았지? 예전에 무슨 일이 있었냐하면……."

왕언니는 예전에 공금 횡령을 했던 사건들을 나에게 자세히 알려주었다. 돈 몇 푼에 인생 망치지 말라는 조언을 해 주며 사회 초년생인 나를 많이 혼냈지만, 혼낸 후에는 꼭 빵집에 가서 빵과 다른 맛있는 음료를 사 주었다.

"너 인사 똑바로 안 해? 니 목에 기브스 했나? 니 허리는 디스크 걸렸나? 배꼽 인사 백 번 실시한다. 실시!"

나는 외국에서 자랐기 때문에 허리를 굽혀서 인사를 거의 하지 않고 살았다. 그래서 입으로는 "안녕하세요!" 인사를 하지만 허리를 굽힐 줄 몰랐다. 왕언니에게 인사를 제대로 안 하는 모습이 포착되는 날에는 많은 사람이 지나다니는 복도에서 "안녕하십니까? 안녕하십니까?" 하며 70도로 정중한 인사를 정말 백 번 실시한 한 후, 허리를 피지 못한 채 어그적 어그적 걸어가야 했다. 나의 첫 사회생활은 고달팠지만 현금을 만지기 때문에 군기가 가장 센 캐셔 선배 언니들 속에서 정신을 똑바로 차리도록 배웠으며, 그녀들의 따뜻한 애정과 사랑도 듬뿍 받을 수 있었다. 나는 호텔 커피숍에서 일하면서 종종 외국 손님이 오면 영어를 하고 싶어서 입이 근질근질했다.

"웨어 아 유 프럼? 두유 라이크 코리아? 왓 비지네스 두유두?"

그러면 외국인들은 나에게 영어를 참 잘한다며 칭찬을 하고 좋은 얘기들을 많이 해 주었다. 내가 입사하고 2개월쯤 되었을때, 양식당 담당인 캐셔 언니가 발을 동동 구르고 있었다.

"울 엄니가 지금 많이 위독하시다는데, 송하야 내가 갈 수가 없다."

언니는 홀어머니가 통영에 계시는데 건강이 갑자기 악화되셨다는 소식을 듣고 바로 달려가고 싶어 했다. 일주일 동안이라도 병원에 모시고 가서 검사를 받고 얼마간 간호를 해드리고 싶었지만 당장 자신을 대신해 줄 인력이 남아돌지 않았다. 나는 언니의 엄마가 위독하시다는 얘기를 듣고 마음이 너무 안쓰러웠다. 일본에 겨신 우리 엄마가 아파도 나는 아프신지 알 수가 없었고, 자주 만날 수도 없는 상황이라서 항상 누구의 '엄마' 얘기가 나오면 나의 가슴이 짠했다.

"언니, 걱정하지 말고 다녀와. 내가 봐 줄게. 내가 커피숍이 2시에 끝나잖아, 그러면 바로 양식당에 가서 교대해 줄 테니 내일 당장 엄마한테 내려가봐."

호텔 전체의 체계가 24시간 3교대로 돌아가는 근두 시간표로 움직였다. 캐셔들은 2교대로 8시간씩 움직였고, 나는 커피숍에 오전 근무조였기 때문에 오전 6시에 출근하여 오후 2시에 퇴근이였다. 오후 2시에 양식당에 바로 시작하는 언니를 대신하여 빨리 서두르견 그 시간부터 밤 10까지 근무가 가능했다. 물론 일주일 동안 하루에 16시간 일을 하고 마감을 한 후, 한 시간 반이 걸려서 버스를 타고 집에 가서 4시간 잠을 자고 다음 날 출근을 한다는 것은 매우 힘든 상홭이었다.

언니는 잘 부탁한다고 말하고 다음 날 바로 퉁영으로 떠났다. 3일째 되던 날 드디어 나의 체력에 한계를 느끼기 시작했다. 아침에는 그래도 바쁘게 움직이니까 버틸만 했지만, 나른한 오후는 정말 나에게 지옥 같았다. 너무 졸려서 눈이 떠지질 않았다. 그 덕분에 매일같이 크게는 만 얼마씩 틀린 금액을 내 주머니에서 채우고 마감을 해야 했다.

"하이, 잘 있었나 꼬마 아가씨? 오늘은 머리 스타일이 참 잘 어울리는군."

우리 호텔에 자주 출장을 오는 미국인이 나에게 말을 걸었다.

'내 머리는 어제부터 감지 않아서 떡져 있는데 칭찬을 하다니…….

눈이 삐었지.' 나는 속으로 생각했다.

"하이, 오랜만이네요. 이번에 며칠 계실 예정이신가요?"

나는 대충 인사를 받아주고 내 할 일을 했다. 너무 정신이 없어서 지금 손님과 길게 노닥거리며 말할 시간이 없었다. 그리고 오후 2시가 되서 다시 부랴부랴 양식당으로 달려가서 어떻게 하든 저녁까지 버티기 위해 안간힘을 써야 했다. 그날 저녁 8시쯤 되었는데 오전에 그 미국인 손님이 양식당에 들어오면서 나를 보더니 화들짝 놀랐다.

"너 오전 6시에 커피숍에 있었잖아? 지금까지 일하니? 이 호텔에서 너를 이렇게 혹사시키고 있는 거야?"

그는 마치 호텔에서 나를 근무 시간 초과해서 막노동을 시키는 것으로 착각을 했다. 외국인들에게는 있을 수 없는 일이었기 때문에 이 상황이 윗분들께 만약 보고가 되면 큰일이었다.

"아니에요, 그럴리가요. 나는 지금 가족이 위독하여 지방에 내려간 캐서 동료를 대신하여 도와주고 있는 거랍니다. 걱정하지 마세요."

"그렇구나. 너는 내가 한국에서 수년 동안 만난 사람들 중 가장 유창한 영어 실력을 가지고 있는 사람인데, 너처럼 영어를 잘하는 직원이 왜 캐셔를 하는 건지 나는 이해를 못하겠구나."

그 미국인은 항상 내가 영어를 너무 잘한다며, 나와 대화하는 것을 좋아했다.

"지금은 제가 수습 기간이라서 각 부서마다 경험을 쌓고 있는 거랍니다."

나는 한번 캐셔는 영원한 캐시어라는 것을 알고 있었지만, 그의 말을 그냥 예의상 칭찬으로 흘려 버렸고 나도 대충 대답했다. 지금 나는 여기서 수습 기간 중에 해고를 당하면 갈 곳이 없었기 때문에 목숨을 걸고 정말 열심히 두 매장을 잘 지켜야 했다. 그리고 5일째가 되는 날 나는 오후에 한가한 틈을 타서 꾸벅꾸벅 졸고 있었다.

"으흠…… 으흐흠!"

내 앞에서 누군가의 기침소리가 들려서 화들짝 놀라서 눈을 떴더니 내 코앞에 두꺼비 같은 프런트 과장님이 서 계셨다.

'으악, 이제 난 짤렸구나…….'

"채송하 씨, 침 닦고 날 따라오세요."

"스르릅!"

나는 침까지 흘리며 업장에서 쿨쿨 잠을 자고 있었으니 오늘이 나의 제삿날이었다. 과장님이 시키는 대로 옷소매로 침을 닦고 매정하게 저벅저벅 앞서가는 과장님을 죄인처럼 따라갔다.

'아휴, 괜히 언니 도와준다고 나서가지고 이꼴이 뭐야.'

나는 심장이 두근반 세근반 뛰며 과장님을 따라갔다. 그런데 과장님은 나를 총 지배인님 실로 데리고 가는 것이었다.

'내가 맨날 돈 틀린다고 보고가 됐나봐. 그런데 언니들이 그런거까지 위에 보고하지는 않았을 텐데…….'

과장님과 내가 총 지배인님실 문을 열고 들어갔을 때, 어디서 많이 보던 외국인이 나를 반겨 주었다.

"이즈닷 허? 쉬이더원 유아 토킹어바웃?"(제야? 제가 당신이 말한 직원이야?) 총지배인님이 물어보았다.

"예스! 데어 쉬이즈."(응, 그녀가 맞아.) 그리고 미국인이 대답했다.

그 미국인은 며칠 전 나와 대화했던 손님이었그, 총지배인님은 나를 보더니 미국인과 둘이서 수근거렸다. 나는 이 상황이 드대체 어떻게 돌아가는지 통 알 수가 없었다.

“김 과장, 저 직원을 다음주부터 정식 사원으로 승격시키고 비지니스 센터로 발령을 내세요. 영어를 그렇게 잘한다는데 왜 지금까지 캐셔로 썩고 있었지? 우리 직원들의 인력을 제대로 파악해야 하는 것 아닙니까?”

총지배인님은 프런트 과장님에게 나무라는 듯이 명령을 내렸다. 그리고 미국인도 옆에서 거들었다.

“그녀는 내가 보기에 이 호텔에서 가장 성실한 직원이고, 영어도 잘할 뿐만 아니라 마음씨도 참 착하답니다.”

나를 쳐다보며 장난꾸러기 같은 미소를 지어 주는 저 미국인의 정체가 정말 궁금했다. 그렇게 하루아침에 나의 부서 이동이 정해졌다. 급하게 새로이 유니폼을 맞추는 등, 갑자기 나는 정신이 하나도 없었다.

나는 호텔의 꽃인 비지니스 센터의 새로운 주인이 되었다. 비지니스 센터는 호텔 로비 중앙에 위치해 있었고 전부 유리로 되어 있는 멋진 사무실이었다. 캐셔의 유니폼은 칙칙한 밤색이었지만 비지니스 센터의 유니폼은 멋진 감색 정장에 조끼까지 있는 옷이었다. 나는 많은 캐셔 언니들의 부러움과 축하를 받으면 2개월만에 정식 직원이 되었고 캐셔에서 사무직으로 옮기는 것이 절대적으로 불가능이었던 현실 가운데 부서 이동을 하게 되었다. 알고 보니 그 미국인은 총지배인님과 잘 아는 사이였고, 우연히 회의를 하다가 내 얘기가 나오게 되었던 것이다.

“당신은 지금 이 호텔에서 가장 유능한 직원이 캐셔로 썩고 있다는 사실을 알고 있나요?”

그 미국인은 내가 항상 친절하게 그를 대해 주는 모습에 나를 매우 잘 보았고, 나를 칭찬해주고 싶은 마음에 이야기를 꺼낸 것이 총지배인님의 마음을 움직였던 것이다. 특급호텔의 총지배인이 일개 캐셔가 숫자를 틀리 건 일을 잘하든 못하든 불러서 야단을 칠 이유가 전혀 없었던 것이다. 호텔 직원들 사이에서도 결코 넘지 못할 벽이 있었다. 호텔에서 가장 좋은 대우를 받는 직원들을 프런트 소속이었다. 그들은 영어도 잘해야 했고 대부분 호텔 경영학을 공부한 사람들이 처음 거쳐가는 부서였다. 그리고 식음료 부서 소속인 웨어터와 웨이트리스, 경리과 소속인 캐셔들은 결코 타 부서로 이동할 수 없다는 원칙이 있었다. 한번 웨이터는 영원한 웨이터였다. 그래서 캐셔인 너가 호텔에 투숙하는 외국인들의 모든 비지니스 서비스를 맡아서 해 줘야 하는 비지니스 센터로 이동했다는 것은 기적이었고 장안의 화제였다. 나는 유리로 된 사무실에 우아하게 앉아 있으면서 꿈 같은 나날들을 보내게 되었다.

5장

실패는 있어도 포기는 없다

나는 눈과 귀와 혀를 빼앗겼지만 내 영혼을 잃지 않았기에
그 모든 것을 가진 것이나 마찬가지이다
– 헬렌 켈러

파도를 멈출 수는 없지만,
우리는 파도타기를 배울 수는 있다.

대전 엑스포

　　　　　호텔의 비지니스 센터는 매우 바빴다. 모든 편지와 문서를 팩스로 받는 시대였기 때문에, 호텔 투숙객에게 매일 급하게 전달되어야 하는 메시지들이 넘쳐났다. 그들은 사업 또는 기업에서 출장을 나온 사람들이었기 때문에 실수를 하면 안 되었다. 일어 담당인 선배 언니와 영어 담당인 나에게 맡겨지는 손님들 중에 점점 서양에서 오는 외국인 비지니스맨들이 많아지면서 나의 업무량이 점점 쌓여 갔다. 들은 차편에 대해서도 묻고, 한국에서 거래를 할 회사를 찾아주는 일, 대가를 지불하고 문서를 타이핑 해 주고, 번역과 통역을 해 주는 일 등을 필요로 했다. 나는 일하는 것이 즐거웠고 솔직히 여기서 더 이상 바랄 것이 없었다.

　　어느 금요일 오후, 나는 근무시간이 끝나고 토근 준비를 하고 있는데 어느 양복 입은 아저씨가 헐레벌떡 뛰어 들어왔다.

　　"아가씨, 지금 빨리 이 서류를 한 시간 안에 영문으로 번역해 줄 수 있나요? 내가 급하게 미국 대사관으로 팩스를 보내 줘야 해요."

그 아저씨는 3장이나 되는 문서를 4시에 가지고 와서 5시까지 번역을 해 달라고 했다.

"왜 그러신지요? 저는 오늘 근무 시간이 끝나서 퇴근해야 하는데요."

나는 왜 그렇게 그 아저씨가 심각하게 시간을 정해 놓아야 하는지 궁금했다.

"할 수 있어요, 없어요?"

그분은 마치 빨리 다른 곳으로 달려갈 것처럼 급하게 나에게 물었다. 나는 순간 이 사람을 도와줘야 하나 말아야 하나 갈등했다. 금요일이었기 때문에 나는 이미 친구들과 저녁 약속을 해 놓았고, 근무 시간은 이미 끝났다. 내가 굳이 안 해 줘도 나의 업무에 큰 지장은 없었다. 그리고 서둘러서 퇴근을 하고 싶었다. 그러나 나는 곧 마음을 바꾸었다.

"네, 해 드려야죠. 5시면 시간이 얼마 안 남았으니 지금 당장 서류를 주시지요."

나는 서류를 건네받자마자 초스피드로 집중하여 번역을 하기 시작했다. 그 내용은 내년에 대전에서 시행될 국제 엑스포지션에 관한 초대 의향서였고 미국 대사관으로 보내지는 내용이었다.

"미국 대사가 다음주 월요일부터 해외 출장을 가는데, 오늘 5시 전까지 팩스가 들어가야지, 그가 보고 출장 전에 참사관을 통해 답을 줄 수가 있어요. 내가 너무 바빠서 이 문서를 깜빡 잊고 못 보냈지 뭐에요."

나는 집중하느라 그에게 대답도 하지 않았다. 그리고 정확하게 한 시간 후에 서류를 번역하여 미국 대사관으로 팩스를 보냈다. 그분은 전화로 대사에게 급하게 전달되었다는 것을 확인하고 우리는 5시 정각에 안도의 한숨을 쉬었다.

나는 그렇게 대전엑스포 홍보 마케팅 권성길 과장님과 첫 만남을 이루게 됐다. 그리고 그는 나의 도움에 고마워서 아무런 조건도 묻지 않고 그의 직속 직원으로 나를 스카웃하셨다. 그다음 해 1993년에 대대적으로 실시하는 대전 엑스포는 정확하게 10개월 기간 정부의 야심찬 프로젝트였다. 연봉이 높은 만큼 10개월만 직장이 보장되는 것이었고, 그 후는 다시 다른 직장을 알아봐야 하는 조건이었다.

"거기에 갔다 오면 지금 이 자리는 기다리고 있지 않아. 불안하지 않아? 그냥 그런 모험을 안 하는게 좋을 것 같은데……."

다른 선배 언니들은 내가 이미 비지니스 센터에서 안정을 찾았으니, 엑스포에 가서 10개월 동안만 일하는 것이 무슨 의미가 있느냐 하며 나를 말렸다.

"언니, 나는 그곳에 가서 보고 배우고 싶어. 10개월 후에 다시 힘들게 직장을 찾아야 하겠지. 그러나 언제 이런 경험을 생생하게 해 볼 수 있겠어. 나는 꼭 갈거야."

나는 그렇게 그다음 해 대전 엑스포에 합류했다. 전국적으로 수많은 도우미가 채용되었고, 그때부터 기업 도우미 및 나레이터모델들의 활약이 시작되었다. 전국적으로 대대적인 홍보와 마케팅이 시작되었고, 대전은 그야말로 축제의 분위기로 달아올랐다. 엑스포에서 해외 홍보 담당으로 일을 하기 시작하면서 나는 많은 외국 대사관의 외교 담당관 및 각 나라의 상공회의소 임원들과 연락을 해야 했고, 엑스포에 참여하는 해외 기업들의 부스에 대한 준비 과정부터 모든 문제점을 해결하면서 그들을 최선을 다해 도와주는 업무였다.

"당신은 비서를 하면 잘할 것 같은데, 외국인 CEO 비서 할 생각이 없습니까?"

엑스포가 거의 끝날 무렵 나는 독일 상공회의소 이사님과 매우 친한 사이가 되었다. 많은 독일 회사가 참여하면서 그분의 일을 많이 도와주게 되었고, 독일 분인 이사님은 어느 날 나에게 이러한 제의를 했다.

"비서라고요? 그러나 저는 비서학과를 전공하지도 않았고, 경력도 없는데 가능할까요?"

나도 이제 곧 엑스포가 끝나면 다른 취업 자리를 알아봐야 하지만 막막한 상태였다. 대기업에서 파견 나온 직원들은 다시 본사로 돌아갈 준비를 했고, 나와 비슷하게 임시직으로 고용된 직원들은 돌아갈 회사가 있는 그들이 부러울 따름이었다.

"채송하 씨를 내가 지난 6개월 동안 보면서, 참 열심히 노력하고, 성실하게 최선을 다해서 일하는 모습이 마음에 들었어요. 내가 독일 회사에 추천을 해 줄 테니 면접을 한번 보도록 해요."

나는 이사님의 추천에 하늘의 문이 열린 것처럼 기뻐했다. 드디어 나에게도 대기업, 그것도 독일 회사에서 일할 수 있는 길이 열린 것이다. 면접도 안 보았지만, 독일 상공회의소 이사의 추천이라면 아마 가능성이 많을 것이라 믿고 면접을 준비했다.

그리고 면접 당일 날 다른 동료의 차를 빌려 대전에서 서울로 출발을 했다. 내가 도착해야 할 곳은 중구 장교동에 위치한 한화빌딩 10층이었다. 주소만 보고는 내가 어디를 향해서 가는지 전혀 상상도 할 수 없었다. 새벽 6시 대전에서 출발하여 시내를 뚫고 을지로 입구를 향하여 운전을 했다. 그 근처에 도착해 주차를 한 후 한화빌딩을 올려다보고 나는 온몸에 전율을 느꼈다. 바로 2년 전에 내가 저기 건너편에서 울고 있었던 기억이 생생하게 났다.

'한화……'

'이럴 수가… 여기가 한화빌딩이야? 내가 여기로 면접을 오다니……

믿을 수 있겠니?'

나는 놀란 가슴을 누르며 헐레벌떡 뛰어서 엘리베이터를 탔다. 9시에 면접이 시작이라고 했는데, 이미 15분 지각이었다. 10층에 도착한 나는 인사 담당자의 안내로 면접 대기실에 인도되었다.

"채송하 씨? 제일 늦으셨네요? 이쪽으로 앉으시지요."

인사과 과장님은 숨이 차서 헐레벌떡 들어오는 나를 보면서 인상을 찌푸리셨다. 면접 당일 날 지각을 한다는 것은 이미 점수가 깎인 것이다. 나는 대기실에 앉아 있는 다른 열아홉 명의 여자를 보고 또 한 번 놀랐다. 면접을 보는 사람이 나 혼자가 아니었던 것이다.

'이런 경우는 또 뭐야?'

나는 스무 번째 면접 후보자였다. 그리고 먼저 와서 앉아 있는 여자 후보자들과 나의 옷차림이 확연히 비교가 되었다. 나는 비서에 대한 개념이 전혀 없었고, 대기업 면접을 보기 위해 어떠한 옷차림과 어떠한 머리 스타일을 해야 하는지 몰랐기 때문이다. 대전에서 엑스포의 도우미들과 견주어 언제나 화려한 색상의 옷을 입고 다녔으며, '누가 누가 더 짧은가?' 하며 미니스커트를 즐겨 입었던 나는 그날 하얀색 미니스커트에 나의 헤어스타일은 미국의 가수 티나 터너를 버금가는 긴 파마머리를 휘날리고 있었다. 대부분 여성은 검정 또는 회색의 치마정장으로 무릎을 덮었고, 나머지는 바지를 입고 있었다. 그녀들의 헤어스타일은 거의 단발생머리였다. 면접실의 분위기는 매우 칙칙했으며 나 혼자만 그들 가운데서 확연하게 튀었다. 후보들의 미모와 하나같은 쌀쌀맞은 표정들이 나의 기를 완전히 눌러 버렸다. 그렇게 긴장한 가운데 나는 경쟁 상대들의 학벌이 궁금했다.

"제가 궁금해서 그러는데요, 어느 대학에서 뭐 전공하셨어요?"

나는 대기실에서 기다리며 양쪽 옆에 있는 경쟁자들에게 물어보았
다. 다들 아무 말 없이 서로의 눈치만 보고 있었기 때문에 나는 숨통이
좀 트여야 했다.

"음…… 저요? 이대 비서학과 나왔어요."

"옆에 분은 어디……?"

"외대 동시통역학과!"

그녀는 묻는 것도 짜증난다는 듯이 대답을 했고, 말투가 매우 도도하
였다. 나머지는 숙대 영문, 연대 심방과 등이었다. 나는 지금 내가 여기
에 계속 앉아 있어야 하는지 말아야 하는지 갈등을 하기 시작했다.

'괜히 왔잖아. 대전에서 서울까지 기름값이 얼만데…….'

내가 그들과 경쟁 상대가 안 될 것이라는 느낌은 확연했다.

'이사님은 왜 나에게 이런 자리를 추천해서…….'

괜히 나의 마음을 들뜨게 했는지 갑자기 원망이 생겼다.

'내 인생이 이렇게 잘 풀릴 리가 없지…….'

첫 면접은 한국 임원들 4명이 질문을 하는 순서였다. 여자 다섯 명이
서 한 조를 이루어서 면접에 들어갔다. 한국 임원들도 나를 보고 약간
놀란 표정을 지었다. 그들은 다른 후보자들에게만 질문을 했고, 30분
가량의 면접 시간 동안 나를 거의 무시했다. 그러다가 마지막에 어느
분이 드디어 나에게 질문을 했다.

"왜 비서가 되려고 하지요? 전혀 그쪽 분야가 아닌 것 같은데?"

그의 질문에 나도 난감했다. 나도 내가 왜 비서가 되려고 하는지 이
해할 수 없이 이 자리에 와 있었기 때문이다.

"저는 외국에서 살았기 때문에 영어에 능통합니다. 물론 비서로서
경험은 없지만, 독일인 사장님을 보좌하면서 배우고 싶습니다."

그것이 나에게 처음이자 마지막 질문이었다. 그런 후 후보자들은 독일 사장님 방으로 한 명씩 들어가서 딕테이션(dictation, 구술)을 받아 적었다. 사장님은 타임즈 잡지에 실린 기사를 빠른 속도로 읽어 주었고 나는 정신을 똑바로 차리고 받아 적었다. 딕테이션을 다 받아 적은 후 컴퓨터 앞에서 얼마나 빠른 속도로 타이핑을 쳐서 제출하는지 시간을 쟀고, 내용과 모든 단어의 스펠링도 정확해야 했다. 나는 쉽고 빠르게 딕테이션 시험을 통과했고, 마지막으로 독일 사장의 면접을 위해 방으로 들어갔다. 이미 반은 포기했기 때문에 그리 떨리지도 않았다.

"우리 회사는 독일 BASF 사와 한국 화학 그룹과 합작하여 설립된 '한화-바스프'라는 조인트벤처회사입니다. 그래서 한국과 독일의 기업 문화와 잘 화합하여 앞으로 발전해 나가야 합니다."

독일 사장님은 유창한 영어를 구사했다. 회사에 대한 전반적인 설명을 하고 나의 성격과 학력에 대해 대충 물어본 후 똑같은 질문했다.

"전자공학을 나와서 비서를 하고 싶다……, 참 독특하군요. 왜 비서가 되려고 하지요? 비서가 본인 적성에 맞는다고 생각하나요?"

독일 사장의 질문은 나의 정곡을 찔렀다. 나도 비서가 도대체 뭐하는 직업인지 감이 없는데, 어떻게 대답을 해야 할지 정신이 몽롱했다.

'어차피 떨어질 거니까, 그냥 아무 말이나 내가 하고 싶은 얘기하고 빨리 나가자.'

나는 마음을 가다듬고 입을 열었다.

"비서가 저의 적성에 안 맞는 것이 아니라, 저는 운명의 장난으로 인해 적성에 맞지 않은 IT 분야를 전공하게 되었습니다. 제가 비서로서 아직 경험은 없지만, 비서가 되고자 하는 이유는 최고경영자와 가장 가까이서 일할 수 있다는 것이며, 회사의 전반적인 경영에 대해서 배울 수 있는 기회가 될 것이라고 믿습니다. 그리고 저는 외국에서 공부를 했습니다. 한국에 학연 또는 연줄이 하나도 없습니다. 제가 사장님의 비서가 되든 안 되든 사장님에게 조언을 하나 해 드리고 싶습니다. 우리나라에는 라인이라는 것이 있습니다. 같은 학교 출신들을 뽑아 주고, 학연을 통해서 채용되는 기회가 많습니다. 그리고 이 회사도 한국 임원들이 있는 한 사장님의 비서라고 할지라도 그들이 선호하는 대학교 출신들을 채용하길 원할 것입니다. 그렇게 되면 아무리 사장님의 비서라고 한들, 그 비서는 사장님에게 충성하지 않고 다른 한국 임원에게 충성을 하게 되어 있습니다. 사장님은 3년 후면 이 나라를 떠날 것이고, 그녀는 남아 있어야 하니까요. 그러나 저는 이 나라에 사장님과 똑같은 이방인입니다. 그러기에 저는 일하는 동안 오직 사장님에게 충성할 것이며, 한국과 외국의 문화에 대해서 너무나 잘 알고 있기 때문에 사장님의 방패막이가 되어 드릴 수 있습니다.”

나는 그렇게 말하고 간단히 인사를 하고 사장실을 나왔다. 인사과 과장님은 나의 인사를 시큰둥하게 받아 주었다.

“아마 일주일 후에 연락이 갈 겁니다. 떨어져도 연락은 가니까 기다리세요.”

‘내가 이미 떨어졌다는 것으로 생각하고 있으라는 거지?’

그렇게 씁쓸하게 생각을 하고 나는 다시 대전으로 내려가는 운전대를 잡으면서 마음이 침울했다.

‘기다리면 뭐하나……. 이제 이런 기다림은 정말 싫어. 그나저나 대전에 내려가서 다른 동료들에게 뭐라고 하지?’

‘내가 이 면접을 다 망쳐 버렸어. 옷차림은 도대체 이게 뭐니?’

‘이 회사에 입사할 수 있다면 얼마나 좋을까? 이 회사에 꼭 다니고 싶

어요. 꼭 !’

나는 그렇게 고속도로를 내려가면서 마음속에 간절함이 다시 살아 났다. 그러나 일주일이 지나도 이주일이 지나도 그 회사에서 연락은 없 었다.

달려야 사는 여자

필리핀에서 뱃속의 아이가 연을 끊고, 간신히 목숨만 건지게 된 나의 몸은 많이 망가져 있었다. 하지만 나는 엄마에게도 그 가슴 아픈 사실 을 말씀드릴 수가 없었다. 엄마와 오빠는 내가 그 기간 동안 가출했지 만 그래도 아무탈 없이 무사히 집에 돌아온 것으로 알고 있었다. 나의 몸은 그 후 독약으로 인한 심한 후유증에 시달려야 했고, 내 몸의 저항 력은 그야말로 제로였다. 나의 몸은 외부에서 들어오는 병균에 대한 면 역력이 전혀 없는 상태가 되었다. 우리의 몸은 호흡기와 입으로 수많은 미세먼지와 바이러스가 침투하지만 건강한 사람의 세포는 몸속으로 들어오는 병균과 싸워서 항상 새로운 저항력을 만들어 낸다.

그러나 나는 미세먼지 또는 보이지 않는 진드기 같은 세균들이 침투 했을 때 몸에서는 전혀 싸워서 이길 수 없는 내부 기능이 망가진 몸이 되어 버렸다. 음식을 소화하는 기능도 정상이 아니었고, 폐와 호흡기도 정상이 아니었다. 겨울이 되면 기침감기인 줄만 알고 감기약을 아무리 먹어도 낫지 않아서 내과에 갔는데 호흡기질환과로 옮겨져서 천식 판 정을 받게 되었다. 또한 주위 환경이 조금이라도 청결하지 않으면 비염 으로 인해 계속 콧물이 줄줄 흐르게 되고 어느 자리를 불문하고 재채기가 연이어서 나온다. 그리고 만성 위궤양으로 인해 항상 위장약을 달고 살아야 하며, 평생 카페인, 술, 담배를 전혀 섭취하면 안 되었다.

회사에 입사하기 위해서는 건강검진을 통과해야 하기 때문에, 나는 한국에 도착하자마자 병원과 약국에서 매월 또는 3개월에 한 번씩 약을 타서 먹기 시작했다. 물론 가족이나 주위 사람들이 내가 약을 먹고 있다는 것을 알아채지 못하도록 모든 약은 철저하게 감추었고, 나 혼자만의 비밀이었다. 회사에서 실시하는 건강검진에 개인적으로 추가 금액을 내면 여성 검진을 받을 수 있었다. 나는 나의 자궁이 도대체 어떠한 상태일까 궁금해서 자궁 엑스레이를 찍어보기로 했다. 자궁에 방사선 액체를 투입하는 과정은 매우 고통스러웠다. 그 액체를 통해 자궁의 모양이 엑스레이에 선명하게 나올 수 있다. 그 결과는 앞으로 나의 운명을 확정지여 줄 것이다.

'선천적 기형의 자궁!'

의사 선생님은 태어나서 나 같은 자궁을 본 적이 없다고 했다. 왼쪽 나팔관이 완전히 녹아 있었고, 남아 있는 자궁은 그 모양이 오그라들어 있어서 도저히 정상인의 자궁이라고 할 수가 없다고 말했다.

"참 희한하네요.. 정상인의 자궁에 비해서 그 사이즈가 반쪽밖에 안 됩니다. 그리고 왼쪽 나팔관은 아예 엑스레이에서 보이지도 않네요. 아무래도 태어날 때부터 기형적인 자궁을 가지고 태어난 것 같습니다. 하지만 너무 마음 상해하지 마시고, 계속 시험관 시술이 개발되고 있으니 희망을 가지시길 바랍니다."

내 자신과의 고달픈 싸움이 또 시작되었다. 하나의 산을 넘으면 더 높은 산이 보였다. 나의 삶에는 계속 높아지는 산과의 싸움뿐인 것처럼 느껴졌다. 나는 그때부터 보양식이라면 닥치는 대로 먹기 시작했다. 남들에 비해서 체력이 10분의 일도 안 되었기 때문에 회사에서 집에 오면 10시간 이상을 잠자는 시간으로 남은 하루를 보내야 했다. 그리고 보신탕, 장어, 한약, 인삼, 홍삼, 무엇이든 기력에 좋은 음식과 약을 모두 먹어 치웠다.

'나는 살기 위해 달린다!'

바스프코리아

'와, 면접에서 탈락해도 연락한다면서 떨어졌다고 이렇게 무시를 하다니……'

나는 이미 그 회사에 대해서 마음을 접었다. 얼추 엑스포에서 마무리를 하고 퇴사를 준비해야 할 시간도 2주 정도밖에 안 남아 있었다. 서울로 올라가서 다시 새로운 직장을 찾아봐야겠다는 마음을 먹고 어쨌든 최선을 다해 나의 업무를 정리해야 했다. 엑스포가 종료해도 최소한 앞으로 6개월 동안은 자료를 찾아볼 수 있기 때문에, 나는 모든 문서를 철저하게 정리하고 있었다. 그리고 바스프에 면접을 본 지 15일째가 되서야 나는 한 통의 전화를 받게 되었다.

"채송하 씨, 저는 바스프 인사과 과장입니다."

그때 그분의 나를 향한 떨떠름한 얼굴이 생각났다.

"왜 전화하셨는데요?"

나는 퉁명스럽게 대답했다. 이렇게 늦게 전화한 이유는 뻔했다.

"인사과 과장이 채송하 씨한테 왜 직접 전화를 했겠습니까?"

'나는 모르지⋯⋯. 내가 그걸 어떻게 알아요.'

나는 속으로 생각했다.

"열흘 내에 회사에 입사 서류 준비해서 출근하실 수 있나요?"

'오 마이 갓! 이럴수가⋯⋯.'

나의 목소리는 바로 친절하게 바뀌었다.

"어머, 정말요? 과장님, 그럼 제가 합격한 건가요?"

"네, 축하드립니다. 연락이 늦어서 죄송합니다. 결정이 빨리 안 나는 바람에⋯⋯. 그럼 빨리 출근하실 수 있는 거지요?"

인사과 과장님이 불러 주는 입사 서류는 꽤 많았다. 건강검진부터 신원조회까지 나는 모든 입사 서류를 적고 나서 전화를 끊고, 조용히 사무실을 나왔다. 나 외에 다른 직원들도 앞으로의 진로 때문에 많이 낙심하고 있었기 때문에 나는 그들 앞에서 환흐성을 지를 수가 없었다. 밖으로 나와서 하늘을 쳐다보았다. 웃음이 나왔다. 즐거운 비명이 나왔다. 내가 드디어 대기업에 출근을 하여 그것도 회사의 가장 높은 사장님의 비서로 첫 출근을 할 수 있게 된 것이다.

나는 곧바로 대전의 생활을 정리하고, 음주의 생활도 정리를 했다. 엑스포는 그야말로 젊은이들의 축제였고 해장국으로 하루를 시작하여 술병으로 다음 날 새벽을 맞이하곤 했다. 나는 술을 마시면 안 되는 몸인데도 불구하고 그 생활과 그 문화에 흡수되어 날이면 날마다 회사 직원들과 술을 마시게 되었다. 그리고 위장약을 매일 먹었다.

술이 좋았다. 술을 마시면 정신이 몽롱하고 몸이 날아가는 것 같은 나른함이 좋았고, 나의 우울함도, 가슴 아픈 과거도 순간 잊어버리고, 즐겁게 깔깔 웃고 떠드는 그 시간이 좋았다. 약 먹고 술 마시고, 술 마시고 속이 쓰려서 또 약 먹고 이러한 나의 삶이 시작되었다. 나는 내 약한 몸을 너무나 잘 알고 있음에도 불구하고 계속 술을 마셨다. 왜 마시지 말아야 하는지 또는 그 후의 일어날 일들에 대해서는 생각하고 싶지 않았다.

나는 서울에 올라와서 청파동 반지하 월세방을 얻었다. 동균 오빠는 그동안 스페인 살라망카대학에서 경영학 석사를 마치고 군복무 때문에 귀국하여 용산 미군부대 카투사로 복역하고 있었다. 나는 오빠의 부대에서도 가깝고 을지로에 있는 회사에서도 가까운 청파동에 집을 얻었다. 그러나 서울에 올라오자마자 엄청난 고액의 신용카드 고지서들이 나를 기다리고 있었다.

비씨카드 280만 원, 롯데백화점카드 190만 원, 에벤에셀 패밀리카드 149만 원, 그리고 나머지 12개월 할부가 380만 원······.

나는 한 달 전에 모델지망생인 친구에게 아무 생각없이 나의 신용카드들을 빌려 주었는데 그녀는 나의 모든 카드마다 한도액을 꽉꽉 채워서 다 물건을 구매한 것이었다.

"송하야, 내가 지금 옷을 좀 사야 되는데, 우리 엄마가 미국에서 용돈을 한꺼번에 안 보내 주시고 매월 일정하게 보내주잖아. 그러니 니 카드 좀 빌려 주라. 내가 모델하려면 옷이 많이 필요한데 니 카드로 사고 매월 할부로 너한테 갚아 줄게, 응?"

내가 보기에 그 친구는 부유하게 살았다. 엄마가 미국에 계시다는데, 강남에서 아파트를 얻어서 혼자 살도 있었고, 키가 컸던 그녀는 성형수술을 하고 나서 모델이 될 것이라고 여러 곳에 자신의 포트폴리오를 내고 다녔다. 그녀는 백수였기 때문에 신용카드를 발급받을 수 없었고 많은 현금을 가지고 있었으며, 나는 직장인이어서 신청도 안 한 신용카드가 자동으로 발급되었지만 쓸 일이 별로 없었다.

"그래 알았어. 그러면 니가 필요한 만큼만 쓰고, 할부로 끊어서 이자도 꼬박꼬박 내야 돼 알았지?"

나는 아무런 의심도 없이 허락을 했고, 그녀는 그렇게 내 지갑에서 곧바로 3장의 신용카드를 꺼내가 버렸다. 그 후, 나는 또다시 대전에 내려가야 했기 때문에 연락을 하지 못했던 것이다. 나는 서울에 올라와서 그 고지서들을 뜯어 본 후 사태의 심각성을 깨닫게 되었고 바로 전화기를 돌렸다.

"야, 너 미쳤니? 어떻게 카드마다 이렇게 한도액을 다 쓸 수가 있어? 이 달에 날라온 액수가 얼마인지 알아? 육백단 원이 넘는 돈을 어떻게 한 달에 다 갚는다는 거야?"

나는 바로 전화기에 대고 소리를 질렀다.

"얼마? 6백만 원? 내가 할부로 했는데 왜 그렇게 많이 나왔지? 알았어 갚아주면 될거 아니야. 이달에는 돈이 없고, 다음달에 갚아 줄게."

모델지망생 친구는 너무도 간단하게 다음 달에 갚겠다는 말을 했다. 고지서의 날짜는 바로 코앞에 닥쳤는데…….

"다음 달? 바로 다음 주에 갚아야 할 금액이 6백간 원인데 어떻게 다음 달까지 기다려! 지금 당장 갚아!"

나는 화가 머리끝까지 나서 전화통에 대고 계속 소리를 질렀다.

"그건 니가 알아서 해. 아무튼 난 지금 돈이 없거든! 다음 달에 준다니까."

상대방은 그렇게 말하고 일방적으로 전화를 끊어 버렸다. 맙소사! 내가 지금 이러고 있을 때가 아니었다. 당장 가방을 들고 집을 나서서 모델지망생 친구의 집으로 달려갔다. 벨을 누르고 문을 두드렸지만 아무도 응답이 없었다. 시간은 오후 5시가 넘어가고 있었다. 나는 기다리는 수밖에 없었어서 그 친구의 현관문 앞에서 기다리기 시작했다.

'언젠가는 들어오겠지…….'

저녁 7시가 되고, 밤 10시가 되고, 12시가 되어도 그녀는 돌아오지 않았다. 나는 저녁도 굶으며 문 앞에서 은근히 쌀쌀한 초겨울의 날씨에 쪼그리고 앉아서 기다리는 것도 못할 짓이었다. 이미 대중교통은 끊겨 버렸고, 그날은 아무 소득 없이 지나가는 택시를 잡아서 타고 다시 집으로 돌아와야 했다. 그리고 매번 회사가 끝나자마자 달려갔지만, 그녀의 집에는 아무도 없었다. 그녀는 가족도 없이 혼자 살고 있었기 때문에 어디에 하소연하고 따질 사람도 없었다. 나는 그녀의 말로만 엄마가 미국에 계시고, 앞으로 모델을 할거라는 계획을 들었지 실제로 본 것은 아무것도 없었던 것이다. 필리핀에서 잠깐 그 친구를 알게 되었고 그리 친한 친구도 아니었는데 나는 사람을 의심할 줄도 몰랐던 것이다. 다시 필리핀의 악몽이 되살아나는 것 같은 느낌에 몸서리가 쳐졌다.

비서가 되다

내가 그렇게 소망하던 빌딩에 첫 출근을 했지만 카드 빚으로 인한 비극은 시작되었다. 비서실에는 한국인 임원의 비서인 선배 언니가 앉아 있었고, 그 언니는 너무나 분주하게 커피를 나르고 전화를 받고, 다른 부서에 연락을 하며 척척 알아서 일을 해 나가고 있었다. 나는 무거운 마음으로 출근을 했지만, 나의 개인적인 문제로 인해 회사 업무에 방해가 되면 안 된다는 생각에 회사에서는 카드 빚에 대해서 생각을 하지 않기로 했다. 독일 사장님은 매우 자상하게 나를 맞아 주셨고, 첫날부터 번역과 하루 일정 관리 등 많은 업무가 나에게 떨어졌지만 어디서부터 시작을 해야 하는지 막막했다.

"송하 씨, 앞으로 우리 같이 잘해요. 처음이라서 아무것도 모르겠지만, 내가 하나하나 알려 주고, 또 시간이 지나면 빠르게 배울 거야."

첫날부터 선배 언니는 떨고 있는 비서 초년생인 나에게 많은 의지가 되었고, 회사에 대해서 하나하나씩 설명을 해 주었다

"각 부서에서 올라오는 결재서류는 빨리 임원들이 검토할 수 있도록 내가 상무님과 부사장님 승인을 받으면 줄 테니까 독일 분에게 전달하도록 하고, 사인하시면 바로 그 부서에 전화해서 여직원 또는 대리에게 가지러 오라고 하면 돼. 커피는 각 취향에 따라서 물어보고 드리는 게 좋을 거야. 그리고 외출하시면 조금 쉬면서 책도 읽고 개인적인 시간을 가질 수 있을 거야."

나는 빠르게 회사의 전반적인 업무에 대해서 배워 나갔다. 나의 업무는 사장님의 비서 역할만이 아니었고, 기획실에서 올라오는 결재 서류들도 번역을 해야 했다. 첫 번역의 임무가 주어졌고 나는 열심히 사전을 찾아가면서 번역을 하였다. 그리고 기획부 대리님에게 전달을 했다.

"이봐요 채송하 씨, 필리핀에서는 번역을 이따위로 하나보지? 이걸 번역이라고 해 왔어? 완전 초등학교 수준이고만……. 내가 빨간 줄로 다 그어놨으니 다시 하세요!"

대리님은 그렇게 화를 내고 서류를 내 책상 위에 쾅 소리가 나도록 던져 놓고 가 버렸다. 그 서류를 다시 펼쳤을 때 거의 모든 문장이 빨간 줄로 쫙쫙 그어져 있었다.

'그렇게 잘하면 자기가 할 것이지 왜 날 시켜?'

기업에서는 전문적으로 사용하는 고급 어휘들이 있었다. 그리고 바스프는 세계에서 가장 큰 화학 회사였기 때문에 세계 시장 및 아시아 시장을 목표로 영업과 공장이 운영되었다. 거의 모든 문서에 쓰여지는 우리말 또는 영어 단어들을 나는 전혀 이해할 수가 없었다. 내가 이해를 못하는데 번역을 한들 그 뜻이 맞지 않았던 것이다.

그리고 나는 초등학교 수준이 딱 맞았다. 한국에서 나의 학력은 초등학교에서 끝났기 때문에 그 당시 한글 문장 실력이 매우 떨어졌다. 10여 년 동안 부드러운 미국식 영어 발음에 익숙해 있었던 나는 한국에 와서 특히 겨울에는 입이 얼어서 받침이 많은 한국어를 구사하는 데 많은 어려움이 있었다. 교포들이 발음을 굴리고 싶어서 굴리는 것이 아니라 말이 안 나오기 때문이다.

화학도 마찬가지였다. 도저히 무슨 말을 하는지 이해할 수가 없었다. 모든 생산품의 기본 원료인 폴리우레탄, 플라스틱 등을 생산하고 유통을 시키는 독일 바스프는 중국 및 아시아 시장을 진출하기 위해서 한국에 지사를 설립한 것이고 한화그룹과 합작을 하여 독일에서 파견된 사장님 외 나머지는 모든 임직원은 한화그룹 소속이었다.

한국 임원의 비서 언니는 결재 서류 내용에 대해서는 관심이 없었다. 제목과 어느 부서에서 보내 온 것인지만 기록하고 임원들의 결재 후 돌려주는 역할이었다. 그러나 나는 번역을 해야 했고, 회의에 참석해서 회의록을 작성하여 사장님에게 보고를 하면, 독일 본사로 보고가 되는 중요한 임무가 있었다. 그러기 위해서는 화학에 관련된 많은 용어들을 새로이 공부해야 했고, 그로부터 나는 결재 서류와의 전쟁이 시작됐다.

'시간이 나면 책도 읽을 수 있다고?'

나는 야근을 해도 시간이 모자랐다. 화학물질을 폭파해서 플라스틱을 만드는 과정도 매우 다양했다.

'냉장고 문짝이 이렇게 만들어지는 구나……. 스키가 이렇게 만들어지는 구나……. 수영복도 폴리우레탄 원료에서 스판덱스가 생산이 되었다는 사실을 몰랐네…….'

그리고 화학원료 회사들은 특히 중국업체들과 반덤핑(Anti-dumping)에 대해서도 항상 문제들이 발생했다. 반덤핑 규약은 국내 산업의 보호를 목적으로 덤핑 업체나 덤핑 국가의 수출품에 고율의 관세를 부과하여 수입을 규제하는 조치이며, 이때 덤핑 상품에 부과하는 높은 관세를 반덤핑 관세라고 한다. 어떤 국가의 제품이 정상 가격보다 낮은 가격으로 수출되어 수입 국가의 국내 산업에 피해를 주는 불공정 무역행위를 방지하기 위한 제도이다.

'내가 왜 이런 화학 회사 사장님의 비서가 되었을까? 이 무슨 운명의 장난이던가……. 내가 비서를 잘할 수 있을 거 같다고요? 이사님, 왜 그러셨어요?'

항상 내 인생은 잘 풀리는 것 같다 하면 산 넘어 산이었다. 머리는 다시 빙글빙글 돌기 시작했다. 회사에서 야근이 좋은 이유는 단 한 가지였다. 구내 식당에서 저녁을 먹을 수 있도록 식권이 나왔기 때문이다. 그래서 나는 밥 먹기 위해서 야근을 했다. 저녁 7시쯤에 밥을 먹으려고 구내 식당으로 내려가면 나를 제외하고는 모두 남자 직원들이었다. 내가 회사에 입사하고 4개월 정도 되었을 때 구내 식당에서 인사과 과장님과 함께 식사를 하게 되었다.

"채송하 오래 버티는데? 신기하군……."

인사과 과장님이 알 수 없는 얘기를 꺼냈다.

"네? 4개월이 뭐가 오래 버티는 거예요? 저는 이 회사에 뼈를 묻을 겁니다. 과장님이 괴로워하실 때까지…….”

“사실은 말야. 아, 채송하 입사할 때 사장님과 임원들의 의견 충돌로 결정이 늦어지게 된거야. 다른 한국 임원들은 절대로 채송하를 채용하면 안 된다고 했고, 유망주로 뽑힌 다른 후보자가 있었지. 그런데 독일 사장님이 절대로 반대를 하셨고 그 뜻을 굽히지 않으셔서 서로 싸우다가, 결국 내 비서 내가 원하는 사람 뽑는다는데 당신들이 왜 날리야 하시며 결정을 하게 된거지.”

“정말요?”

나는 그때 왜 그렇게 연락이 늦어졌는지 이제 이해가 갔다. 나도 내가 이 자리에 국내의 쟁쟁한 학벌을 가진 상대들과 20대 1의 경쟁을 뚫고 뽑혔다는 것이 솔직히 지금도 믿겨지지 않았다.

“그래서 다른 한국 임원들이 내기를 했어. 다들 채송하가 한 달을 못 버티고 사표를 던질 거라고. 나도 그중에 한 사람이었지. 그러면 독일 사장이 그때 가서 후회를 하고 앞으로 한국 임원들의 말을 들을 거라고 생각했거든. 그런데 잘 오래 버티고 있고 일을 참 열심히 하네. 처음 보기보다 많이 틀린 걸?”

과장님은 솔직하게 그 당시의 일들을 나에게 말씀해 주셨다.

“그런 일이 있었군요. 앞으로 사장님 실망시켜드리지 않기 위해서 더욱 열심히 일해야겠네요. 그런데 과장님, 힘들긴 힘들어요. 기획실에서 저를 너무 갈구거든요.”

나는 몇 명의 직원과 대리가 나를 무시하는 발언에 대해 과장님에게 하소연을 했다.

“내가 생각하고 있었는데, 채송하! 공부를 조금 더 할래? 회사 끝나고 야간으로 말이야. 학비는 내가 승인해서 회사에서 지원하도록 할 테니까 비서 업무에 관련된 학과를 알아봐서 얘기해. 입사한 지 3년 안 된 직원에게 이거는 정말 특별대우다.”

처음에 쌀쌀맞던 인사과 과장님은 그 후 나의 가장 큰 후원자가 되었고, 나를 많이 아껴 주셨으며, 회사에서 지원하여 공부도 시켜주셨다. 대기업에서는 인사과 과장님의 권한으로 얼마든지 직원 교육비 명목으로 지원받을 수 있었다. 해당되는 직원들은 원하면 학비 지원이 나왔지만, 대부분 회사를 다니며 공부하는 것은 원하지 않았다. 나는 그리하여 1년 동안 야간으로 비서학과를 공부할 수 있게 되었다.

영어 강사로 뛰어라

그 후 엄청난 카드 빚이 날라오기 시작하면서 나는 정신을 차릴 수가 없었다. 카드회사에 전화를 해서 모든 카드를 중지한 다음, 카드결재 금액이 연체되기 하루 전에 나의 사정을 담당 직원어게 호소하여 당장 갚을 수 있는 금액만 제외하고 간신히 모든 금억을 23개월 할부로 돌릴 수가 있었다. 이자는 연간 거의 30%였다. 하지만 한 갈 한 달 우선 숨을 돌려야 했고, 도대체 앞으로 이 돈을 어디서 마련해야 할지 앞이 깜깜했다.

모델지망생 친구는 세 개의 카드로 총 천만 원의 금액을 긁어서 썼고, 대부분 옷, 명품 가방, 신발 등이었으며 고액의 호텔에서 식사한 것까지도 청구되었다. 나는 이 사실을 나의 가족 그 누구에게도 말을 못하고 혼자서 끙끙 앓으며 그 친구를 찾아 다니기 시작했다. 내가 회사를 끝나고 7시가 넘어서 아파트를 찾아가면 그녀는 이미 외출하고 없었고, 주말에는 아예 집에 들어오지를 않았다.

"너 그렇게 헛고생 하지 말고, 흥신소에 의뢰해서 반은 수고비로 준다고 생각하고 반만 돌려받는다고 생각해. 그러면 그 사람들이 협박을 해서라도 받아낼 거야."

너무 답답한 마음에 동창에게 나의 현실을 얘기하게 되었고, 동창은 나에게 그렇게 조언을 해 주었다. 나는 고민 끝에 신문에서 흥신소 광고를 보고 전화를 돌려서 나의 사정을 얘기하였다. 아저씨는 우선 선수금으로 50만 원을 요구했다. 나는 할 수 없이 추가로 그 금액을 입금시킨 후, 일주일을 기다려서 흥신소 아저씨가 좋은 소식을 가지고 오기만을 기다렸다.

"그 아가씨가 밤마다 업소에 다니는구먼. 그러니까 저녁 때는 당연히 집에 없지. 오후 5시쯤 되면 출근을 하는데, 남자가 항상 옆에 있어. 그래서 클럽에 따라가 봤는데, 클럽에 조폭 똘마니들이 좀 있거든. 그래서 우리가 상대할 여자는 아닌 것 같은데. 그 돈은 받을 생각하지 않는게 좋겠어. 내가 보기에는 돈을 갚을 년도 아니야."

"그러면 어떡해요. 저는 어떻게 그 큰돈을 3년 동안 갚아요, 아저씨."

나는 너무나 낙심이 되었다. 흥신소 아저씨들의 그 바닥을 알지는 못하지만, 조폭들과의 세계에서 조금은 복잡한 것 같았다.

"아가씨 사정은 딱하지만, 천만 원을 다 준다 해도 그 여자를 해코지 하면, 달고 다니는 남친이 가만히 안 있을 거고, 클럽의 조폭들과 사태가 커질 수 있기 때문에 우리한테는 솔직히 천만 원이 많은 돈이 아니거든. 그러나 한 가지 내가 해 줄 수 있는 것은, 야밤에 그 여자가 술취해 있거나, 혼자 다닐 때 내가 쥐도새도 모르게 아킬레스건을 끊어 놓을 수는 있어. 그냥 복수를 하는거지. 그러면 평생 절름발이로 살아야 하거든. 어떻게 생각해?"

흥신소 아저씨의 복수에 대한 제안에 나는 생각단 해도 끔찍했다. 그 사람들은 어떻게 그러한 복수를 할 생각을 해낼 수 있을까? 나는 그렇게까지 할 수도 없었고, 돈 때문에 사람에게 평생 불구가 되게 한다는 것은 너무나 끔찍했다. 나는 할 수 없이 계속 그 친구와 전화통화를 시도하면서 돈을 달라고 사정을 하기로 했다.

"내가 돈이 없다는데 어떻게 할 건데? 다음 달에 여유 생기면 십만 원 보내 줄게. 그렇게 알고 내가 전화하기 전에는 연락하지도 마!"

악마가 따로 없었다. 그녀와 전화통화를 하게 되면 나의 내면의 모든 악한 생각들이 떠오르게 된다. 정말 죽여 버리고 싶을 정도로 미움과 분노가 치밀었다. 나에게 돈이 없다고 사정을 하는 것도 아니고, 나를 마치 거지 취급하면서 당당하게 못 갚겠다고 하는 그 싹수 없는 말투를 계속 듣는다면 내가 분에 못 이겨서 미쳐 버릴 것만 같았다.

시간만 계속 흐르고 있었다. 돈을 받아내기 위해서 너무나 순진했던 내가 악랄하게 할 수 있는 방법도 없었으며 계속 별 진전은 보이지 않았다. 밤마다 화병으로 잠을 잘 수가 없었다. 나는 동대문시장과 남대문 야시장에 가서 만 원 안팎으로 옷을 사 입었다. 옷가게 언니들과 씨름을 하여 천 원, 이천 원을 깎아서 삼사만 원에 정장 한 벌씩을 사 입으며 회사를 다녔는데, 모델 지방생 친구는 내가 상상을 할 수도 없는 오십만 원 또는 백만 원짜리 옷들을 사 입었던 것이다. 그리고 그 생돈을 내가 다 갚아 나가야 했다. 그러나 이제 더 이상 나의 생활을 망칠 수가 없었기 때문에 나는 어떠한 결단을 내려야 했다. 그렇게 흥신소에서도 어쩔 수 없다는 말을 듣고 나는 결국 그 돈에 대해서는 잊어버리기로 다짐했다.

'포기하자. 그리고 갚자. 언제가 걸리든 우선 갚자. 내 신용이고, 나의 불찰이다. 모두 내 잘못이야.'

그 당시 나의 월급은 보너스가 없는 평달에 80만 원 정도였는데, 첫 달은 갚아야 할 금액이 이백만 원이 넘었고, 다음 달부터 할부 카드 값이 나의 한 달 월급과 비슷했다. 월급을 받아서 빚을 갚으며 도저히 생활을 할 수가 없었다. 모든 것이 나의 불찰로 인한 결과였기 때문에 일본에 계신 엄마에게는 더더구나 말씀을 드릴 수가 없었다. 나는 남의 돈을 빌리고 갚지 않는다는 것을 상상해 본 적이 없었기 때문에, 그 친구가 이렇게 나를 하루아침에 배신할 줄은 꿈에도 몰랐다. 그리고 곧바로 회사를 다니며 저녁에 할 수 있는 일자리를 찾았다. 예전에 연세어학당에 영어 강사로 이력서를 냈었는데 내가 직장생활을 하기 시작하면서 강사 자리를 포기한 적이 있었다. 그곳에 다시 연락을 하였더니 마침 그쪽에서는 나같이 영어를 잘하고 외국 기업에 다니는 파트타임 강사가 필요하다며 바로 다음 주부터 회사 강의를 연결해 주었다.

1990년 초반부터 한국은 영어의 물결이 불었다. 많은 외국 기업이 한국에 진출하기 시작했고, 국내 기업에는 세계 시장 진출을 위해 영어에 능통한 인력들이 필요했기 때문에 영어는 승진 시험의 필수가 되었다. 공무원들도 해외여행이 자율화되면서 공직에서도 영어회화를 배우겠다고 아우성이었다.

나는 회사가 끝나면 삼성물산, 공무원 연금관리공단 등 많은 대기업과 공기업에 영어 강의를 뛰기 시작했다. 참 신기하게도 나의 인기는 그야말로 폭발적이었다. 대기업과 공무원들은 거의 대부분 대리, 과장,

부장 직책들이 영어 공부하기 위해 평일은 퇴근 후, 토요일은 오후에 회사 회의실에 자리를 잡고 앉았다. 그들의 눈에는 20대 초반의 외국 기업 비서로 있는 여자 강사가 영어로 떠들어대는 그 수업이 마냥 귀엽고 신기하기만 했던 것이다.

"채 선생님은 어쩌면 그렇게 영어도 잘하시고, 얼굴도 예쁘고, 몸매도 날씬하고, 그 사장님은 정말 복 받으셨네요."

"우리도 복 받은 거야. 이 사람아! 그렇게 예쁜 강사님 얼굴만 보고 있어도 영어가 쏙쏙 들어오는 걸!"

나의 제자가 된 과장님과 부장님들의 칭찬이 나를 우쭐하게 만들었지만 나는 그들을 위해서 더 열심히 수업 준비를 해 왔다. 나는 그야말로 쪽집게 강사가 될 수 있었다. 외국 회사 또는 무역 관련하여 사용되는 용어 및 회화에 대해서 내가 현장에서 이미 사용하는 문장들이었기 때문에 너무나 잘 알고 있었고, 국내 직장인들을 상대로 영어 강의를 할 때, 내가 준비해 온 수업 내용이 조금 지나서 회사 승진 시험에 나오는 문제들과 너무나 정확했다며 그들의 입이 쫙 벌어졌다.

그러나 나는 육체적으로 너무나 힘이 들었다. 월수금은 학교를 다녀야 했고 화목토는 회사 강의를 나가야 했다. 토요일은 오전 근무였기 때문에 늦게까지 3곳의 회사를 돌아야 하는 강행을 했다. 강의를 하는 회사들이 대부분 강남에 위치해 있었고 내가 매일 집에 들어오는 시간은 밤 11시가 넘었다. 그러다 보니 일요일이면 시체가 되어서 하루종일 잠을 자도 재충전하는 데 모자랐다. 3개월씩 계약을 하는 회사들이 계속 6개월 또는 1년까지도 연장을 원하는 바람에 강사로서 나의 몸값은 하늘을 치솟았다.

"채 강사님, 우리 현장 영어를 배우기 위해서 오늘은 호프집에서 공부를 할까요? 제가 쏩니다."

부장님이 이런한 제안을 하면 다른 직원들은 환호성을 질렀다. 그렇게 많은 날을 그들과 술을 마시며, 노래방을 다니며, 반은 공부를 했고, 반은 강사비를 받으며 식사 대접과 많은 회식을 즐겼다. 나보다 훨씬 연배가 높은 과장님과 부장님 학생들은 나를 선생님으로 매우 깍듯히 대해 주었고, 자신들의 회사 직원들보다 더 아껴 주셨다. 나의 수업은 한 시간 반이지만 저녁식사 또는 술자리로 인해 늦어지게 되면 고액의 택시비를 주는 매너도 겸비했다. 나는 월급 외에 영어 강사 수입이 꽤 많아지기 시작했다. 그러나 통장은 빡빡한 생활비를 사용하고 나면 항상 잔고가 비어 있었고, 내가 피땀 흘려서 번 돈들이 꼬박꼬박 카드 회사로 이체가 되고 있었다. 나에게는 또다시 끝없는 인내의 시간이었고 내 자신과 싸우며, 내 육체가 과연 어디까지 버틸 수 있을까 시험하는 것 같았다.

'잠을 푹 잘 수만 있고 한 끼의 식사도 우아하게 먹을 수 있다면 얼마나 좋을까……'

인생은 고달퍼라는 말이 나에게 정말 딱 어울렸다.

3년이 지나고 독일 사장님은 파견 계약 기간이 끝나서 다시 독일 바스프 본사로 귀국을 하게 되었다. 나는 물론 한국 바스프에 계속 남아 있을 수 있었지만, 카드 빚을 이제서야 다 갚았기 때문에 모두들 아쉬워 하는 가운데 나는 퇴사를 결정했다. 그리고 곧바로 응급실로 실려가는 신세가 되었다. 원인은 급격한 체력 저하에 급성 위궤양으로 응급실에서 하나로는 부족하여 양쪽 팔에 링거를 꼽고, 코에는 호스를 꼽아서 위 세척을 해야 하는 신세가 되었다.

"아니 지금 이 시대에 영양실조로 실려오는 환자도 있나요? 북에서 내려오셨소?"

의사가 황당해하며 나를 쳐다보며 한 말이다

나는 3년 동안 모든 빚을 다 갚고 처음으로 병원에서 휴식을 취할 수 있었다. 눈코 뜰 새 없이 바쁘게 3년이 지난 후 병원의 창밖으로 푸른 하늘과 자유롭게 창공을 날아다니는 새들을 바라보며, 파도 같은 외로움과 쓸쓸함이 나의 가슴을 강타했다. 나는 간호사들에게 나의 눈물을 보이지 않기 위해 두 눈을 꼭 감았다.

프라다코리아

바스프를 퇴사하고 빚진 카드 값까지 갚고 나서 조금 모아 놓은 돈으로 3개월을 푹 쉬게 되었다. 한국에 와서 직장생활을 한 지도 벌써 5년이 되어가고 있었고, 나의 이력서는 리쿠르터들에게 꽤 많은 호응을 얻고 있었다. 이제는 시대가 바뀌어서 내가 직접 원하는 회사에 이력서를 넣지 않아도, 헤드헌터들이 나를 쫓아다녔다.

나는 그동안 내 몸을 너무나 혹사했기 때문에 아무리 급하다고 해도, 회사에서 빨리 조인을 해 주었으면 하고 연락이 와도 헤드헌터들에게 매정하게 기달려 달라고 통보를 하고 잠수를 탔다. 물론 3개월 후면 나의 생활비는 다 떨어질 것이고, 그때 가서 만약 취직이 안 되면 나는 손가락만 빨고 지내야 하는 신세가 될 것이다. 그러나 더 큰 곳으로 도전하기 위해서는 내 몸을 다시 건강하게 만들어야 했고, 나의 커리어를 위해서 좋은 회사를 선택해야 했다.

이제 나의 몸 값을 팅기면서 그 회사의 명성과 연봉 조건에 따라 내가 원하는 회사를 고르게 될 줄 누가 알았겠는가! 다른 직원들은 앞에서 벌벌 떨며 무서워하는 사장님을 비롯한 임원들은 나의 밥이었다. 나는 오랜 훈련을 통해 왠지 남자 어른들이 하나도 겁나지 않았고, 내 눈에는 아무리 나이가 많고 똑똑하고 재력과 명성을 겸비한 남자들이라 해도 철부지 어린아이 같은 면을 볼 수 있었고, 업무는 물론이지만, 개인적인 일들도 섬세하게 하나하나 챙겨드려야 했다.

나는 처음에 프라다라는 회사가 무슨 회사인지도 모른 상태에서 면접을 봤다. 그리고 프라다 코리아가 법인이 되어 가는 과정에서 초기에는 이태리 지사로 설립하여 사장, 영업 과장, 경리과 과장, 홍보 담당 그리고 나 이렇게 다섯 명이서 회사를 시작하게 되었다. 내가 아는 명품은 샤넬밖에 없었고 프라다라는 이름은 너무나 생소했다.

"프라다에 대해서 이미 알고 계시지요?"

면접을 보면서 사장님의 물음에 나는 대답했다.

"모르겠는데요. 저는 그냥 가방 만드는 회사라고 듣고 왔습니다."

나는 과거에 많은 명품을 날랐지만 별로 관심이 없었다. 그 유명한 명품 브랜드에 대한 나의 황당한 대답에 젊은 사장님은 희한한 눈으로 나를 쳐다보았다. 사장님은 순간 이 친구를 뽑아야 하나 말아야 하나 고민했을 것이다. 그러나 나는 영어와 컴퓨터에 능통했고, 벌써 3년 동안 대기업에서 독일 사장님과 호흡을 맞추며 회사 경영에 대한 전반적인 경험이 있었기 때문에 이제 막 한국에 지사를 설립해 나가야 하는 사장님은 나 같은 경영 전문 비서가 반드시 필요했다. 나는 왠지 다른 대기업보다 이 회사가 끌렸다. 이유는 알 수 없었지만 마치 자석처럼 나를 끌어당겼다. 대기업에 비해서 급여 조건도 나쁘지 않았고, 내가 딱 돈이 다 떨어졌을 때 이 회사에 면접을 보게 되었기 때문이다.

그리하여 나는 프라다에 출근을 하게 되었고, 사장님과 함께 처음으로 청담동 로데오에 공사 중인 프라다 본사 사옥과 매장을 방문하게 되었다. 다섯 명의 정예 멤버로 시작하여 프라다는 1997년 국내에 본격적으로 런칭을 했다. 이제 나의 임무는 앞으로 각 부서별로 직원들을 리쿠르트하고, 사장님을 도와서 대형 백화점으로 프라다 매장이 입주할 수 있도록 모든 계약 조건 및 판매 직원 채용, 각 부서와 협의하여 다음 시즌 머천다이징에 대해서도 이태리 본사와 홍콩 아시아 본사에 월별 보고를 보내고, 모든 비서 업무를 비롯하여 회사의 인사, 총무, 법적인 일들이 주어졌다.

"우리 청담동 매장에 지금 빨리 가야 돼요. 이태리에서 대리석이 도착했데요."

나는 영업 과장님과 함께 공사 중인 본사 사옥으로 달려갔다. 3층 건물과 주차장 공간을 공사하는 모든 과정에서 모든 공사 자재는 이태리 본사에서 배로 보내져 왔다. 외관 벽에 상용될 아이보리 색상의 이태리제 대리석은 한 장당 오백만 원의 견적이 보내져 왔다.

"헉, 왜 이렇게 비싼 자재비와 물류비를 내가면서 이태리에서 자재를 보내와서 이 빌딩을 지어야 하지요?"

나는 과장님에게 물어보았다.

"그것이 본사의 지침이에요. 전 세계 어느 나라도 프라다 매장의 콘셉트를 동일하게 적용해야 하며, 모든 자재, 도면, 페인트부터 나사 하나까지 이태리에 주문해서 공사를 해야 한답니다."

명품 세계에서는 비슷한 것도 허용하지 않았다. 본사에서 원하는 매장의 콘셉트에 완벽하게 맞아야 했다. 그리고 명품 사업의 노하우를 알아가면 알수록 재미있었다. 한국 시장에서 매출이 발생되기도 전에 이런 방식으로 적자를 깔고, 최소한 처음 2년 정도 투자 금액에 대한 손익 분기를 예상하여 흑자 매출로 전환을 안 시킨 다음 수입에 대한 신고를 하게 하는 방식이었다. 이태리 본사에서는 현지의 수출 업체들을 끼고 돈을 버는 방식이기도 했다.

"어머 아저씨! 그 대리석에 앉아서 술을 드시면 어떻게 해요!"

나는 놀라서 인부들에게 소리를 빽 질렀다.

"아저씨 실수로 이거 하나 깨지면 아저씨 한 달 내내 일한 인건비보다 더 비쌀 겁니다."

인부들은 점심을 먹고 나서 방금 이태리에서 막 도착한 장당 오백만 원짜리 대리석에 철퍼덕 앉아서 시원한 막걸리를 마시고 있었다.

"이게 뭐 그리 비싸다고 난리야……. 양재동 가면 한 장에 3만 원이야!"

정말 말이 안통했다. 나는 물건이 아까워서가 아니었고, 그 값어치에 대해서 모르는 인부들이 실수로 깨지면 그들에게 피해가 갈 것이 더 걱정되었던 것이다. 이미 보내지는 도중에 상태가 약하다는 것이 판정되었고 몇 장의 깨어진 대리석이 발견되었기 때문에, 보험 처리를 알아보고 있었다.

"이거 이태리에서 온 한 장당 오백만 원짜리 진짜 대리석이래요. 그러니 조심하셔야 됩니다. 아저씨 실수로 깨지면 저는 그 책임을 아저씨가 지시게 되는 것을 바라지 않거든요. 아저씨들을 우해서 말씀드리는 거예요."

내가 설명을 하고 나서야 아저씨들은 슬금슬금 엉덩이를 들어서 다른 곳으로 이동을 했다. 나는 그렇게 과장님과 함께 매일 공사장을 출근했고, 알지도 못하는 빌딩 공사에 대해서 '십장들'과 얘기하면서 공사가 지연이 안 되도록 이것저것 참견하고 다녔다. 그런 후 회사에 들어오면 온몸과 신발은 공사장의 먼지로 허옇게 뒤덮여서 나의 머리는 백발이 되어 있었다. 회사를 설립하는 모든 과정을 준비해야 했기 때문에 전 직원들의 야근은 출근 시작부터 시작되었다.

얼마 후 청담동 매장 본사 사옥은 일정대로 완공되었고, 실내는 우아한 민트그린의 색상으로 디자인 되었으며, 1층은 여성 매장, 2층은 남성 매장, 그리고 3층 본사 사무실로 구성됐다. 전 직원들은 3층으로 자리 배치가 되었고, 본격적으로 프라다 브랜드가 국내에서 판매가 시작되었다. 젊은 사장과 젊은 직원들과의 호흡은 매우 잘 맞았다. 하나의 명품 브랜드를 런칭하고 회사를 설립하는 작업이었기 때문에 직원들은 시작부터 야근을 했지만, 회식도 하며 회사 분위기는 사기가 높았고, 패션 디자인 전공자들, 백화점과 타 명품 브랜드의 경력자들, 재미 교포, 그리고 유학파들이 모여들었다.

프라다 가방의 창시자인 마리오 프라다는, 세 번째 프라다 대표이사가 되는 미우치아 프라다의 할아버지이다. 1913년 마리오 프라다는 이탈리아 밀라노에서 특정 주문 고객들을 위한 가죽제품 전문 매장을 오픈하여 성공하게 된다. 그리고 손녀인 미우치아 프라다는 가방 공장에는 전혀 취미가 없었고, 할아버지의 기업을 물려받고 싶은 생각도 없는 정치권에서 대모를 하던 그 시대의 반항아였다. 그 후 1978년 그녀는 프라다의 세 번째 대주주가 된다.

그 당시 가방은 무조건 가죽으로 만들어야 한다는 고정관념을 깨고, 미우치아 프라다는 할아버지가 크렁크를 쌀 때 사용하던 나일론 천을 소재로 하여 가방을 만들기 시작한다. 초기에는 소비자들로부터 외면을 당하지만, 점점 행동파 여성들이 사회로 진출하면서 가볍고 실용적이면서 스포티한 나일론 소재 가방이 패션 세계에서 각광을 받기 시작했다. 그러나 그녀가 디자인한 가방이 다섯 개이면, 시장에는 하루아침에 이십 개가 넘는 똑같은 디자인 짝퉁이 넘쳐나기 시작했다. 결국, 그녀는 이렇게 자신의 명품디자인을 짝퉁화 시켜서 시장에 유통하고 있는 불법 가방 조제 업체 사장과 단판을 짓기로 한다.

그렇게 미우치아 프라다와 파트리치오 베르텔리는 만나게 되고 사랑에 빠진다. 베르텔리는 이태리와 유럽에서 가죽제품 소매업을 해 온 사업가였고 프라다는 디자이너였다. 둘은 결혼하여 프라다 제국을 설립하게 되고 베르텔리는 회장의 자리에 오른다.

나는 딱딱한 분위기의 화학 회사에서 이렇게 분위기 화기애애한 패션 명품 분야로 이동을 하면서 정말 놀이동산에 온 것처럼 신이 났다. 회사에 출근하는 것은 일하는 것이 아니었고 다시 놀면서 월급을 받는 것 같았다. 여자로서 그야말로 모든 업무가 흥미롭고, 재미있었으며, 프라다가 협찬을 해 주는 연예인들도 만나서 커피를 마시는 등 새로운 세상을 경험하게 되었다. 그 세상은 상류층의 세계였다.

6_장

죽어가는 나의 영혼

내 인생이 내꺼? 내 남편, 또는 아내가 내꺼?
내 자식이 내꺼? 내 집이 내꺼? 내 돈이 내꺼?
모든 불행의 시작은 나의 것이라는 착각 속에서 시작된다.
— 최일도 목사의 영성 한마디

내 소유가 내 인생이 나의 것이라고 주장하지만,
오늘 밤 네 영혼을 거두어 가면 이 모든 것이
누구의 것이 될 것인가?

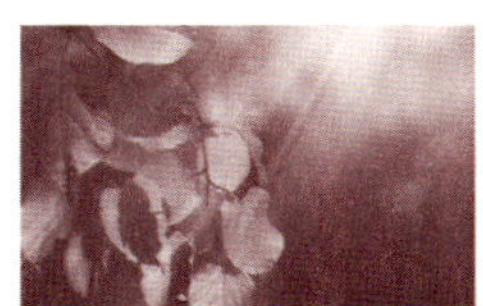

잘못된 선택

"사장님, 저 결혼해요."

나는 어느 날 사장님과 회사 동료들에게 나의 결혼을 발표했고 직장 동료들의 축하 속에 결혼식을 올렸다. 그것이 나의 첫 결혼이었다. 나의 배우자는 선배들을 통해 오래 전부터 알고 지냈던 남자였다. 그는 일본으로 유학을 떠나서 오랜 세월 떨어져 지냈으며, 일 년이나 이 년에 한 번씩 한국을 방문하게 되면 나에게 꼭 안부를 물었던 사람이었다. 그는 내가 함께 일본에 가 주길 바랐지만, 나는 일과 직장이 있었고, 아무도 모르는 빚더미에 앉아 있었으며, 나는 공부도 해야 했고, 할 일들이 정말 많았기 때문에 그의 말에 콧방귀도 뀌지 않았다.

그러나 동균 오빠가 군대를 제대하고 취직을 하고 나서 바로 나의 절친한 직장 동료와 결혼을 하면서 나는 부쩍 외로움을 느꼈다. 하지만 나는 정상적으로 결혼을 해서 행복한 가정을 이룰 수 없는 몸이라는 것을 알고 있었다. 그러던 나에게 6년째 가끔씩 연락을 하던 일본 유학생이 돌아온 것이다. 그리고 나에게 청혼을 했다. 그의 집안은 박정희 정권 시절 대통령의 측근이었던 정치인 집안이라고 했다.

'이렇게 다들 결혼을 하는 거야. 나도 결혼해서 다른 여자들처럼 행복하게 살고 싶어⋯⋯.'

오랜 세월 동안 잠깐씩 만나서 차 한 잔 마시는 정도였던 것을 나는 마치 우리가 오래 알고 있었다고 착각을 하게 되었다. 그리고 결혼해서 행복하게 남편의 사랑을 받으며 살고 싶었다. 과거의 아픔도 모두 잊어버리고 이제 새로운 삶을 시작하고 싶었던 것이다. 게다가 이제 혼자라는 것이 너무 외롭고 힘들었다. 나도 누군가를 의지하며 여자로서 사랑받으며 살아보고 싶었다. 그 가문에서 애를 못 낳는 나의 결혼생활이 일 년이 지나고, 5년이 지나고, 10년이 지난 후 어떻게 될지 그 결말에 대해서는 지금 생각하고 싶지 않았다. 나의 과거에 대해서도 그에게 알리고 싶지 않았다. 우리는 곧 결혼 날짜를 잡고, 청첩장을 보냈다.

우리는 강남에 신혼 집을 차렸다. 그러나 결혼 초기부터 그는 매일 늦게 들어왔다. 그리고 매일 술을 마셨다. 회사에서 회식과 접대로 항상 술에 취해 집에 들어왔고, 집에 일찍 들어오는 날이면 소주 2병을 식사하면서 반주로 마셨다. 나는 그제서야 그가 알코올중독이라는 것을 눈치채게 되었다.

어느 날 나는 그에게 집에서는 술을 제발 마시지 못하게 말렸다.

"야! 니가 뭔대 하늘 같은 서방님한테 마시라 말라야! 술은 내 주식이야. 이렇게 좋은 걸 왜 끊어!"

그는 식탁에서 갑자기 나에게 소리를 버럭 질렀다. 나는 밥을 먹다 말고 너무 황당해서 말문이 막혀 버렸다.

"내 집에서도 내가 마음대로 못하고 살아? 니가 그렇게 좋아하는 개

새끼 사줬잖아! 나는 니가 좋아하는 것 다 해 주는데, 너는 왜 내가 좋아하는 술을 못 먹게 하는 건데?"

그는 혼자서 빠르게 소주를 두 병 가까이 다신 상태였고, 이미 혀가 꼬부라져 있었다. 나는 이 상황이 적응이 안 됐다. 그는 마치 내가 자기 여종으로 착각하고 있는 것 같았다.

"나는 밥 다 먹었으니까, 당신이 계속 술을 마시고 싶으면 혼자서 먹어요."

나는 밥상에서 수저를 놓고 조용히 일어나서 방으로 갔다. 2개월 된 강아지 마피는 그 사람이 버럭 소리를 지는 바람에 무서워서 침대 밑으로 숨어 버렸다. 마피는 내가 사고 싶어서 산 강아지가 아니었다. 나는 애견을 무지 좋아한다. 어린 시절부터 내가 사랑했던 쭈미가 있었고, 쭈미와 함께 놀던 시절이 많이 그리웠기 때문에 강아지만 보면 물고 빨고 사족을 못쓴다. 그러나 개를 키운다는 것이 얼마나 많은 책임과 희생이 따른다는 것을 알기 때문에 직장생활을 하면서 실내에서 강아지를 키운다는 것은 전혀 생각도 하지 않았다.

얼마 전 우연이 잠실운동장 애견 모임에 갔다가, 분양하고 있는 예쁜 스파니엘 강아지들을 보게 되었는데, 그 사람이 내가 개를 좋아한다는 이유로 나의 의견을 무시하고 그냥 사 버린 것이다. 그리고 그 후 책임은 모두 내가 져야 했다. 회사에서 돌아오면 강아지 혼자서 늑대소리를 내며 울고 있었고, 집안의 휴지란 휴지는 다 물어뜯어 놓고, 여기저기 오줌과 똥을 싸 놓고 밟고 다녔다. 정말 대책이 안 섰다. 그렇다고 한참 바쁜 회사를 그만둘 수도 없었고, 나는 강아지도 불쌍하고 내 자신도 점점 힘들어지는 상황이 발생된 것이다. 그 사람은 집안에서 손 하나 까닥하지 않았고, 거의 매일 밤 12시가 넘어서 집에 들어왔기 때문에 나는 점점 스트레스를 받기 시작했다. 결혼한 지 이제 겨우 한 달밖에 안 되었는데, 나는 그 사람과 대화가 되지 않는다는 것을 느꼈다. 그의 사고방식은 매우 이기적이었으며, 조선시대 가부장적인 마인드를 가지고 나를 굴림하려는 모습이 서서히 보이기 시작했다.

'내가 외국에서 자라서 한국적인 사고방식에 생소한거야……'

그 사람이 화를 내면 나는 조용히 침묵을 지키거나 그 자리를 피하는 것이 서로 논쟁을 시작하지 않고 싸움의 발단이 되지 않는 길이었다. 나는 방으로 들어가 무서워서 떨고 있는 마피를 끌어내서 안아주며 침대에 앉았다.

"너를 어떻게 해야 하니, 마피야…… 다른 집에 보낼 수도 없고, 버릴 수도 없고, 그렇다고 똥오줌도 못 가리니 말이야……."

나는 마피의 천사 같은 얼굴을 쳐다보며 하소연을 했다. 그 사람은 내가 좋아하는 강아지를 사 줬다고 마치 나의 모든 소원을 들어준 것처럼 행동했다. 나한테 애물단지 하나 안겨 주고, 내가 회사를 마치면 아무 곳에도 못 가고 집에 일찍 들어올 수밖에 없는 상황을 만들어 놓은 것이다. 그때 그 사람이 방문을 벌컥 열고 들어왔다.

"개새끼가 남편보다 더 좋아?"

그러더니 그 사람은 마피를 나에게 빼앗아서, 2개월 된 강아지를 벽에다 야구공 던지듯이 힘껏 던져 버렸다. 순식간에 내 눈앞에서 상상을 초월하는 장면이 펼쳐진 것이다. 강아지는 찍 소리도 못하고 벽에 강하게 부딪쳐서 바닥으로 떨어졌고 "끙" 소리를 내며 움직이지도 못했다.

"오, 마피야! 당신 미쳤어? 어떻게 살아 있는 동물을 그렇게 던질 수가 있어!"

나도 화가 나서 소리를 빽 질렀다.

"이게 남편 알기를 개만도 못하게 알고…….'

그 사람은 바로 나에게 달려들어서 거대한 주먹으로 나의 머리를 둔탁하게 내려쳤다. 순간 별이 보이며 나는 정신을 잃고 쓰러졌다. 그리고 그는 내 배 위에 올라와서 나의 목을 조르기 시작했다. 나는 침대에 벌러덩 눕혀 져서 살기가 가득한 그 사람의 시퍼런 눈을 보게 되었다. 그의 두 엄지손이 나의 목젖을 힘껏 누르고 있었고 그의 양 다리는 나의 팔을 각각 누르고 있었다. 아무리 발버둥을 쳐도 벗어날 수가 없었다. 순간 '나는 죽는구나.'라는 생각이 들면서 산소 부족으로 온몸의 힘이 빠지기 시작했다. 그리고 곧 온몸의 힘이 빠지며 그의 손아귀로부터 벗어나려는 것을 포기할 수밖에 없었다.

순식간에 일어난 일이었지만 나에게 느껴진 시간은 매우 길었다. 그의 눈은 살기가 가득한 파란 광채가 났다. 광기 서린 마귀의 눈을 보는 것 같았다. 그리고 그렇게 발버둥 치다가 내가 거의 숨이 멈춰 갈 때 그는 내 목에서 손을 떼었다.

"헉…… 헉……."

나는 전혀 예측하지 못한 이 상황에 대한 경악함과 숨을 쉬기 위해서 한동안 그렇게 침대에 누워서 멍하니 천정을 바라보았다. 현관문 소리가 텅하고 나면서 그가 나가는 소리가 들렸다.

"마피!"

나는 구석에 떨어져서 움직이지도 못하고 있는 강아지에게 달려갔다. 마피도 쇼크를 먹은 것 같았다. 갈비뼈가 부러졌나 만져봤는데, 다행히도 부러진 곳은 없는 듯했다. 강아지는 계속 끙끙 앓았다. 나는 마피를 품에 안고 우리는 그렇게 구석에 쪼그리고 앉아서 지금 이 믿을 수 없는 상황과 벌렁거리는 나의 심장을 주체할 수 없어서 서럽게 울고 말았다. 나와 마피는 서로 꼭 끌어안고 그렇게 벌벌 떨면서 밤을 지새야 했다. 마피의 따뜻한 온기와 어린 것이 끙끙거리는 소리를 들으며 나는 밤새도록 흐느껴 울었다. 숨쉬기조차 힘든 한 차원 더 높은 고통과 공포가 다시 나의 숨을 확확 막히도록 찾아왔다. 생각을 가다듬으려고 조용히 호흡을 했다. 도대체 내 가슴은 얼마나 더 문드러져야 되는지, 앞으로 어떻게 살아야 할지, 나의 삶은 저주받은 운명이었다.

'결혼? 사랑? 행복? 웃기지마……. 나는 결코 행복할 수 없어.'

나의 결혼생활은 본격적으로 그렇게 시작했다. 그 사람은 그 후 나에게 미안하다고 무릎을 꿇고 빌었다. 그러나 나는 그의 포악한 성질을 보고 나서 내가 큰 덫에 걸렸다는 것을 깨닫게 되었다. 정상적인 사람은 그러한 행동을 할 수 없었다. 이성을 잃고 화를 낼 수는 있지만, 사람의 목을 조르는 행동은 아무리 실수라고 해도 그는 사이코들이 가지고 있는 정신분열 증상을 나는 똑똑히 보았던 것이다.

"우리 앞으로 어떻게 살까? 나는 당신이 무서워서 계속 같이 살 수 없을 것 같은데……. 그 전에 동거하던 여자도 때렸니? 그래서 헤어진 거지?"

나는 그제서야 그 사람의 실체가 보이기 시작했다.

"아니야! 이런 일은 처음이야. 내가 술을 끊을게. 내 정신이 아니었어. 술 때문이야. 정말 용서해줘."

그날의 쇼크는 내 마음의 문을 철저하게 닫히게 만들었다. 오랜 세월 동안 상처투성이었던 나의 가슴을 표현하지 못하고 감추고 살았건만, 나에게 위로와 사랑은 커녕 그 사람은 내 가슴을 난도질했다. 오랜 전에 엄마가 떠나면서 느꼈던 고통과 내가 자살을 하기 위해 느꼈던 공포보다 비교할 수 없이 더 큰 칼날이 나의 심장을 난도질했다. 온몸이 부들부들 떨렸다. 나의 아버지는 알코올중독이었지만 엄마에게 손찌검은 하지 않으셨다. 내가 아무리 아버지로부터 벗어나려고 발버둥을 쳐도, 결국 아버지와 똑같은 남자와 결혼을 하게 된 것이다. 아니 그는 나의 아버지보다 한 수 위였다.

다음 날 내 목에는 정확하게 손가락 자국의 시퍼런 멍자국이 나 있었다. 그리고 천식이라는 병이 더욱 심해졌다. 숨을 쉴 수가 없었다. 호흡을 마음껏 하지 못한다는 고통이 이렇게 답답하고 고통스러운지 몰랐다. 시기가 초가을이었기 때문에 나는 다행이도 아므의 의심도 받지 않고 두꺼운 목폴라를 입고 출근을 했다. 회사에 가서 아무일 없었던 것처럼 일에 집중하기 위해서 무던히 노력했지단, 내 머릿속에는 아무것도 들어오지 않았다. 떨리는 몸을 가다듬고 옆에 있는 직원이 눈치채지 못하게 심호흡을 천천히 해야 했다.

'엄마와 오빠에게 이렇게 한 달 만에 이혼하는 모습을 보여 줄 수는 없어.'

'이렇게 이혼할 수 없어. 엄마에게 내가 행복하게 살고 있는 모습을 보여 드려야 해. 절대로 이 사실을 가족들에게 말하면 안 돼.'

알코올중독

나는 그때부터 본격적으로 술을 마시기 시작했다. 밤마다 두려움과 공포에 사로잡혀 잠을 잘 수가 없었다. 그리고 나는 어린 강아지 마피에게 더욱 의지하게 되었고, 우리 둘 다 같은 집에서 살면서 너무나 외로운 존재였다. 내가 외롭고 두려워서 이제는 마피를 어디로 보낼 수가 없었다. 나는 주말마다 강아지를 훈련시키기 시작했다. 그 사람과 대화는 더욱 두절되었고, 서로가 집 안에서 안 마주치기 위해서 누가 누가 더 늦게 들어오나 내기를 하는 것 같았다. 나는 약속이 있을 경우 마피를 데리고 나가거나, 저녁 때 퇴근을 하고 친구에게 맡겨두었다. 직장 동료, 가족들 또는 주위 사람들에게 나의 신혼은 철저하게 행복한 모습을 보여야 했다.

'남편은 일 때문에 바쁠 뿐 우리의 결혼생활은 행복해!' 하며 나의 결혼생활의 실체를 철저하게 감추어야 했다. 우리는 그렇게 무늬만 부부인 삶을 살았다. 혼자 살 때보다 더욱 외롭고 깊은 공허함이 내 가슴을 후벼 팠다. 내가 꿈꾸던 결혼은 이것이 아니었다. 그리고 나의 간절한 소망은 그저 평범한 가정주부가 되는 것이었다.

"여보 회사 잘 다녀왔어요? 뽀뽀."

집에서 보글보글 된장찌개를 끓이며 남편을 기다리고, 아이들을 교육시키고 살림을 하는 것이 나의 소원이었다. 어릴 때부터 깨어진 가정에서 자랐기 때문에 나는 가족이 얼마나 소중한지 절실하게 느끼고 있었고, 그러한 단란한 가정을 꿈꾸며 집안도 예쁘게 가꾸며 살고 싶었다. 엄마가 고생하며 나를 키워 주신 목적은 내가 성공하고 행복하게 살게 하기 위함이셨다. 여자들이 가장 행복할 때가 남편의 사랑을 듬뿍 받으며 사랑스러운 자녀들을 키울 때가 아닌가? 그러나 나의 결혼은 시작부터 철저하게 나를 비참하게 만들었다. 나는 아이도 낳을 수 없었다. 평범한 가정을 꾸려 나갈 수 없었는데, 내가 가질 수 없는 현실을 쫓아갔을 때 나의 삶은 결국 더욱 불행해졌고 그렇게 나의 우울증은 내 가슴 깊이 파고 들게 되었다. 그 사람이나 나나 우리는 같은 환자였다. 그리고 우리는 완벽하게 포장된 결혼생활을 했다. 나는 이렇게 숨막히는 결혼생활의 탈피를 위해 나의 열정을 일에 쏟아 부었다.

'집중하자. 일하자. 조금만 지나면 곧 퇴근이야. 조금만 참아. 물귀신아, 이제 나좀 그만 괴롭혀…… 제발 그만 괴롭혀!'

나는 마음속으로 그렇게 기나긴 하루를 반복적으로 중얼거리며 버텨야 했다. 아침에 일어나야 할 목적이 있었기에 그 전날 마신 술로 인해서 숙취가 해소되지 않아도 이를 악물고 몸을 일으켰다. 해야 할 일이 있었기에 나의 생각을 분산시킬 수 있었다. 그러나 나는 그 사람과 진실한 대화를 하고 싶었다. 나도 내 자신이 마음의 병이 있다는 것을 알고 살아왔지만 어떻게 치료를 받아야 하는지 몰랐다. 서로의 아픔과 상처를 감싸주며 어디서부터 잘못되었는지 얘기하며 서로에 대해서 깊이 알고 싶었다. 그 사람의 병든 마음을 아내로서 치료해 주고 싶었지만, 그는 항상 취해 있었고, 취중에 대화를 시도하면 또다시 언성이 높아졌다. 서로의 생각의 차이는 점점 깊은 골로 빠져들어갔다.

'나는 불행하지 않아. 다들 이렇게 사는 거야. 이 세상에 완벽한 부부는 없어.'

하루하루 나 자신을 위로했다. 그러나 점점 마피가 커져가면서 우리가 살고 있는 빌라에서는 도저히 키울 수가 없는 상황이 되었고, 대변 훈련은 되었지만, 스파니엘 사냥개의 본성으로 인해 답답한 집안은 더 난리가 되어 갔다.

"나는 이제 도저히 마피를 키울 수가 없어요. 나도 너무 힘들고, 마피도 불쌍하니까 더 좋은 환경에서 키워 줄 수 있는 사람에게 부탁을 해야 할까 봐요."

나는 마피를 보낸다는 것이 마음 아팠지만, 마피를 위해서 그리고 나를 위해서 우리의 헤어짐은 옳다고 판단했다.

"뭐라고? 마피는 우리 가족인데 누굴 줘? 절대 안 돼. 내가 끝까지 책임질 거야."

그는 단숨에 나의 의견을 반대했다. 참 어의가 없었다. 그렇다고 나의 의견을 계속 고집하게 되면 또 싸움이 날 것이다. 언제 자기가 마피에 대해서 책임을 졌다고 이렇게 큰소리를 칠 수 있을까……. 마피도 그날의 사건 이후로 그 사람에게 절대로 가지 않았다. 부르면 고개를 숙이며 꼬리를 내리고 마지 못해 엉금엉금 기어갔다. 그때의 공포가 기억 속에 생생하게 남아 있었던 것이다.

"청담동에 지금 아파트가 미분양 되어서 분양가를 낮춰서 매매하고 있대요. 지금 아파트를 사서 이사를 가는 것이 좋을 것 같고, 그러면 마피를 키울 수 없어요. 마피를 위해서도 넓은 공간에서 뛰어놀 수 있는 환경으로 보내 주는 것이 좋다고 생각해요. 그렇다고 우리가 전원으로 이사 갈 여건은 안 되니까.”

결혼하고 곧바로 IMF가 시작되었다. 그러나 우리 부부는 전혀 타격을 받지 않는 외국 기업에 다니고 있었기 때문에 서로의 월급이 꽤 많았다. 프라다는 IMF 때 많은 상류층이 국민의 눈치를 보느라 해외로 쇼핑을 다닐 수 없었기 때문에 국내에서 더욱 호황을 누리는 경험을 하기도 했다.

“뭐? 아파트를 사? 절대 안 돼. 지금 언제 전쟁이 날지 모르는데 전쟁 나면 아파트가 가장 타깃 일호야, 알어? 공중에서 폭격하면 어느 아파트가 남아 있을 것 같아! 아파트는 절대 안 되고, 마피를 다른 집에 주는 것도 절대 안 돼!”

나는 우리 엄마와 아버지의 과거가 그대로 나의 삶에 재현되고 있는 느낌을 받았다.

‘전쟁이라니…… 참 상상력도 좋네.’

그 당시 청담동에 신축된 고급 아파트들은 IMF가 시작되고 가장 큰 평수 30평대 이상이 줄줄이 미분양 되고 있었다. 일억이 조금 넘는 분양가에 약간의 대출을 받으면, 양가 부모님 도움 없이 집을 장만할 수 있었기 때문에 나는 그 사람을 설득했으나, 결국 나의 말을 터무니 없는 전쟁을 빌미로 절대로 듣지 않았다.

“내가 개 키울 수 있는 환경을 만들어 주면 될 것 아니야! 단독주택으로 이사를 가자!”

말이 전혀 안 통하는 그 사람과 마피와 나는 역삼동에 위치한 100평대 단독주택으로 이사를 가게 되었다. 이제 나는 회사를 다니며 어마어마한 이층집과 정원을 관리해야 했다. 가슴이 점점 답답했지만 그 사람과 합리적으로 대화가 되지 않았다. 이사를 하고 얼마 후 그는 곰 발바닥처럼 거대한 발을 가지고 있는 하얀 강아지 한 마리를 안고 집에 들어오는 것이었다.

"이제 정원도 넓고, 마피 혼자서 심심하니까, 그때 봤던 그레이트 피레니즈 분양 받았어. 잘했지?"

나는 정말 황당했다. 그레이트 피레니즈는 그야말로 대형 견으로 성견의 몸무게가 60키로그램이 되는 거대한 종자였다. 물론 나는 아는 사람의 집에 갔을 때 그 종자에 흠뻑 빠져서 시간 가는 줄 모르고 놀았지만 내가 그 종자를 키운다고는 상상해 보지 못했다.

이러한 방식이 그 사람의 애정표현이었다. 나와 대화하지 않고 혼자서 결정하고 일을 저질러 버리고 그리고 곧 나 몰라라 할 것이다. 그리고 나에게는 '니가 원하는 거 다 해 줬는데, 큰 집에서 살게 해 주고, 원하는 강아지 사 주고, 돈 벌어다 주고 다 해 줬는데…….'라고 큰소리를 쳤다. 그는 그렇게 내가 진정으로 원하는 것이 무엇인지를 모르는 사람이었다.

나에게는 이제 큰집에서, 점점 어마어마하게 커가는 꾸숑과 마피, 두 마리의 개와 함께 날마다 집을 지키며 철창 없는 감옥 생활을 시작했다. 그러나 나도 점점 일이 많아지고 만나야 할 사람들이 많아지면서 집에 늦게 들어오게 되었다. 물론 파출부를 두며 살 수 있는 경제적 여력은 충분히 있었다. 그러나 우리가 애가 있는 것도 아니고 두 식구 살면서 나는 돈을 허비할 수 없었다. 또다시 그 큰집을 나 홀로 지키고 있기에는 너무나 큰 고독함이 엄습해 왔다. 퇴근하여 어마어마하게 크고

텅 빈 집에 혼자 들어와서, 불을 켜야 하는 그 외로움과 고독함은 내가 아무리 정신을 차리려 해도 계속 나를 무너트렸다. 멀리서 어두운 우리 집을 바라보며 걸어올 때 나는 입술을 깨물어야 했다. 안락하고 행복한 가정이 아닌, 공포스러운 나의 집…….

회사에서는 술 마실 건수가 많았다. 마음만 먹으면 일년 365일 저녁 약속을 잡아서 매일 압구정동과 청담동을 해갈하고 다닐 수 있었으며, 카페와 클럽들을 드나들 수 있었다. 집에 일찍 들어오기 싫은 나는 많은 상류층 사람과 어울리게 되었다. 그들은 명품 가방, 신발을 구입한 날에는 어김없이 자랑하기 위해 누군가를 만나야 했기 때문이다. 그런 그들과 놀아 주면 돈을 펑펑 쓰면서 어디를 가든 나를 초대했다.

이런 환경은 나에게 순간의 쾌락에 빠지게 했다. 나의 외로움을 달래기 위한 완벽한 피난처였다. 나는 건강은 접어둔 채 수많은 겉핥기 친구와 어울려서 마치 나도 상류층인 것처럼 그렇게 포장된 삶을 살게 되었다.

나는 그렇게 상류층 생활에 흡수되어서 나의 포장된 삶을 유지하며 내 자신이 천년만년 건강할 줄 믿었다. 그리고 얼마 후 다시 나는 응급실로 실려 가서 위 세척을 해야 하는 신세가 되었다. 술 때문에 위가 견디지 못하고 갈고리로 긁는 것 같은 고통과 경련으로 다시 급성 위궤양 판정을 받고 일주일 동안 병원에 입원해야 하는 신세가 되었다. 그러나 나는 회사 일을 제쳐두고 일주일 동안 편안한 마음으로 병원에 누워 있는 편한 팔자가 아니었다. 그래서 이틀 만에 병원에서 탈출했고, 위장약을 먹으면서도 계속 술을 마시며 일을 했다.

가장 중요한 소화기능인 위와 장이 점점 약해지고 있다는 것을 알았다. 체력은 점점 바닥을 드러냈다. 위가 쓰리기 시작하면 가스가 차서 숨을 쉴 수 없을 정도로 통증이 와서 진통제를 먹어야 했다. 물론 빈 속에 진통제가 먹힐 일이 없기 때문에 곧 울렁거리며 구토 증상이 나타난다. 대신 그렇게 토하고 나면 고통은 일시적으로 사라졌다.

이제 나는 술 없이는 살 수가 없었다. 결혼생활 2년 차가 되어 가고 있었지만 우리 부부 사이는 아직도 냉랭하고 서로의 사생활을 간섭하지 않는 서류 상만의 부부가 되어 버렸다. 내가 늦게 들어가면 개 두 마리는 밤 12시까지 쫄쫄 굶고 있다가 내 발소리가 멀리서 들리면 동네가 떠나가도록 서럽게 울부짖었다. 정말 개들을 위해서 못할 짓이었다. 밤 늦게 밥을 먹이고, 똥을 치우고, 산책도 시켜야 했다. 우리 셋은 항상 동네 놀이터에서 그렇게 밤늦게까지 놀다가 내가 도저히 힘이 없어서 줄을 놓치는 바람에 마피가 차에 살짝 치인 적도 있었다. 이 한 세상을 살아가면서 인간이 겪어야 하는 가장 큰 고통은 가난도, 육신의 질병도 아니었다. 자식을 잃은 고통과 사랑하는 사람에게 사랑받지 못하는 것이다. 나의 남편이, 또는 아내가 평생 의지할 수 있는 동역자가 되어야 하는데, 그 사람이 나를 사랑하지 않고 다른 곳에서 기쁨을 찾으려 할 때 그 배신감과 상처는 이루 말할 수 없다.

'나는 불행하지 않아. 다들 이렇게 사는 거야.'

내 자신을 아무리 위로하려 해도 나는 알고 있었다. 이렇게 사는 것이 결국 서서히 나를 죽이는 것이라고…….

우리가 살고 있는 이 세상에는 참으로 많은 유혹이 있다. 시각과 청각을 자극하여 뇌를 마비시키는 현란하고 화려한 미디어 매체들을 통해서 점점 세뇌를 당해 가는 것이었다. 마음이 공허하면 공허할수록 눈에 보이는 유혹을 따라 가게 되어 있고 순간 누릴 수 있는 쾌락에 몸을 내어준다. 마치 나의 가슴 깊이 쑤시고 있는 고통을 술을 통해서 마비시킬 수 있다고 믿으며 클럽의 음악과 춤과 하룻밤의 웃음 속으로 빠져들었다.

"어떻게 평생 한 사람하고만 섹스를 할 수 있어? 이 짧은 인생을 즐기며 살아야지!"

놀랍게도 주위에 많은 사람이 이러한 사고방식을 가지고 살고 있다. 물론 새로운 이성 간의 만남은 남녀의 나이를 불문하고 순간적으로 흥분되고 짜릿한 느낌을 준다. 사랑에 빠진다는 오묘한 감정은 인간에게 자유의지를 준 신도 그 영역을 컨트롤 할 수 없지 않을까? 그러나 많은 사람이 이미 한 사람으로부터 평생 동안 사랑받을 자신이 없다고 믿기 때문에 미리 내 자신을 이렇게 위로할 수 있는 방벽을 만들어 놓는 것 같았다.

"당신을 사랑했지만 이제 다른 사람을 사랑해."

우리 인간들이 살면서 들어야 하는 가장 고통스럽고 가슴을 찢어 놓는 말일 것이다. 인간은 서로를 배신하고 아프게 한다. 그러나 내가 엄마를 통해서 배운 사랑은 희생이었다. 자신이 아무리 외롭고 힘들고 눈에서 피눈물이 날지언정 남편과 자식을 위해서 참그 또 참고 희생하는 모습이었다.

"엄마는 송하를 절대로 버리지 않을 거야!"

엄마가 어린 시절 나에게 말해 주었던 것처럼, 절대로 나를 배신하거나 사랑하기를 멈추지 않는 사람이 과연 존재할까?

'너는 아직도 사랑에 대한 꿈을 꾸고 사니? 이 바브야, 술이나 마셔!'

내 정신을 지배하고 있는 물귀신은 나에게 계속 이렇게 말한다.

경찰서 유치장

그러던 어느 날 나는 집에 일찍 들어와서 모처럼 맛
있는 저녁 식사를 준비하고 있었다. 남편이라는 사람에게 우아한 식사
를 하고 싶었다. 내가 먼저 변하면 그가 마음의 문을 열 수 있을 것 같았
다. 그리고 그 사람도 모처럼 일찍 들어와 있었다.

"난 밥 안 먹어. 밥 먹으면 배불러서 술을 못 마시잖아."

그 사람은 식탁에서 그렇게 말하고 혼자서 집에 있는 양주를 마시기
시작했다.

"쨍그랑……."

요리를 하던 중 냄비의 유리 뚜껑이 내 발등 위로 떨어지면서 그만
산산조각이 나고 말았다.

"미안해요. 내가 치울 게요."

내가 말하고 움직이려고 했다.

"야, 움직이지마! 아휴, 조용히 양주 좀 마실까 했더니, 정말 분위기
못 맞추네! 매일 늦게 들어오다가 일 년에 한 번 살림하려니 되냐?"

그는 다시 나에게 싸움을 걸며 비꼬기 시작했다.

"나 혼자서 매일 집에 일찍 들어오면 뭐 하는데? 집 청소? 개밥 주기? 나도 회사에서 바쁘고 회식도 많아."

나는 내 자신이 폭발하지 않기 위해 마음을 가다듬고 대답을 했다.

"그 회사 때려 쳐! 내가 언제 너보고 돈 벌어오래? 나도 가끔씩 집에 일찍 오는데 집에 불이 꺼져 있으면 다시 나가, 내가 그렇게 우습게 보이냐?"

그는 또다시 큰 소리로 화를 내기 시작했다. 매일같이 새벽에 집에 들어와서 잠만 자고 나가는 자신은 생각하지 못하는 사람이었다. 나는 울면서 방으로 갔다. 너무나 나의 삶이 서러웠고 힘들었다. 남편의 성질 맞추기가 정말 불가능했다. 모든 것이 자기중심적이고, 내가 외로워하고 아파하는 모습은 그에게 보이지 않았다.

그런데 울고 있는 나에게 달려와서 덮쳤다.

"내가 그렇게 싫어? 나는 너처럼 차갑고 냉랭한 여자는 처음 봐. 니가 아무리 나한테서 벗어나려고 해도 너는 내 손아귀에서 절대로 벗어날 수 없어! 알어? 너는 내 거야!"

그러면서 그 큰손으로 나의 뺨을 후려쳤다. 나의 머리는 벽에 쿵 부딪쳤고, 몸은 쌀자루처럼 방 바닥에 쓰려졌다. 그가 달려들어서 나의 가슴과 배를 마구 때리기 시작했다. 정신 없이 구타가 이어지다가 멈췄다. 그리고 다시 나는 지옥 같은 악몽이 시작되었다. 두 번째 손찌검으로 나는 또다시 상상을 초월하는 두려움과 공포에 휩싸였다.

'이 사람은 나를 죽일 거야.'

이제 눈물도 나오지 않았다. 그렇게 나는 다시 멍하니 바닥에 누워 있었고, 손가락조차 움직일 힘도 남아 있지 않았다.

"미안해. 정말 미안해. 내가 죽일 놈이야. 내가 너를 또 때리다니……. 송하야, 송하야…….”

그 사람은 누워 있는 나를 안아서 침대 위에 올려 놓았다. 나의 온몸은 공포로 부들부들 떨고 있었고, 그의 손이 몸에 닿는 것조차 소름이 돋았다.

"다시는 안 그럴게. 정말이야. 제발 나를 용서해줘. 내가 잘못했어.”

다시 똑같은 레파토리가 시작되었다. 손찌검을 하고 미안하다고 손이 발이 되도록 비는 이러한 상황이 발생되었다. 이제 그가 술에 취하면 술 주사가 정확하게 무엇인지 알 수 있었다. 지난번 그가 나의 목을 조른 사건도 절대로 실수가 아니었다. 그는 술을 마시면 순간 정신을 잃는 것이고, 내면의 포악한 성질이 자신도 모르게 나오는 것이었다.

"당신은 나를 눈곱만큼도 사랑하지 않는 사람이야. 우리 이렇게 구차하게 살지 말자. 나를 조금이라도 불쌍하게 생각한다면 이제 나를 놓아줘. 나도 당신을 자유롭게 놓아줄게…….”

나는 누워서 눈을 감고 조용히 말했다. 온몸이 욱신욱신 쑤셔오기 시작했다.

"안 돼. 나는 너를 사랑해. 나는 너 없이는 못 살아. 그리고 우리 집에서 이혼은 안 돼. 절대 안 돼!”

그 사람은 나의 말을 절대로 들을 사람이 아니었고 예상했던 대답이었다. 나는 앞으로 우리의 미래를 위해서 어떠한 결정을 내려야 할지 선택을 해야 할 때가 왔다는 것을 알았다. 나의 정신도 몽롱했다. 현실을 직시하며 어떠한 결단을 할 자신은 이미 나에게 없었다. 답은 뻔히 보이는 이별이었기 때문이다. 결혼 전 내가 살아오면서 아무리 힘든 상황에서도 정신력 하나로 지금까지 버텨 온 인생이었다. 그러나 우리가 함께 늪으로 점점 빠지고 있는 것을 느끼고 있었고, 나의 정신력이 무너지고 있었으며 나의 영혼은 점점 지옥으로 한 발씩 다가가고 있는 것 같았다.

그다음 날 나는 회사에 결근해야 했다. 얼굴은 퉁퉁 부어 있었다. 병원을 가게 되면 의사 선생님에게 상황을 설명해야 하는데 그럴 자신도 없었기 때문이다. 나는 3일 동안 집에서 식음을 전폐하고 그냥 끙끙 앓아서 누웠다. 그리고 어떻게 이 사람으로부터 벗어나야 하는지 계획하기 시작했다. 그리고 며칠 후 더 이상 이렇게 실신하여 누워만 있을 수 없기에 나는 아무일 없었던 것처럼 회사에 출근했다. 그리고 다시 쏟아지는 업무 속에 내 자신을 파묻었다.

'살려 주세요……. 하나님 살려 주세요…… 죽을 것 같아요……. 숨 쉴 수 있게 해 주세요……. 물귀신아! 제발, 제발 이제 나 좀 그만 괴롭혀……. 제발…….'

나는 하루종일 소리없이 중얼거리며 버텼다. 나는 걸어다니는 좀비였다. 나의 이 현실을 엄마, 오빠, 다른 친구, 아무에게도 절대 얘기할 수가 없었다. 완벽하게 보여야 했던 나의 결혼이었고 나의 자존심이 결코 허락하지 않았다. 이제는 더 이상 아픔도 느낄 수 없었고, 미래에 대한 아무런 생각도 나지 않았다. 그냥 일어나서 출근하고, 집에 와서 술을 마시고, 우는 것이 나의 일상이었다. 밤마다 마당에 앉아서 한 손에는 양주 한 병을 들고 밤하늘에 환하게 떠 있는 둥근 달을 멍하니 쳐다보고 앉아 있으면, 오래 전에 얼굴도 모른 채 내 뱃속에서 고통스럽게 죽어 간 아들의 얼굴을 그려보았다.

'미안해…… 아들아, 이 엄마가 정말 미안해……. 죽을 죄를 졌어. 너를 죽이고 나만 살아서 이렇게 버젓이 숨 쉬고 살아 있는 나는 인간이

아니야.'

　'내가 어떻게 하면 너의 영혼을 달래줄 수 있겠니?'

　'이 못난 엄마를 용서하지 말아라. 나는 절대로 용서받을 수 없는 여자야!'

　과거의 어둠과 숨 쉬기조차 힘든 공포는 그렇게 다시 스물스물 나를 덮쳐왔다. 그리고 과거를 회상하면 하염없는 눈물이 폭포수처럼 쏟아져 나왔다.

　'시간을 되돌릴 수만 있다면…… 내 아들을 다시 살릴 수만 있다면 내 영혼이라도 팔겠어요!'

　내가 아기를 유산하며 죽기 일보 직전이었던 그 장면이 생생하게 기억났다. 그리고 그 어린 영혼을 위해서 평생을 가슴 아프게 살아도 그것은 나의 죄값이었다. 어린 시절 엄마 없이 필리핀에서 고난의 날들을 통해서 나는 혹독한 훈련을 받았고 지금은 숨 쉬고 살아있지만, 세상의 빛도 못 보고 죽어서 천국에 갔을지 안 갔을지 모르는 뱃속의 내 아들을 생각하며 나는 진정 살아 있을 가치도 없는 여자라고 믿었다.

　나의 발에는 이미 악마가 씌워 놓은 엄청난 무게의 쇠고랑이 채워져 있었던 것이다. 하루하루 한 발짝씩 움직이고 있지만 앞으로 나아가기가 너무나 힘이 들었다. 아니 앞으로 나아가려고 해도 나는 원점만 계속 돌고 있는 것처럼 느껴졌다. 내가 아무리 발버둥을 쳐도 결코 벗어날 수 없는 죄악의 고리가 나의 목까지 점점 조이고 있는 것이 느껴졌다. 그러나 정신을 똑바로 차리지 않으면 다시 넘어가는 것은 한순간이라는 것을 나는 알고 있었다. 예전과 같이 내가 너무 힘든 나머지 줄을 놓게 되면 바로 즉시 물귀신들이 내발을 잡고 이번에는 더욱 깊은 수렁의 늪으로 나를 끌고 들어갈 것 같았다.

내가 그렇게 한없이 울고 있으면 마피와 꾸숑이 와서 나에게 얼굴을 비비고 흐르는 눈물을 핥아 주었다. 그러면 더욱 서러움이 복받쳐서 개들을 끌어안고 수건으로 처절하게 입을 막고 울부짖었다. 이웃이 들으면 안 되기 때문이었다. 이미 이렇게 산산조각이 나버린 나의 가정을 계속 포장만 그럴듯하게 해서 유지해 나가야 하는 건지, 누구에게 나의 이 비참한 삶을 호소해야 할지 몰랐다.

얼마 후 새벽 5시가 조금 지난 이른 시간에 그 사람은 집에 들어오지도 않았다. 그리고 전화벨이 따르릉 울렸다.

"나 지금 경찰서인데, 어젯밤에 일이 좀 있었어. 내가 술 마시고 경찰서장을 머리통으로 박아서 이빨을 몇 개 부러뜨렸는데 사태가 심각하니까 오전에 유치장으로 넘어가기 전에 빨리 손을 써야 돼. 지금 한 통화밖에 전화를 할 수 없어, 빨리 아버지에게 전화해!"

나는 또다시 심장이 덜컥 주저앉았다. 잠결에 받은 전화 내용은, 그가 경찰서에 있다고 했고, 누구의 이빨을 부러뜨리고, 유치장이 어쩌구저쩌구 하면서 내가 도저히 이해할 수 없는 상황에 대해서 지껄이고 난 후 오래 통화를 못한다며 끊어 버렸다. 도대체 누구에게 전화를 해서 어떻게 이 사태를 수습해야 하는지 난감했다. 양평에 계신 아버님에게 전화했지만 통화할 수가 없었다. 사냥을 가시면 연락이 두절되곤 했다.

나는 옷을 대충 차려 입고, 지금 소환되어 있다는 영등포 경찰서로 향했다. 경찰서에 도착한 후 그의 이름을 찾았다. 그리고 얼마 후, 감옥 같은 창살 사이로 남편이라는 사람의 초췌한 얼굴을 본 순간 더욱 가슴이 아프고 서러웠다.

'이 사람은 왜 이렇게 살 수밖에 없는 것일까? 불쌍한 사람이다. 그래, 내가 아니면 누가 거두어주리……. 내가 사랑해 주고 내가 더 따뜻

하게 해 줘야 할 사람이다.'

나는 그를 본 순간 연민의 정이 느껴졌다. 저 사람 마음속에 어떠한 분노가 숨겨져 있길래 자신을 이토록 수령에 빠트리고 있는가?

"내가 어제 술 마시고 집에 가는 길에 지갑을 잃어버렸는데, 회삿돈으로 수표가 백만 원 들어 있었어. 지나가다가 나를 건드린 삐끼들이 있어서 그 놈이 분명했는데, 내 지갑을 달라고 했더니 그 새끼들이 싸움을 거는 거야. 그래서 경찰서에 왔는데 경찰들하고 그 삐끼들하고 다들 친하게 인사하면서 한패인 거야. 그래서 열 받아서 머리통으로 바로 옆에 있는 사람을 박았지, 그런데 그 사람이 경철서장일 줄이야……. 나 오늘 나가지 못하면 재판으로 넘어가고, 구치소로 넘어가면 범죄 기록에 남게 돼. 빨리 나가야 돼. 아버지 연락되었어? 빨리 알아봐줘."

경찰서 유치장은 법원에서 형이 확정되기 전에 구속 조치가 취해진 경우 구금 당하는 장소였고, 구치소는 형사피의자, 즉 구속영장의 집행을 받은 자를 수용하는 곳이었다. 나는 또 그렇게 회사에 출근을 못했다. 여기저기 알아본 결과, 친분 있는 사람의 소개로 급하게 어느 판사에게 찾아가 공탁금 천만 원을 걸고 간신히 그 사람을 풀어낼 수 있었다. 그다음은 피해자와의 합의였다. 공무집행 방해와 음주폭행이었고, 상대가 경찰서장이었으니 상대방은 합의를 절대적으로 거부했고 끝까지 법적으로 가기를 원했다.

"니 빽이 누군지 모르겠는데, 어떻게 바로 풀려났는지 모르겠지만 내가 합의는 절대로 안 해 줄 테니 한번 갈 때까지 가 보자!"

피해자는 분하고 억울해서 이를 바득바득 갈았다. 경찰서장은 돈이 궁핍한 것도 아니었다. 자신의 위신이 말이 안 되게 하락한 상태였기 때문에 합의를 거절했다. 그 후 많은 시간과 호소 끝에 또 담당 판사의 설득으로 피해자와 오천만 원으로 합의하게 되었다. 그러나 나에게 돈은 그리 중요하지 않았다. 이러한 계기로 그가 진정 변하길 바랐다. 이렇게 큰일을 치르고 나서, 아차 하면 폭행으로 신원 증명에 전과자로 빨간 줄이 평생 그어질 수 있었던 아슬아슬한 사건이었기 때문에 그가 정말 정신을 차리길 바랐다. 그 사람이 절대로 이혼해 주지 않는다면 그를 변화시켜서 같이 살아야 우리가 행복해질 수 있다고 믿었기 때문이다.

그러나 그는 그 후에도 매일 술을 마셨다. 나도 같이 매일 술을 마셨다. 그 사람은 장모님이 일본에서 잠깐 방문을 할 때도 외박을 했고, 엄마는 점점 나의 결혼의 실체를 알게 되었다.

"제발 우리 엄마가 계시는 일주일만이라도 일찍 들어와 줘요. 부탁이야. 우리 엄마 알잖아. 내가 행복하게 사는 모습 보고 가게 해 줘요."

나는 그 사람에게 간절히 사정을 했다.

"왜 그런 가식적인 모습을 보여야 하는데? 나는 일하는 사람이야. 회식도 있고 매일 접대도 있어. 장모님 오셨다고 내 회사 일을 망치란 말야? 그냥 우리 사는 모습 그대로 받아들이시라고 해."

그의 답은 예상했던 대로였다. 그렇게 우리의 대화는 절대로 진전이 없었다. 그는 나를 이해하려고도 않았을 뿐더러 외박까지 하는 사위 모습을 엄마에게 보여 드리게 되었다.

"너 이렇게 산다고 왜 진작 얘기 안 했어! 당장 이혼해라. 엄마는 그런 꼴 절대로 못 본다. 너 지금까지 혼자서 가슴앓이 하고 살았지? 엄마가 안 봐도 뻔해, 이것아."

엄마는 일 년에 한 번씩 와서 본 나의 결혼생활의 실체를 빠르게 파악하셨다.

“아니야, 엄마! 이 사람 잘하는데 외박한 거는 이번이 처음이야. 정말이야.”

나는 엄마에게 그를 감싸주었다. 그러자 엄마는 서럽게 울기 시작하셨다.

“아니야, 엄마 때문에 니가 이렇게 살고 있는거야. 엄마가 잘못했어. 엄마가 필리핀에서 너랑 같이 있어 주지 못해서 니가 이렇게 된거야. 엄마가 미안해…… 미안해…….”

엄마와 나는 서로를 부둥켜 안고 펑펑 울기 시작했다.

“아니야, 엄마는 아무 잘못 없어. 나를 위해서 얼마나 희생하고 고생을 하셨는지 내가 아는데 왜 엄마를 탓해. 내가 더 잘할게. 엄마 가슴 아프게 해서 정말 미안해…….”

우리 모녀는 서로의 눈물을 닦아주며 그렇게 밤을 지새웠다.

나도 이혼할 자신이 없었다. 무엇이 옳고 무엇이 그른 행동인지 이제는 판단할 능력을 상실했고, 그냥 이렇게 살아가는 나의 현실에 어느 정도 적응이 되어 가고 있었다. 외로움이라는 공포는 혼자가 되느니 맞으면서도 살아갈 수 있었고, 집에 거의 들어오지 않는 남자와 살 수 있었다. 왜냐하면 혼자되는 것이 너무나 두려웠고 나는 이미 좀비였기 때문이다.

‘나는 좀비야. 나는 걸어 다니는 해골바가지야. 참 이상하지? 이런 나를 왜 사람들이 좋아하는 거지?’

나의 정신 상태는 점점 시궁창으로 빠져들고 있었고, 우울증은 깊어만 갔다. 그러한 상황 속에서도 일에 파묻혔기 때문에 회사에서는 계속 인정을 받을 수 있었다. 아픔을 감추며 살아간다는 것은 나에게 너무나 익숙한 훈련이었다. 밤마다 오는 우울증도 감추며 낮에는 나에게 주어진 일에 집중했다. 그 당시 나에게 일이 없었다면 하루하루 강하게 내 자신을 일으켜 세울 수 있는 원동력이 없었을 것이그, 나는 아마 미쳐 버렸을 것이다.

그러던 어느 날 헤드헌터에게서 한 통의 전화를 받게 된다. 제일은행으로 면접을 보러 가는 그 전 날에도 나는 눈이 붓지 않게 하기 위해서 흐르는 눈물을 참으며 잠을 청해야 했다.

제일은행 은행장실

나는 마음을 단단히 먹고 제일은행에 첫 출근을 했다. 아무래도 엄청 많은 업무가 나를 기다리고 있을 것 같았다. 금융권에 대해서는 아무것도 모르는 상태였기 때문에 면접을 보면서 자신감 있게 얘기한 나의 실력에 대해서 솔직히 나는 자신이 없었다.

"굿모닝 던컨! 하우 아 유?"

나는 부행장님에게 밝게 인사를 했다.

"이렇게 빨리 크리스탈을 다시 보게 돼서 참으로 기쁘오. 빨리 책상 정리를 하고 9시 반에 나의 직속 열 명의 부장을 회의실로 불러 주시오. 오늘은 신년 인사 및 올해 전반적인 오퍼레이션 계획에 대해서 공표를 할 겁니다. 회사 부장들의 리스트와 내선번호는 책상 위에 놓여 있을 거예요."

"네! 알겠습니다."

부행장님의 지시대로 회의를 소집하는 것은 너무나 쉬운 일이었다.

'첫날치고는 일이 수월하네.'라고 생각했다. 그러자 부행장님의 나의 마음을 읽은 것 처럼 추가로 말했다.

"그리고 크리스탈도 회의에 들어와서 통역을 해야 함. 오케이?"

나는 심장이 벌컥 내려 앉았다. 첫날부터 사태는 매우 심각했다. 나는 동시통역을 전문적으로 한 번도 해 본 적이 없었기 때문에 출근하고 이렇게 빨리 나의 통역 업무가 시작될 줄은 몰랐다.

'그래도 처음 한 달 동안은 금융 언어에 대해서 배우고 난 후 통역을 하게 되겠지.'라고 생각을 했는데, 출근한 지 10분도 안 되어 나의 절망적인 상황은 시작이 되었다. 나는 열 명의 부장에게 연락을 하여 30분 후 회의를 소집했고, 발을 동동 구르며 나의 무덤을 기다리게 되었다. 그리고 어쩔 수 없이 회의실로 끌려 들어가서 처음으로 은행 부장들과 인사를 나누고 부행장님 옆에 앉았다.

'나는 오늘 바로 목아지가 잘리게 될 거야. 거짓말 할 것을 해야지……. 동시통역을 할 수 있다고 뻥을 쳤으니 내가 정말 미쳤지…….'

그러나 회의는 곧바로 시작이 되었고, 부행님도 초면인 부장들에게 신년 인사를 하셨다. 나는 다행히도 말이 술술 나왔다.

"올해 2000년은 도약의 해가 될 것입니다. 쓰러진 제일은행을 바로 세우고, 우리 직원들의 아픔을 임원들이 같이 할 것입니다. 전략 마케팅, 상품 개발팀, 중소기업 사업팀, 총무부, 인터넷 뱅킹, 신용카드 사업부, 영업부, 무역부, 고객관리팀과 신탁부, 이렇게 여러분들의 부서는 은행에게 가장 중요한 핵심 부서입니다."

"우리 은행의 주요 오퍼레이션의 구조와 계획은 앞으로 저와 여러분이 함께 머리를 맞대어 새로운 아이디어와 전략을 세워, 은행이 빠른 길로 바로 서게 되도록 노력할 것입니다. 저의 역할은 그동안 선진국 금융의 노하우를 여러분께 전수해 주는 것이라고 믿습니다."

"따라서 앞으로 우리는 정말 한 팀이 되어 제일은행을 살리는 데 큰 힘이 되어야 합니다. 여러분이 일하고 노력한 만큼 좋은 조건과 승진의 기회가 주어질 것이며, 회사의 기여도에 따라서 인정받는 사람이 될 것임을 약속 드립니다."

나는 쉬지 않고 빠르게 통역을 했다. 머릿속에 수많은 단어가 왔다 갔다 했고, 그중에서 가정 적합한 단어들을 일초 안에 결정해서 입으로 나와야 했다. 부행장님은 장장 한 시간 동안 자신의 할 말을 다했고, 그 다음 부장들의 질문을 받았다. 회의를 끝마치고 나는 안도의 한숨을 돌렸다.

"크리스탈, 수고 많았어요. 첫날이라서 준비도 못했을 텐데, 영어에 꽤 능통한 부장 한 명이 크리스탈이 매우 잘한다고 칭찬을 하더군."

부행장님은 나를 격려해 주고 우리는 본격적으로 업무에 들어갔다. 이 분야의 전문가를 뽑기를 원한 만큼 첫 출근부터 나에게 적응할 수 있는 시간은 1분도 없었다. 나는 내 자신이 참 신통했다.

'내가 어떻게 통역을 할 수 있었지?'

한참을 멍하니 생각한 결과, 5년 전에 공부한 동시통역 학원이 생각 났다. 그동안 한글을 배우러 다녔던 시간을 통해서 나는 전문적이지는 않지만 무의식중에 통역에 대한 훈련이 되어 있었던 것이다. 그때 아무 런 계획 없이 준비해 온 시간이 참 다행이었다. 그날 이후 나에게는 엄 청난 업무량이 쏟아지기 시작했다. 나는 부행장님과 함께 모든 회의를 참석해야 했고, 회의가 끝나면 10곳의 부서에서 마감 일까지 올라와야 하는 결재 서류들을 챙겨야 했으며, 아침 9시부터 시작되는 각 부별 회 의와 외부 회의는 저녁 9시가 되어야 하루를 마감했다. 그제서야 나의 하루 업무를 정리해야 하는 시간이 주어졌고, 다음 날을 준비하고, 부

하 나 의
눈 물 로
핀　　꽃

행장님의 일주일 시간표, 한 달, 6개월의 향후 스케줄을 계획해야 했다.

COO, 즉 은행 전체의 오퍼레이션을 책임지고 있는 부행장님을 상사로 둔 나만 비서 업무와 통역 업무가 같이 주어졌다. 은행장실에는 3명의 전문 동시통역사들이 채용되었고, 그들은 어느 부서든 외국인 임원들을 위해서 번역과 통역을 해 주는 역할이었다. 그러나 오퍼레이션 직속 부서들의 특성상 업무에 대한 사전 지식이 없었던 통역하기가 힘들었고, 한 번으로 회의가 끝나는 것이 아니라 지속 진행하면 챙겨야 하는 업무였기 때문에 부행장님은 나에게 전적으로 모든 회의의 통역 및 모든 업무를 믿고 맡기셨다.

하루에 8~10시간 이상 쉬지 않고 말을 하고 나면 정말 입에 침이 쫙쫙 마르게 된다. 양측은 한 마디씩 하지만 나는 중간에서 쉬지 않고 말을 전달해야 했다. 은행의 전반적인 구조 조정을 시작하면서, 외국 임원들은 은행장실에 왜 쉬는 침실과 욕실이 있어야 하는지 이해하지 못했다. 그리고 3천평 가까이 되는 한 층에 방 4개뿐인 임원실과, 각 부서의 운동장처럼 넓은 부장실, 1층 본점의 낙후된 시설과 종각지하철 역과 이어지는 탁월한 위치의 제일은행 빌딩을 임직원들만의 공간으로 낭비하고 있음을 깨닫고 바로 공간 활용과 임대 사업 계획에 들어갔다.

총 22층 빌딩을 압축하여, 1층부터 10층까지 리모델링 공사가 들어갔다. 그 후 모든 인테리어 공사가 끝나고 각 부서의 정확한 자리 배치가 시작되었다. 그리고 11층부터 전망좋은 꼭대기까지는 임대 사업을 시작해 은행의 부채를 갚아나가기 시작했다. 제일은행 바로 건너편으로는 국세청 건물이 있었고, 가까운 명동, 을지로, 시청의 근접으로 인하여 제일은행은 대사관, 외국 금융권, 등 많은 기업이 가장 입주하기 희망하는 건물 1위가 되었다. 그리고 대형 스타벅스 커피 전문점이 1층에 입주하면서 많은 사람의 만남의 장소로 북적거리기 시작했다. 회사원들이 4천 원짜리 백반을 점심으로 먹고 7천 원짜리 커피를 후식으로 마시는 시대가 왔다. 임원실도 한 층에 열 명의 사무실이 함께 어울어졌고, 거대한 회의실 3개를 서로 협력하여 사용하도록 만들어졌다. 각 지점마다 부동산을 매매하여 깔고 앉아 있는 건물들을 과감하게 매매를 하고 임대로 돌려서 현금들을 풀기 시작했다.

"이 사람들이 은행을 부동산 회사로 착각하고 있는거 아니야? 은행은 돈이 돌아야지, 돈을 부동산에 투자해서 깔고 앉아 있으면 어떻게 하자는 거야?"

부행장님은 은행의 실체를 하나하나 알게 되면서 나에게 하소연을 하곤 했다. 은행의 구조 조정을 위해서 Bain & Company, CB Richard Ellis, Mckenzy 등 많은 외부 컨설팅 업체가 들어왔다. 잠자고 있는 인터넷 뱅킹을 부활시켰고, 그동안 고객들의 인식에 모든 은행 업무는 지점을 방문해야 한다는 고정관념을 깨고, 지점에 방문하게 되면 고액의 수수료를 물리고, 인터넷 뱅킹을 활용하거나 ATM 기계를 활용하면 모든 수수료를 면제 또는 할인해 주는 전략을 홍보했다. 상품개발팀은 획기적인 새로운 상품을 만들어 내기 위해서 밤낮으로 브레인스토밍을 하기 시작했다. 대출 부서는 위험율을 줄이기 위해서 많은 방안을 만들어 내기 시작했으며, 전문적인 콜센터가 설립되어 철저한 고객 분석과 VIP 고객 관리가 시작되었다.

다음 해 윌프레드 호리에 은행장님은 제일은행장직 사임을 결정하는 발표를 하게 되었다. 제일은행은 하이닉스 반도체에 대출을 해 주었는데, 그 회사가 그만 부도가 난 것이다. 이미 한보철강의 부도를 경험했고, 은행의 기업 대출건들에 대해서 금융감독원에서는 눈에 불을 켜고 감시를 하고 있었다.

호리에 행장님이 하이닉스 대출에 관련하여 모든 책임을 지고 사임을 안 했으면, 아마 금융감독원의 압력으로 담당자들 선에서 서너 명이 해고를 당했을 것이다. 호리에 행장님은 사임을 발표하면서 인터뷰에 이러한 말들을 했다.

"하이닉스 채권 관련 결정은 많은 생각을 거쳐 했으며 결코 후회하지 않는다. 현재의 반도체 경기가 하락하는 것을 봐도 예측하기가 어려운 분야라는 것을 알 수 있다."

"사임 결정은 스스로 했다. 어떤 외부의 개입도 없었다. 내가 일을 잘하고 있을 때 물러나는 것이 좋다고 생각하고 있으며 나의 인생 설계에 따라 행동하는 것일 뿐이다."

"스톡옵션은 현금이 아니라 경영자와 주주 사이에 합의한 사항이다. 스톡옵션은 열심히 일해야 행사할 수 있는데 그렇지 않다고 생각하기 때문에 행사를 포기하기로 했다."

호리에 행장님을 비롯한 외국인 중역들의 미래 스톡옵션은 아마 3대가 먹고 살 만큼 큰 금액으로 예상이 되었다. 그러나 호리에 행장님은 회사와 직원들을 위해 개인적인 욕심을 부리지 않고 과감하게 그의 지분을 포기하며 사임하는 모습을 보였다. 본인의 비서가 아니었지만 나를 많이 아껴 주시고 항상 인자하게 웃으셨던 행장님의 사임은 나에게 많은 슬픔을 안겨 주었다.

그리고 부행장님과 나는 호흡이 매우 잘 맞았고, 그분은 나의 여성적인 감각과 조언에 많은 귀를 귀울였다. 회의 시간에도 나의 의견을 많이 존중해 주셨고, 함께 업무를 추진해 나가는 데 있어서 너무 많은 불량의 업무에 대해서 항상 미안해 하셨다. 행장님은 비서가 둘이었고, 모든 외국 임원은 회의가 있을 때는 전문 통역관을 불렀기 때문에, 나는 다른 비서들의 여유 있는 시간이 종종 부럽기도 했다. 은행장실에서 나만 가장 바빴고 산너미같이 쌓인 업무 속에 파묻혀 살았다.

"크리스탈, 제발 빨리 집에 좀 가. 그리고 이번 주말에 회사에 나오면 다음에 보너스 절대로 안 줄거야! 쉴 때는 쉬어야지."

부행장님은 내가 퇴근을 안 하고 늦게까지 남아 있으면 항상 잔소리를 하셨다.

나는 부행장님이 해외 출장을 가시면, 시차로 인해 새벽에도 메일을 확인하고 보내는 습관이 있었고, 급한 일이 발생하면 시간을 불문하고 부행장님이 받을 수 있는 해외 시간에 맞춰서 전화를 했다.

"아니 도대체 한국이 지금 몇 시인데 나한테 전화를 하는 거야!"

그리고 일요일 오후에는 월요일부터 시작되는 업무의 전쟁을 준비하느라 종종 사무실에 나와서 혼자서 일을 하곤 했다.

"크리스탈, 지금 여기서 뭐하고 있나?"

하루는 일요일 오후였다. 호리에 행장님이 다음 날 출장을 위해서 사무실에 놓아 둔 서류를 가지러 오셨는데, 사무실에서 일을 정리하고 있는 나와 딱 마주친 것이다.

"빨리 집에 가도록! 이건 명령이오."

호리에 행장님은 나를 사무실에서 내쫓았다. 솔직히 내가 딱히 갈 곳이 없었기 때문에 회사에 나온 것뿐인데, 행장님은 온갖 호들갑을 떠시며 본인과 함께 빌딩을 나가는 것을 꼭 보셨다.

어느 날 부행장님은 나에게 이것은 앞으로 크리스탈이 무덤까지 가지고 가야 할 비밀이라고 하면서 송금을 부탁했다. 미국에서는 혼자서 송금을 할 수 있었던 개인적인 은행 업무도 한국에서는 말이 통하지 않기 때문에 반드시 나를 통해서 모든 부분을 의지해야 했다. 나에게 지시한 내역은 본인 급여의 거의 3분의 1일이 되는 금액을 여러 곳의 연구 단체와 선교 단체에 송금을 하는 것이었다. 제일은행 외국 임원들의 급여는 일급비밀이었지만, 매스컴에서 일부 공개된 금액은 현금만으로 연봉 30억이 넘었다.

"우리 부모님 두 분 다 의사였지만 두 분 다 암으로 돌아가셨어. 내가 부모님의 묘에서 서원을 했지. 나의 물질이 필요한 곳에 사용하리라……. 미국에 있는 암연구센터는 내가 매년마다 약속한 금액을 보내 주고 있다오."

부행장님은 내가 물어보자 자신의 개인적인 지출에 대해서 설명을 해 주었다.

"크리스탈, 돈을 얼마나 버는 것이 중요한 게 아니라 어떻게 쓰는 것이 더 중요하단다. 내가 돈을 많이 벌 수 있는 능력이 된다는 것은 하나님이 주신 축복이지. 그만큼 사회를 위해서 그리고 불우한 사람들을 도와줘야 할 의무가 있는 것이며, 더 간절히 필요한 곳에 사용해야 한다는 것 명심하도록! 그리고 일을 할때는 모든 열정을 가지고 열심히 하지만, 휴식이 없으면 쓰러지게 되어있기 때문에 이제 빨리 휴가를 가도록 해요."

나는 부행장님과 대화를 하면 할수록, 그의 진실된 마음을 통해서 위로받고, 그의 지혜와 전략에 감탄을 하게 되었으며, 그의 베풂에 많은 깨달음이 있었다. 그릇이 큰사람은 정말 틀렸다. 자신이 아끼는 직원 및 측근에 대해서는 철저하게 챙기셨고, 출장을 다녀오면 항상 내 책상 위에는 선물이 놓여져 있었다. 향수, 초콜릿, 가방, 스카프, 립스틱 등 다양하게 내가 필요하다고 생각되는 선물들을 세계 각국의 면세점에서 사오셨다. 그리고 매년 휴가를 가라고 휴가 비용으로 백만 원씩 나에게 개인적으로 주셨다. 그러니 그분을 위해서 헌신하여 일을 안 할 수가 없었다. 진정한 리더는 마음을 움직이는 사람이었다. 마음이 가면 몸은 자연히 따라가서 열정을 가지고 일을 하게 되어 있기 때문이다.

10여 년 동안 외국 기업 CEO들과 호흡을 맞추며 일하면서 나는 리더들의 탁월한 결단력과 카리스마를 보고 배우게 되었다. 리더들은 생각이 달았다. 진정한 리더들은 큰 그림을 그리며 나아갔고, 매스컴에서 무어라 떠들든, 아무리 다른 사람들이 뭐라고 욕을 하든 자신의 소신을 지켰다. 자질구레한 사건들에는 휩쓸리지 않고 우로도 좌로도 치우치지 않았으며, 끝까지 인내하며 독수리 같은 눈을 가지고 전략을 세우며 기다렸다. 그리고 자신의 오른팔과 왼팔 역할을 할 수 있는 인재들을 발굴해 내는 예리한 눈과 육감을 가지고 있었다.

그리고 내가 만난 세계적인 리더들은 겸손하고 온유했다. 그들은 많이 베풀고 자신을 위해서 헌신하는 사람들에게 아낌없이 주었다. 그리고 자기 사람들을 위해서 끝까지 책임을 다하는 헌신을 보이셨고, 결국 어떠한 악조건 속에서도 충성할 수 있는 사람들을 배출해 냈다. 그들은 옳고 그름을 분별했고, 공의라고 판단되는 일에는 자신의 큰 목소리를 내는 것을 두려워하지 않았다. 오랜 세월 리더들과 함께 일하면서 나에게는 리더의 자질을 가진 사람을 구분할 수 있는 눈을 뜨게 되었다.

임원실을 찾아오는 부장급 이상 되는 중역들 중에서도 굽신거리며 윗사람들에게는 아부를 하고, 아랫 사람들에게는 모든 책임을 떠맡기며 허세를 부리는 사람들이 있다. 반면 평사원 또는 대리급이라도 당당하고 자신감 있으며 소신 있게 자신의 의견을 내세우는 사람이 있다. 나는 언제나 갑의 역할을 하는 회사에서 일을 했기 때문에 갑과 을의 존재가 너무나 확실한 한국의 기업에서 약자들, 즉 하청 업체, 중소기업 사장들도 많이 만나게 되었다. 그들은 공공연하게 뇌물을 바치는 것을 당연하게 생각하고 있었기 때문에 나를 당황하게 만들기도 했다. 나는 그러한 뇌물을 절대 받지도 않았지만, 내가 만난 진정한 리더들은 강자에게 강하고 약자에게는 약하게 배려해 주는 사람들이었다.

우리나라 국내 기업들이 아직까지 비서라는 개념이 전화받고 커피 타는 것으로 생각했던 90년대 초, 시대의 흐름은 한국의 빠른 경제 성장으로 인해 그 후 10여 년 동안 세계에서 내로라하는 외국인 CEO들이 한국 시장으로 파견을 왔고, 그들로 하여금 나는 많은 것을 배웠다. 나는 보이지 않는 힘을 통해 시대의 흐름을 탈 수 있었다. 선진국 CEO들에게 비서실장의 역할은 회사의 경영을 함께 돕참할 수 있는 가장 중요한 오른팔의 핵심적인 역할이었기 때문에, 영어에 능통하고 동시통역이 가능하며 전자공학을 전공한 비서는 업계에 단 하나, 나밖에 없었던 것이다. 그리하여 나는 리더들 바로 옆에서 기업의 전략과 극비 사항들을 보고 배울 수 있었던 것이다.

그리고 나는 이 세상에서 가장 입이 무거운 사람 중 하나가 되어 있었다. 우선 나는 회의 시간에 워낙 말을 많이 하기 때문에 사적인 자리에서는 말하는 것이 지겨웠다. 그리고 회사의 극비 문서들만 다루다 보니 자연적으로 입조심을 하지 않으면 비밀유지계약 위반이었기 때문에 말을 조심하게 되었다. 그래서 내가 해야 할 말과 하지 말아야 할 말을 구분할 수 있는 능력을 갖추게 되었다. 나는 CEO들의 눈빛만 보아도 그들이 무엇을 원하는지 알고 미리 준비를 하는 비상함을 배웠고, 승리하기 위해서 어떻게 경쟁자들의 계략을 참고 기다리며 전략을 세워야 하는 방법을 배우게 된 것이다. 그리고 비서에게 무엇보다도 가장 중요한 것은 충성이었다.

"셧업 앤 런!"(입 닥치고 달려!)

나의 책상 앞에는 나만이 볼 수 있는 위치에 이러한 문구를 포스트잇에 써 놓았다. 아무리 똑똑하고 능력이 있다 해도 충성과 신뢰가 깨지면 최고경영자들과 함께 일할 수 없었다. 보좌하는 상사의 임직 동안에는 나의 100% 헌신과 충성만이 있을 뿐이다. 나의 목숨보다 충성이 더욱 중요했으며 배신이란 있을 수 없었다. 극비가 세어 나가면 안 되었고, 어떠한 상황에서도 그분들을 지켜야 했고, 보호해 드려야 했으며, 문제가 생기면 나는 발을 벗고 나서서 아무도 모르게 해결해야 했다.

나는 부행님장과 친한 다른 중역들과 함께 종종 우아한 식사를 특급호텔에서 즐길 수 있었다. 그들의 부유한 생활, 전략적인 마인드 그리고 앞으로의 계획을 듣고 있는 시간은 내가 결코 소유할 수 없는, 그러나 너무나 소망하던 결혼, 성공, 풍요로운 삶과 행복에 대한 꿈을 꿀 수 있는 시간이었다. 내가 일에 푹 파묻혀서 살 수밖에 없었던 나의 현실에 대해서 그 누가 상상을 할 수 있었을까……. 그 아무도 모르는 많은 비밀과 아픔을 혼자서 간직한 채, 철저하게 내 자신을 감추며 살아야 하는 나의 고달픈 인생에 대해서 알고 있는 사람은 아무도 없었다.

제일은행은 1997년 IMF 구제금융사건으로 인해 본격적인 해외매각 수순을 밟게 되었고, 1999년 12월 23일 미국의 투자기관인 뉴브리지캐피털과 합작 계약을 맺었다. 그러나 제일은행의 경영 정상화에 투입된 공적자금이 은행권 최대 규모인 12조 원에 육박한데 반해, 뉴브리지캐피털이 지급한 금액은 5%도 안 되는 5천억 원에 불과했다. 이를 놓고 헐값매각이라는 비판이 거셌다.

뉴브리지캐피털은 2005년 1월 영국계 스탠다드차타드은행에 제일은행 주식을 3조 4천억 원에 매각하여 3조 원 가까운 차익을 남기고 대한민국에서 철수하면서 헐값매각 논란과 일명 '먹튀' 논란이 있었다. 이후 제일은행은 스탠다드차타드의 브랜드를 사용하여 2005년 9월 SC제일은행으로 행명을 변경했다. 현재 모든 주식은 스탠다드차타드은행이 보유하고 있다.

7장

장미의 가시를 잡다

—

세상의 모든 것은 허무하고 권태가 온다.
돈이 주는 기쁨도 영원하지 않으며, 섹스와 쾌락도 허무할 뿐이다.
내 영혼과 마음 깊은 곳에서부터 끝없이 샘솟는 자유와
기쁨이 넘치는 삶이 진정한 행복이다.
– 최일드 목사의 영성 한마디

Nowhere(돌파구가 없다)를 Now here(지금 여기)로 바꿀 수 있다.
포기란 암보다 무섭고 나쁜 것이다.

故 강영우 박사

홀로서기

회사에서는 열정을 가지고 물 만난 고기처럼 일을 했
지만, 밤늦게 집으로 돌아오는 길은 마치 도살장에 끌려가는 돼지처럼
나의 마음은 항상 무거웠다. 집 근처에 도착을 하면 집안에 불이 안 켜
져 있길 바라는 마음으로 담벼락에서 확인을 하고 들어갔다. 경찰서장
폭행 사건 이후로 나는 그 사람이 변하길 바랐다. 차라리 이러한 계기
가 변환점이 되어 그의 난폭한 성질의 원인이 술이라 것을 깨닫고, 술
을 끊고 우리 가정의 문제점을 함께 상담을 받아 보자고 권해 보기도
했다. 하지만 자신은 아무런 문제가 없다고 딱 잘라서 말을 했으며, 내
가 마음을 열고 그의 상처를 감싸 주고 우리 가정으로 다시 회복시키려
고 노력하는 모습을 무시한 채 나의 말을 들으려고 하지 않았다.

그가 바람을 피우고 있는 심증도 가지고 있었고, 몇 명의 여자가 내
회사까지 전화를 해서 나에 대해 알고 싶어 한 적도 있었다. 상황이
전혀 반대로 되어 버린 것이다. 나는 그가 누구를 만나든 어디에서 무
엇을 하든 전혀 신경을 쓰지 않는데, 그가 만나고 있는 여자들이 오히

려 나의 존재에 대해서 확인하고 싶어 했던 것일까?

"우리 이렇게 사는 것이 무슨 의미가 있을까? 당신이나 나나 서로에 대한 애정도 없고, 우리는 집에서 서로 얼굴을 볼 수 있는 시간도 거의 없이 남남으로 살아가고 있잖아. 나는 당신의 애기를 낳아 줄 수도 없는 몸이고, 가족을 만들어 줄 수도 없어요. 그렇기 때문에 당신이 가정에 마음을 잡지 못하고 자꾸 밖으로만 돌고 있는 것 같으니, 내가 당신을 위해서 해 줄 수 있는 것은 이제 당신을 놓아 주고 서로 각자의 길을 가는 거예요. 그것이 서로를 위해서 더 현명한 선택이 아닐까요?"

나는 조용히 그의 의사를 물었다. 이제는 서로에 대한 감정이 하나도 없었기 때문에 싸울 일도 없었고, 언성을 높일 이유도 없었다.

"난 절대로 이혼 못 해. 이런 생활이 뭐가 어때서? 살다 보면 바쁘게 사는 거고, 너는 내 와이프로서 훌륭한 조건을 가지고 있어. 내가 언제 애 낳아 달라고 했어? 애 없이 사는 게 더 편해. 그러니 다시는 이혼 애기 꺼내지 마."

그는 나의 포인트를 또 못 잡고 있었으며 이런 결혼생활이 만족스럽다는 그의 생각만 주장하고 있었다. 아내가 지금 왜 불행한지, 왜 매일 술을 마시며 울어야 하는지, 나의 아픔과 외로움에 대해서는 관심도 없었고, 그는 마치 내가 장식장 안의 인형처럼 살길 원했다. 대외적으로 동행하는 자리에 내가 필요했고, 자신이 밖에서 무슨 짓을 하고 들어와도 집에 들어오면 내가 기다리고 있어 주길 바랐다. 나는 그와 계속 이렇게 변함없이 무의미한 삶을 지속해 나갈 이유가 더 이상 없었다. 우리는 얼마 전 시내로 이사를 하게 되었다. 그리고 내가 제일은행에 들어와서 초기에 그 사람은 또 한 번 이성을 잃고 집에서 나를 패대기 치는 사건이 발생되었다.

"지금 어디야? 빨리 들어와."

그는 일 년에 한 번 집에 일찍 들어오는 날이면 집에서 혼자 있는 것을 병적으로 싫어했다. 그러나 나는 쏟아지는 회사의 업무로 인해 계속되는 야근의 연속이었다. 이미 산산조각 난 우리 가정은 껍데기뿐이었고, 나에게는 일이 가장 소중했으며 내가 숨 쉬고 있는 유일한 생명줄이 되었다.

"어머, 채송하 과장 남편 되세요? 오늘 회사에서 야근 해야 돼서 잠깐 동료들과 저녁 식사 나왔어요. 오늘 조금 늦게 들어가도 돼죠?"

나의 전화를 선배 언니가 대신 받게 되었고, 나의 상황을 설명해 주었다.

"이봐요. 당신이 누군지 난 신경 안 쓰고, 회사 사람들끼리 저녁을 먹든 말든 내 상관 아니니 내 마누라한테 지금 당장 집에 들어오라고 전해요!"

전화를 그렇게 끊고 그의 반응에 너무나 놀란 선바 언니는 나에게 이 말을 전했고, 그는 나에게 이런 식으로 다시 전쟁을 선포했다.

"채 과장 회사에서는 그렇게 당당하고 똑부러지는데, 집에서 이렇게 꽉 잡혀서 살아? 남편이 너무 무례하네!"

나는 그 사람의 상식 이하의 언어를 전해 듣고, 이제 회사에서 나의 이미지까지 큰 손상을 주는 이러한 무식한 행동을 도저히 참을 수가 없었다. 그러나 당장 해야 할 일이 많았기 때문에 어쩔 수 없이 늦게 집에 들어갈 수밖에 없었다. 아니나 다를까 그는 혼자 집에서 술을 마시고 있었다. 나는 회사에서 넘치는 일에 이미 지쳐 있었고, 술을 마신 사람과 무슨 얘기를 하겠나 하는 생각에 침묵을 지켰다.

“내가 일찍 들어오라고 했지! 남편 말이 말같지 않아? 회사 인간들하고 히히덕거리며 노는 게 나하고 있는 것보다 더 좋다 이거지?”

그의 혀는 벌써 꼬부라져 있었다.

‘여기서 당장 벗어나야 해⋯⋯. 저 사람과 이제 하루도 같이 살 수 없어⋯⋯.’

그리고 빨리 그를 무시하고 방으로 들어가서 문을 잠가야 했다. 그러나 종종 걸음으로 가는 나보다 그가 더 빨리 나를 덮쳤다. 나를 쓰러트린 후 나의 발목을 잡고 내 몸을 예전에 마피를 던지듯이 벽으로 내동댕이쳤다. 나의 몸은 거꾸로 공중을 날라서 철로 된 소파 다리에 머리부터 쾅 부딪치며 짐짝처럼 바닥으로 던져졌고, 순간 정신을 차릴 수가 없었다. 그는 다시 달려와서 나의 뺨을 마구 때리기 시작했다. 정신이 없는 와중에도 나는 두 손으로 얼굴을 가렸고, 그는 나의 목을 다시 조르기 시작했다.

“너 계속 이혼하자고 했지? 내가 너한테 그렇게 잘못한 게 뭐가 있어? 여자는 말 안 들으면 맞아야지. 북어하고 여자는 하루 건너서 패라고 했어. 너는 내 말을 너무 안 들어, 알아?”

그리고 그는 나의 발을 잡고 질질 끌면서 집안을 돌아다녔다. 발목이 잡힌 상태에서 나는 일어설 수가 없었기 때문에 머리는 땅에 부딪치고 문에 쾅쾅 부딪치며 벽에 부딪치고 나의 상체는 멍 투성이가 되어 가고 있었다.

‘얼굴은 안 돼. 내일 아침 일찍 중요한 회의가 있어⋯⋯.’

나의 정신은 내일 나의 모습을 상상했다. 그러나 과연 나에게 내일이 있을까? 이렇게 계속 맞고 있으면 안 되었다. 나는 그를 발로 힘차게 차고 밀치며 벌떡 일어났다. 그러나 비틀어진 발목은 제대로 삐어서 도저히 아파서 걸을 수가 없었다. 나는 부엌으로 기어 갔다.

'식칼을 찾아야 해……. 저 사람을 죽여 버릴 거야. 나는 정당방위가 될 수 있어.'

그러나 쫓아오는 그에게 다시 잡혀 버렸다.

"얼굴만은 안 돼. 제발 부탁해. 제발 얼굴은 때리지마……."

나는 울면서 그에게 호소했다. 울고 있는 나의 얼굴을 보면서 얼마 후 헐크는 다시 온순한 양이 되었다. 그리고 걷지도 못하는 나를 안고 방으로 가서 침대에 눕혀 주었다.

"내 말만 잘 듣고 살면 되잖아. 왜 나를 또 화나게 만들어. 나도 이런 내 자신이 싫지만, 너를 놓아 줄 자신이 없어."

그는 나를 안고 흐느껴 울기 시작했다. 나는 지금 당장 죽고 싶었다. 내가 왜 오래 전 그때 죽지 못했는가? 내일 아침에 눈을 뜨고 이 비참한 현실을 또다시 바라볼 자신이 없었다. 나는 계속 절망의 늪으로 빠져들어가고 있었으며, 여자로서 도저히 감당하기 힘든 치욕스러운 나날들을 계속 감추고 참으며 살아야 했다. 이 사람은 나의 영혼을 서서히 죽이고 있었다. 동균 오빠에게조차 나의 비참한 삶을 절대로 얘기할 수 없었다. 오빠는 그러면 당장 그를 죽을 정도로 패든지 생매장을 시켜 버릴 정도로 분노할 것이다. 나로 인해 집안 싸움이 되게 할 수 없었다. 남자들끼리 싸우기라도 해서 일이 커지면 잘 살고 있는 오빠에게도 할 짓이 못되었다. 오빠에게까지 나의 비극 같은 삶이 전염되어 근심과 걱정을 끼치게 하고 싶지 않았다.

"이제 그만하자. 이 악몽 같은 결혼을 끝내자. 나는 당신이 무서워서 더 이상 같이 살 수가 없어. 내가 내일 당장 당신을 고스하면 우리 결혼생활은 어차피 끝이야. 차라리 죽고 싶으니까 칼을 가져와서 나를 찔러, 제발!”

나의 온몸은 계속 미친 듯이 파르르 떨리기 시작했다. 다리와 가슴, 귀는 온통 벌겋고 시퍼런 멍 자국이 올라오고 있었다. 양쪽 발목은 퉁퉁 부어 올랐고, 서서히 쇼크에서 벗어나자 육체의 통증이 느껴졌다. 나는 더욱 괴로움에 허우적거렸다.

우리는 이렇게 미쳐갔다. 나는 몸과 마음에 지울 수 없이 계속되는 상처로, 숨은 쉬고 있지만 눈을 떠도 너무나 두려운 암흑만 보였다. 공포, 공포, 공포…… . 과거 필리핀에서의 악몽보다 더 지옥 같은 나날들이 계속 되어 가고 있었고, 그는 이러한 미친 자신의 포악함으로 점점 더 무덤을 파고 있었다.

‘엄마에게 행복하게 사는 모습을 보여 드리기 위해서 결혼했는데…… . 나는 결코 행복할 수 없는 운명을 가지고 태어난 것이야…… .’

다음 날 아침, 나는 이를 악물고 회사에 출근을 했다. 오전 8시부터 금융감독원과 중요한 외부 회의가 잡혀져 있었기 때문에 내가 무단결근을 하게 되면 모든 스케줄이 다 펑크 나고, 부행장님은 매우 곤란한 상황에 빠지게 된다. 내가 어떻게 지금 이 자리까지 올라왔는데, 그리고 이 자리를 지키기 위해서 얼마나 피나는 노력을 해 왔는데, 하루아침에 나의 커리어가 물거품이 되게 할 수는 없었다.

“오 마이 갓! 도대체 무슨 일이야?”

나는 목의 상처를 감추기 위해서 또다시 목폴라를 입고 출근했다. 진통제를 4알씩 계속 먹었다. 속은 아려오기 시작했고 얼굴은 퉁퉁 부어 있었고, 다리를 절뚝거리는 모습에 부행장님이 놀라서 나에게 다그쳤다. 나는 계단에서 넘어졌다고 이유를 대고 괜찮으니 회의를 진행하도록 했다. 그렇게 하루 종일 진행되는 회의 시간마다 나는 입술을 깨물면서 흐르는 눈물을 꾹 참아야 했다. 입으로는 물 한 모금도 들어가지 않았다. 그러나 탈수되지 않기 위해 억지로 마셔야 했다. 그렇게 그날의 모든 회의를 이를 악물고 마친 후, 모두가 퇴근한 밤 9시에 나는 회의실의 불을 껐다.

빌딩의 22층 회의실에서 창 밖으로 종로와 명동의 북적거리는 거리가 한눈에 보였다. 곧 크리스마스가 다가오기 때문에 거리에는 온통 반짝반짝거리는 조명으로 너무나 아름다운 광경이었고, 하늘에서 눈이 펑펑 내리기 시작했다. 거리에는 많은 사람이 행복한 모습으로 선물을 산 쇼핑백을 들고 분주하게 걸어 다니고 있었다. 그러나 나는 지금 왜 숨 쉬며 살아 있는지 그 존재의 이유를 알 수 없었다.

'여기서 뛰어내리면 1분 안에 고통 없이 죽을 수 있겠지?'

그러나 빌딩 전체는 통유리라서 자살을 하고 싶어도 할 수가 없는 곳이었다. 나에게 죽는다는 것은 언제나 살아서 숨 쉬는 것보다 더 쉽게 느껴졌다. 나는 이미 절망 깊은 곳까지 빠져 있었기 때문에 자살은 한순간이었다. 서서히 내가 다시 죽음을 준비하는 그날이 언제인지 디데이를 잡고 있었다. 어린 시절 집을 가출하는 것도 한순간이었다. 필리핀 마닐라 그 가난하고 처절했던 시골에서부터 지난 10년 동안 머나먼 여정을 거쳐서 나는 지금 이렇게 서울의 심장에 와 있었다. 프로의 세계는 냉정했다. 부모 형제 가족 상을 당하지 않는 이상 슬퍼하면 안 되었다. 어떠한 상황에서도 우는 모습을 보이면 안 되었다. 완벽한 표정 관리에 포커 페이스를 유지하며 나의 경쟁 상대들 앞에서 두려움을 감추고 미소를 지어야 했다.

나는 살아가면서 순수함을 잃어버리는 것이 가장 무서웠다. 30여 년의 세월을 살아오면서 경험을 쌓아 나가는 것은 중요하지만, 생존을 위해서 닳고 닳아가고, 약아지고 계산적이고, 공허한 나의 삶을 철저하게 감추기 위해 웃음과 우아함을 연출해 내야 하는 내 자신이 점점 증오스러워지고 있었다.

오늘 하루만 살자

내 마음 깊은 곳에는 아직도 천진난만하게도 기적을 믿으며, 로미오와 줄리엣 같이 첫눈에 반하는 사랑을 믿으며, 그 사랑을 위해서 목숨까지도 아깝지 않은 그런 만남을 꿈꾸어 왔다. 하지만 그러한 삶은 나에게 주어지지 않을 뿐더러 그러한 만남은 앞으로 절대 없을 것이다.

이제 나에게는 자살이 결코 간단하지 않았다. 무일푼이었던 10여 년 전과는 상황이 달랐다. 이제 나는 재산도 있었고, 정리해야 할 부동산, 통장 잔액, 주식과 보험 등이 있었다. 돈을 쓸 시간조차 없었던 당시 나의 통장에는 고액의 월급이 차곡차곡 쌓여가고 있었고, 은행에서 근무를 하면서 나의 통장 잔고가 도대체 얼마인지 정리할 시간조차 없이 살고 있었던 것이다. 무담보로 일억 대출까지 가능했던 시절이었지만 나는 돈이 필요 없었다. 그리고 무엇보다도 회사에 후임을 뽑아 놓고 퇴사를 해야 했다.

'던컨……. 당신을 위해서 정리해 주고 가야 할 일이 너무나 많네요…….'

가족을 생각 안 하려니 온유하신 부행장님이 떠올랐다. 그렇게 나는 또다시 죽을 계획을 뒤로 미루고 부행장님을 위해 일들을 정리해 나가기로 했다. 그리고 내가 이 세상을 떠난 후, 오빠와 엄마에게 나의 재산을 정확하게 배분하고 싶었다. 그러나 이 몇 푼 안 되는 나의 돈은 사랑하는 가족들에게 중요하지 않다는 것을 나는 너무도 알고 있었다.

엄마와 오빠를 생각하면 죽을 수가 없었다. 남아 있는 나의 가족들의 남은 평생을 눈물과 고통 속에서 살게 한다는 것은 너무나 무책임한 행동이었다. 하루하루가 갈등의 연속이었다. 죽자, 빨리 죽자……. 아니야 살아야 해……. 지금 이 고통은 시간이 지나면 괜찮아 질거야……. 아니야, 죽을 준비를 해야지…….

이제 울지 말자. 눈 딱 감고 살아보자. 딱 오늘 하루만 살자. 그리고 내일 결정하자.

내가 어린 시절부터 엄마를 기다리며 참는 방법은 딱 한 가지. 내 자신을 쇄뇌시키는 것이었다. 일 년만 참자, 그러면 엄마가 오실거야. 그리고 한 달만 참자 하며 사표를 내지 않고 버텨 온 회사의 경력을 통해서 지금 이 자리에 올라와 있었다. 나는 그날 이후 혼자서 조용히 그리고 무섭게 짐을 정리했다. 나 혼자 이사 나올 작은 아파트를 찾아서 임대 계약을 하고, 마피와 꾸숑을 용인 전원주택에 살고 있는 기자에게 입양을 보냈다. 그 사람은 계속 미친 듯이 길길이 날뛰었다.

"마피와 꾸숑을 내 허락도 없이 보내? 집을 내놨다고? 내가 이혼 도장을 순순히 찍어 줄 줄 알아? 절대 못 해!"

생각의 각도를 바꾸니 나에게 이혼 도장은 이제 그리 중요하지도 않았다. 그런데 지금까지 이혼을 안 해 주었기 때문에 그 사람의 손아귀에서 못 빠져나온 내 자신이 너무 한심했다. 지금 당장은 그 사람으로

부터 벗어나는 것이 중요했다. 이렇게 같은 배를 타고 함께 가라앉을
수 없었다. 나는 살아야 했고 엄마를 위해서라도 당당하게 잘 살아야
했다. 조용히 짐을 정리하는 나에게 무서운 에너지가 나왔던 것일까?
그는 여전히 매일 폭음을 하며 집에 거의 안 들어오는 생활을 반복했고
우리는 결국 별거를 시작하며 나는 그로부터 자유를 얻었다.

백마 탄 왕자가 전도사?

"엄마, 오빠! 나는 너무 잘 있으니까 아무 걱정 마세요. 회사 일로 너무 바쁘고, 내가 인기가 좀 많잖아. 그래서 여기저기 오라는 곳이 많아서 집에서 잠 잘 시간도 없어요. 휴가 때 다 같이 미국에서 봅시다!"

세월은 화살처럼 빠르다 했던가……. 그 후 2년이라는 세월이 흘렀고, 일본에 계신 엄마와 사장으로 미국에 파견을 나가서 살고 있는 오빠에게 나는 언제나 씩씩한 모습을 보여 주고 싶었다.

"송하야, 미국에 오고 싶으면 언제든지 와라. 오빠가 이제 사장인데 동생 하나 못 먹여 살리겠니. 한국에서 그렇게 혼자 외롭게 있지 말고, 6개월이든 일 년이든 회사를 쉬고 오빠한테 와, 제발!"

미국 디트로이트에 법인 사장으로 파견 나가 있는 오빠는 내가 가장 힘든 시기에 이렇게 멀리 떨어져서 살아야 하는 현실에 너무나 가슴 아파했다. 당장 미국으로 출국할 수 있는 장기멀티비자도 나는 이미 가지고 있었다. 그러나 나는 꿈이 있었고 성공해야 할 목표가 있었다. 하루

하루 외로움과 우울증으로 시달렸지만, 서른 초반에 나의 연봉과 사회적 위치는 아무리 힘들어도 결코 포기할 수 없는 조건이 되었다. 일 년을 쉰다는 것은 영원히 나의 자리를 빼앗긴다는 의미였다. 나는 남자들의 세상에서 그들과 경쟁해야 했고, 접대 자리에서 정보가 교환이 되고 이미 무언의 딜이 이루어지는 현실 가운데 남자들과 함께 "건배" "버텀스 업!" 하며 술잔을 비워야 했다.

나는 그와 떨어져 있는 동안 비로서 나의 자신과 현실에 대해서 줌아웃해서 볼 수 있었다. 나는 이미 다른 여자들처럼 정상적인 가정을 이루고 자녀를 키우며 살 운명이 아니었던 것이다. 그리고 나의 생각과 고정관념이라는 틀에 모든 것이 들어와야 행복하다고 느꼈다. 그렇지 못하면 오래 전에 아버지로부터 느꼈던 답답하고 상식이 통하지 않으며 변함없이 화가 나는 현실이었다.

'아버지의 뇌 세포 중 무엇이 잘못되었길래 도대체 처자식을 이렇게 고생시키고도 양심의 가책이 없을까?'라는 의문이 이 남편이라는 사람에게 동일한 답답함으로 다가오며, 내 힘으로는 변화시킬 수도 없고, 반복되는 상황에 대한 분석을 할 수 있었다.

'왜 나는 다른 사람이 바뀌어야 한다는 착각 속에 살았을까?'

결국 아버지를 용서 못한 것도 내 자신이고, 정상적인 가정을 이루고 살아야 하는 그를 나의 과거를 속이고 결혼한 것도 나의 이기적인 결정이었다. 나는 정상이고 그가 정신병자라고 생각했는데, 나 또한 정신병자였다. 내 자신을 인정하며 물론 나의 가슴은 찢어졌다. 아무리 나에게 아픔만 안겨 준 사람이라 해도, 이혼이라는 것은 서로에게 또 다른 큰 아픔이고 상처였다. 이렇게 그 사람을 멀리 보내고 곧 그가 다른 여자를 만나서 자녀를 낳고 살게 되면 아마 변할 수 있을 것이라 믿었다.

그리고 그로부터 일 년 반이 지나서야 우리는 합법적으로 이혼을 하게 되었다.

"당신이 더 좋은 여자 만나서 아이도 낳고 행복하-게 살기를 바라요."

나의 진심이었다.

이제서야 내가 홀로가야 하는 나의 현실이 보이기 시작했다. 나의 감정이라는 감옥에 내 자신을 처박아 놓고, 나는 불행하다, 나에게 행복한 가정이란 주어지지 않는다, 외롭다, 서럽다, 사랑받지 못한다, 아이를 낳을 수 없다는 생각의 감옥에서 살고 있었다.

그러나 나는 아버지로 인해 그 누구도 경험하지 못한 경험을 통해 통찰력과 순발력 있는 두뇌 회전이 생겼고, 어린 시절 가난과 고난을 통해 남들의 아픔을 진실로 애통해 할 수 있는 따뜻한 가슴을 가지고 있었고, 엄마와 일찍 헤어져 살면서 혼자서 무엇이든 할 수 있는 강인한 정신력을 배울 수 있었다. 나에게 전혀 다른 삶이 펼쳐질 수 있다는 것은 한 번도 생각해 보지 못하고, 그저 다른 여자들이 가는 삶을 추구하며 고정관념을 깨지 못하고 내 자신이 불행하다고 믿으며 살고 있었던 것이다.

'너는 언제까지 열등감, 상실감, 우월감, 자신감, 행복감, 만족감, 절망감, 죄책감이라는 감옥에 네 자신을 처박아 놓고 살거니?'

내 자신에게 물었다. 아버지가 나에게 좋은 조건을 만들어 주어야 행복한 것이었고, 남편이 나를 사랑해 주어야 기쁘다그 믿었던 나의 고정관념이 산산조각 날 수 있었다. 기쁨은 내 안, 내 생각, 내 결단에서 나오는 것이었다.

'고독함이여 외로움이여 덤벼라! 파도를 멈출 수는 없지만 서핑을 배우리라. 그리고 내가 가야 할 길을 반드시 찾으리라.'

또다시 그렇게 겨울은 찾아왔고, 크리스마스의 거리와 상점들에 반짝이는 불빛들과 따뜻하고 아늑하게 보이는 집들을 바라보며, 바쁜 도심 속에서 하루하루를 씩씩하게 살고 있었다. 어느 금요일, 볼 일이 있어 차를 몰고 지방에 내려갔다가 서울로 들어오는 길 저녁 무렵, 평촌을 지나게 되었고, 갑자기 펑펑 내리기 시작한 눈 때문에 인덕원에 있는 어느 주유소에 기름도 넣을 겸 차를 세웠다.

"오늘 밤에 눈이 많이 내린대요?"

나는 주유소 직원에게 물어보았다.

"어제 일기예보에 폭설주의보가 내려졌어요. 아침부터 올 것 같더니 이제서야 오는 걸 보니 밤새 내릴 것 같네요. 땅이 얼면 내일 아침 큰일이네⋯⋯."

사장님같이 보이는 분도 걱정을 하면서 말했다.

'어떻게 한다⋯⋯.'

나는 고민이 되었다.

아직 도로에는 염화칼슘 차량이 돌지 않아서 도로에 차들은 거의 꼼짝도 못하고 있든지 몇몇의 차는 기어가는 상태였고, 해가 지면서 기온은 내려가고 질퍽거리는 눈이 얼기 시작하는 것 같았다. 그 순간 주유소 빌딩 옥상에서 아름답게 반짝거리는 크리스마스 장식이 보였다. 옥상에는 어느 교회의 십자가 탑을 둥글게 돌며 예쁜 크리스마스 장식의 불빛들이 반짝거리고 있었다.

'야, 저 높은 십자가 탑에 장식하느라 누군지 모르겠지만 목숨 걸었겠구만⋯⋯.'

나는 그러한 생각을 하면서 갑자기 6개월 전의 기억을 회상했다.

6개월 전, 내가 미동초등학교 동문회 초대 회장직을 맡고 있을 때였다. 한국에서 찾을 수 있는 유일한 동창은 초등학교 시절밖에 없었고, 어린 시절 친구들과의 만남은 순수했으며, 서로가 어떠한 업종에 종사하건 아무런 조건이 없었다. 초등학교 동창들은 20년이 지난 후 선생님이 된 친구도 있었고, 부동산 사장이 된 친구도 있었고, 건설, 여행사, 사진 기자, 대기업, 가정주부 등 다양한 삶을 살고 있었기 때문에 우리는 다양한 행사를 만들어 서로 만남을 가졌고, 경조사를 챙기며 친분을 다져갔다.

어느 날 2학년 때 나의 짝꿍이었다고 하는 친구가 미국에서 온 지 얼마 안 되었다는 소식을 듣게 되었다. 동문회에 전도사라고 하는 친구가 새로이 등장했다.

"전도사가 도대체 뭐하는 사람이야?"

나는 옆에 있는 친구에게 물었다.

"응, 목사가 되기 전에 전도사부터 되는 거야."

친구는 나에게 설명을 해 주었다.

"오 마이 갓! 교회 목사? 우리 동창 중에 목사도 있는 거야?"

나는 정말 선호하지 않는 직업을 가지고 있는 전도사 동창을 만나게 된다는 사실에 별로 흥미가 없었다.

그는 미국 시애틀에서 살고 있었는데 한국에서 목사님이셨던 아버지가 위암 말기라는 연락을 받고, 신학교 마지막 학기를 끝내자마자 정리하고 귀국했다고 말했다. 그리고 6개월 후 아버지가 돌아가시고 지금은 아버지의 개척교회를 맡아서 혼자 담임목회자로 사역을 하면서 석사과정을 공부 중이었다. 전도사는 초등학교 시절 공부를 매우 잘했고 똑똑했던 친구였던 것으로 기억되었다. 전 학년마다 반에서 반장을 했었고, 항상 용모가 깔끔하고 단정했다. 그런데 그런 똑똑한 친구가 어쩌다 목사가 되려고 하는지 참 불쌍한 마음이 들었다. 나는 여자친구들끼리 만나서 이상형을 이야기하면서 서로 놀릴 때 "너 그렇게 '사'자 집안 좋아하다가 목사나 장의사한테 시집간다!"라고 말했던 생각이 나서 속으로 키득키득 웃었다. 많은 여자는 의사, 검사, 또는 변호사에게 시집을 가는 것이 배우자의 가장 이상적인 직업이었기 때문이다.

'전도사가 평촌 어딘가에서 교회를 하고 있다고 하긴 했는데…….'

항상 크리스마스 시즌이 되면 교회에서 흘러나오는 찬양은 어린 시절 외할아버지의 손을 잡고 주일학교를 다니던 그리운 추억으로 남아 있었다. 그러나 교회를 간다는 것은 나의 패배를 의미하는 것 같았다. 보이지 않는 추상적이고 신비스러운 신을 의지하고 기도하는 것은 나에게 시간 낭비라고 믿었기 때문이다.

'이 세상에서 가장 할 일 없는 사람들이 가서 앉아 있는 곳이 교회야. 사는 게 얼마나 바쁜데 저렇게 따분한 설교를 듣고 있고, 한가하게 거의 하루를 교회에서 보낸다는 말인가!'

그러나 나는 이 상황에서 차를 몰고 가는 것보다 도로 사정이 좋아진 후 출발하는 것이 안전하다는 판단을 하게 되었다. 혼자서 시간을 때울 수 있는 곳도 마땅치 않았기 때문에 어쨌든 차를 세우고 그 빌딩 3층에 위치한 교회로 올라갔다. 조용히 문을 열고 교회 안으로 들어섰다. 200여 명쯤 들어갈 수 있는 성전은 생각보다 크고, 내부가 새 것은 아니지만 정갈하고 단정한 강대상이 보였다. 십여 명의 성도가 흩어져서 조용히 묵상을 하고 있었고 나도 맨 뒷자리에 털썩 주저 앉아서 조용히 눈을 감았다. 몇 분이 흘렀을까, 조용한 찬송을 듣고 있노라니 나의 눈에서 하염없이 눈물이 쏟아져 내리기 시작했다. 어깨가 들썩여지면서 흘러내리는 눈물은 두꺼운 겨울 옷을 적시고 나의 살갗에 차가움을 느끼게 할 정도였다..

“흑…… 흑…… 훌쩍 훌쩍…… 하나님…… 계신가요……? 정말 어딘가에 계신 건가요?”

어린 시절 주일학교에서 기도해 본 것이 전부인 나에게 알 수 없는 따뜻함이 느껴졌고, 그동안의 모든 외로움을 의로라도 해 주듯이 나의 어깨를 감싸고 있는 듯했다. 한참을 그렇게 눈물을 흘리고 있을 때, 누군가 뒤에서 조용히 나를 위해 기도하는 소리를 듣게 되었다. 그제서야 나는 제정신을 차리게 되었다.

‘아이 증말, 창피하게 누가 뒤에서 기도하고 그래…….’

나는 눈을 뜨게 되었고, 그 교회에서 담임목회자로 사역하고 있는 동창 전도사를 그렇게 다시 만나게 되었다. 만남이란 참으로 희한했다.

사랑에 눈이 멀다

우리는 서로 전혀 공통점이 없는 것처럼 보이는 두 사람이 만나게 되었다. 그는 절대로 내가 찾고 있는 이상형의 조건이 아니었다는 것이 참 수수께끼로 남게 되었다. 내가 사회생활을 하면서 만날 수 있는 남자들은 대부분 미국 명문대 출신들과 MBA 석사들이었다. 소위 세상에서 똑똑하고, 잘나고, 돈도 많이 버는 사람들이 내 주위에는 너무나 많이 있었으며, 내가 원했다면 쉽게 만남이 이루질 수 있었던 상황이었다. 그러나 희한하게 몇 년 동안 마음의 문을 철저하게 닫고 있었던 내가 이 가난한 전도사에게 자석처럼 빨려 들어갔다. 나는 그를 바라본 순간, 그의 주위가 너무 환한 빛이 나서 그의 얼굴을 제대로 쳐다볼 수가 없었다. 광채가 난다고 해야 할까? 사람한테서 이런 영화 속의 한 장면 같은 느낌을 받기는 처음이었고 나는 희한한 체험을 했지만, 그와 나는 너무도 다른 세상에서 살고 있는 사람이라고 생각했기 때문에 처음에는 그러한 느낌을 곧 무시했다.

'내가 어제 마신 술이 아직 덜 깬 것이야……'

그의 얼굴을 본 순간 정말 심장이 뛰고 정신이 몽롱했다. 내가 태어나서 처음 느끼는 이상야릇한 감정이었다. 나는 소설책에서나 나오는 첫눈에 반한다는 사랑의 감정은 이 세상에 존재하지 않는다고 믿고 있었으며 그것은 환상일 뿐이라고 생각하고 있었다. 그런데 내가 그를 처음 만난 순간 느끼게 되었던 것이다. 그 설레임이 로미오와 줄리엣에게 있었던 것처럼 만난 지 3초만의 사랑이었다는 것을 알게 되었다. 우리는 서로 사랑에 빠진 것이다. 전도사를 처음 만난 그 순간 나의 심장은 큐피드의 화살을 맞은 것이다. (과연 누가 나에게 이 화살을 쏘았을까?)

"매일 새벽기도가 있고, 매일 밤 겟세마네 기도가 있어서 내가 직접 새벽 3시부터 교회 봉고차로 권사님들을 모시고 오고 저녁 때도 마찬가지로 차량을 돌아서 교회로 와서 예배를 준비해야 하거든. 그런데 오늘은 송하 회사 끝날 때 종로에서 보자. 내가 맛있는 거 사 줄게."

어느 토요일 전도사는 나에게 데이트 신청을 했다.

'새벽 기도? 새벽 3시부터 성도들을 데리고 오기 위해서 직접 차를 돌아? 이 사람 제 정신이야?'

나는 그가 어떻게 그러한 열정을 가지고 남을 위해서 희생을 할 수 있는지 전혀 이해할 수 없었다. 그리고 동시에 그를 만나면서 내가 왜 이 사람을 만나고 있는지 내 자신도 몰랐다. 우리는 너무나 다른 과거를 가지고 있었다. 앞으로도 전혀 다른 삶을 살게 될 것이며, 나는 서쪽으로 가고 있었고, 전도사는 동쪽으로 가고 있는 도중 우리는 교차로에서 잠깐 만나게 된 것뿐이었다.

그러나 첫날 그의 광채를 느꼈던 기억이 나의 뇌리 속에서 계속 사라지지 않았다. 프로들의 세계에서 소위 '선수들끼리는' 서로의 얼굴 표정, 음성, 제스처 그리고 외모에서 30분 안에 상대방이 프로인지 아마추어인지 어느 정도 파악할 수가 있다. 그래서 첫인상으로 상대방을 압도하는 것이 프로의 세계에서 매우 중요한 요소이기도 하다. 나는 오랜 세월 동안 선진국 기업을 좌지우지 하는 CEO들과 함께 보조를 맞추었고, 그들이 바라보는 시각을 배우게 되었다. 그런데 아무것도 가진 것 없이 보이는 전도사에게 무엇인가 내뿜는 엄청난 포텐셜(Potential, 가능성)이 있었다.

'그것이 무엇일까? 이 사람의 정체가 무엇일까? 정말 이해할 수 없네……'

전도사는 매우 핸섬한 외모와 평소에 운동으로 다져진 근육질의 몸을 가지고 있었다. 여름에 반바지에 티셔츠 하나만 입고 있어도 털털한 멋이 있었으며, 미국에서 석사과정까지 공부를 한 똑똑한 인텔리였다. 아버지 또한 목사님이셨고 목회자 집안의 가정으로 우리 아버지와는 비교도 안 되는 믿음이 깊은 집안이었으며, 어느 정도 부유하게 살았던 사람이었다.

그런 반면 좋은 학벌에 높은 연봉을 받고 있다고 허세를 부리는 다른 남자들과 그는 비교할 수 없는 자상함, 섬세함과 말 한 마디 한 마디에서 사람의 마음을 녹이는 내면 깊이 내뿜는 매력이 있었다. 나는 설레는 마음으로 그와 데이트를 시작했다.

이제 내가 회사에서 일찍 퇴근을 해야 할 이유가 생긴 것이다. 우선 저녁 6시 땡 하고 절대로 퇴근하지 않는 나의 상사를 어떻게 처분해야 했다. 입사하고 2년 정도가 흐른 후 제일은행은 어느 정도 안정을 찾았고 빠르게 정상궤도로 올라가고 있었다. 예전보다 그리 바쁜 일들은 없는 편이었고 회의도 늦은 시간까지 진행되지 않았다. 나는 우선 외국인들이 가장 선호하는 특급호텔 휘트니스 클럽을 알아보았고, 까다로운 절차를 밟은 후 부행장님을 회원가입시켰다.

"내일부터 휘트니스 클럽에 가서 일주일에 4일은 반드시 운동하세요. 배가 너무 나왔어요."

나는 부행장님에게 바로 당장 일찍 퇴근하고 운동을 시작할 것을 권유했다.

"알았어. 이제는 나도 몸 관리 해야지. 아내하고 비서하고 똑같이 투덜거린다니까……."

나는 부행장님을 서둘러서 퇴근을 시키고 나도 곧바로 만나야 할 사람이 생겼던 것이다. 그리하여 매일같이 함께 야근을 하던 상사와 비서가 다른 직원들의 눈에는 갑자기 함께 일찍 퇴근하기 시작한 것이었다. 전도사는 우리 회사 앞에서 덜덜거리는 10년 된 교회 봉고차를 대기하고 나를 기다렸다. 퇴근 시간에는 각 기사들이 총 동원되어 임원들의 검정색 세단들을 은행 정문에 줄을 서고 대기하고 있었다.

그런 와중에 완전히 매연이 풀풀 나오는 상태가 매우 안 좋은 봉고를 대기하고 기다리는 이 남자가 경비 아저씨들에게 눈엣가시였다. 그러나 은행에서 부행장님의 유명한 비서를 태우고 사라져 버리는 이 봉고차 주인을 어떻게 할 수가 없었다. 나의 눈치단 보그 있다가 부르릉 시커먼 매연을 뿜으며 출발하는 우리를 멍하니 바라보는 경비 아저씨들이 너무 웃겨서 우리는 막 웃음을 터트리기도 했다.

한번은 겨울에 일산의 삼촌댁을 다녀오는 길이었다 통일로를 달려서 늦은 저녁 시간에 돌아오는데 히터가 고장이 난 것이다.

"자기야, 히터가 들어오지 않아. 추워도 조금만 참아 빨리 갈게!"

나는 미안해 하는 그에게 춥다고 투정을 부릴 수도 없었다. 히터는 들어오지 않아 덜덜 떨고 가는데 실내가 추워서 둘이 뿜어대는 입김 때문에 성에가 너무 많이 끼는 것이었다.

"자기야 미안해……. 창문 좀 열고 달려야겠는데? 성애가 너무 많이 끼네."

닦아도 닦아도 계속 시야를 가리는 성애 때문에 우리는 양쪽 창문을 활짝 열고 얼마쯤 갔을까? 나는 매서운 겨울 바람이 너무나 추워서 소리를 지를 수밖에 없었다.

"어! 창문이 올라가지 않네."

너무 오래된 봉고차가 가끔 창문이 제대로 작동을 하지 않을 때가 있었는데 문짝도 얼어 버렸는지 작동이 되지 않았다. 설상가상 우리는 한겨울에 창문을 활짝 열고 서울 외곽순환도로를 달려야 했다. 한 시간 후 집 근처에 도착했을 때는 둘 다 온몸이 꽁꽁 얼고 입도 얼어서 말도 제대로 안 나오는 상황이 되었다.

"자기 춥지? 아휴, 너무 미안해."

전도사는 집 앞에 내려서 나를 꼭 안아주며 얼굴과 팔을 비벼주며 나의 추운 몸을 녹여 주었다. 그렇게 그의 사랑을 느낄 수가 있었다. 그

러한 시간들도 그와 함께한다는 이유만으로 왜 그토록 행복하기만 한
지…….

　내가 회사에서나 대외적으로 만나는 사람들은 회사의 임원들, 박사
들, 지위 높은 정부 요원들 등이었다. 나는 돈 쓸 시간이 없었던 사람이
었고, 부행장님을 동행하거나 외출을 하면 기사를 대기시켜서 나갔고,
거의 모든 지출은 회사 경비로 이루어졌다. 구정, 추석 및 연말이 되면
나는 집과 회사로 쏟아지는 선물들을 정리하느라 정신이 없을 정도였
다. 남들의 시각으로 보이는 나는 정승의 개였다. 나에게 잘 보이고, 나
의 말 한마디에 부행장님이 움직이셨기 때문이며, 결국 부행장님의 말
한마디에 은행장님 또한 움직이셨다. 거래처와 은행의 각 부서장들은
나의 집주소까지 기가 막히게 알아내서 선물의 도가 넘어선 뇌물들을
보내왔다. 나 혼자서 처치 불가능한 사과와 배 상자들부터 고액의 백화
점 상품권, 도자기, 인삼, 홍삼, 각종 명품 등의 선물 리스트가 나에게는
너무나 익숙한 현실이었다. 회사의 공식 석상이나 저녁 회식 및 접대의
지루한 시간들을 업무의 일부로 생각해야 했다. 즐거운 것처럼 행동해
야 했고, 그들 앞에서 우아한 모습의 연출, 만들어진 표정들을 지으며
웃어야 했다.

　그러나 전도사와 함께 있는 시간은 너무나 행복했다. 그는 잠을 거의
자지 않는 사람 같았다. 새벽부터 시작되는 모든 설교 준비를 하고 예
배를 인도하고, 틈틈이 시간 날 때마다 나를 만나러 평촌에서 종로까지
달려왔다. 기름값도 만만치 않았을 텐데 전도사는 내가 보고 싶다고 하
면 철야를 끝내고 밤늦게라도 잠깐 얼굴을 보기 위해 그 먼 길을 달려
와 주었다. 그는 나의 가식적이고 포장된 모습이 아닌, 나의 인간적이
고 털털한 모습 그대로를 보여 주길 원했다. 나의 순수했던 그러나 오

래 전에 잃어버리고 살았던 옛모습을 하나씩 되찾아 주었다.

"오늘은 송하가 좋아하는 조개구이 사 줄게. 내가 오늘은 팍팍 희생한다."

그러면서 그는 조개구이를 굽는 것부터 까서 나에게 먹여 주는 작업까지 해 준다. 전도사는 비릿한 조개구이를 좋아하지 않았다. 그래서 거의 먹지 않았지만 그는 나를 위해서라면 자신이 희생하는 날을 만들어서 나에게 사랑을 표현했다.

"이제 문화 사역의 시대가 열릴 거야. 내가 미국에서 공부하면서 새로운 패러다임의 목회를 시작하고 싶었거든."

전도사는 하나님 이야기만 나오면 열정을 토해냈다. 나는 별로 대꾸하고 싶지 않았다. 나 또한 그에게 다른 세상이 있다는 것을 보여 주고 싶었다. 그리고 인생을 즐겁게 누리며 살아야지 왜 굳이 힘들게 험난한 사명을 감당하려고 하는지 설득해 주고 싶었다. 그를 하나님과 가능한 멀리 떨어뜨려 놓아야 내가 원하는 술도 같이 마시고, 우리는 인생을 즐기며 데이트를 즐길 수 있었기 때문이다.

그는 참으로 순수하고 재치도 넘치는 사람이었다. 우리는 아무런 가식도 없이, 서로의 모습 그대로를 보여 주며 서로의 아픔을 위로하고 감싸주었다. 그의 순진한 얼굴을 보면서 즐거운 식사를 하는 시간은 나의 상처투성이인 마음을 따뜻하게 녹여 주는 시간이 되었다. 우리는 매일 시간 가는 줄 모르고 서로에 대한 많은 얘기를 나누었고, 나에게는 태어나서 처음으로 내 자신이 진정한 여자로 느껴지는 행복한 시간이었다.

'사랑을 받는다는 것이 이런 거구나…….

전도사가 나를 진심으로 사랑해 주고 있다는 것을 느낄 수 있었다.

나는 태어나서 처음으로 그에게 마음을 열고 모든 아픔을 다 이야기할
수 있었다. 아버지에 대한 분노와 배신, 나의 가출 그리고 아기를 못 낳
을 수밖에 없는 과거에 대해서도 처음으로 터놓고 얘기를 하게 되었다.
엄마와 오빠에게조차 말할 수 없었던 전 결혼생활의 구타와 상처를 얘
기했을 때 그는 나를 안아 주며 흐르는 눈물을 닦아 주었다. 그리고 어
느 날 전도사는 나에게 복음성가 CD를 세트로 사 와서 나의 방 CD플레
이어에 모닝콜로 음악이 나올 수 있도록 해 놓았다.

　　당신은 사랑받기 위해 태어난 사람
　　당신의 삶 속에서 그 사랑 받고 있지요.
　　당신은 사랑받기 위해 태어난 사람
　　당신의 삶 속에서 그 사랑 받고 있지요.

　　태초부터 시작된 하나님의 사랑은
　　우리의 만남을 통해 열매를 맺고
　　당신이 이 세상에 존재함으로 인해
　　우리에겐 얼마나 큰 기쁨이 되는지

　나는 주일학교 이후 처음으로 복음성가를 접해 볼 수 있었고, 아침 6
시마다 잠결에 침대에서 들을 수 있는 아름다운 아가씨의 목소리와 마
음을 따뜻하게 하는 멜로디가 그리 나쁘지만은 않았다. 그는 또 나에게
액자를 선물했는데, '너 하나님의 사람아'라고 써 있는 액자였다. 그러
더니 어느 날, 거실 벽에 못질을 하여 내 허락도 없이 그 액자를 걸었다.
　'뭐야, 이 사람…….

나는 절대로 하나님의 사람이 아니거든요!'

나는 속으로 생각했고, 나중에 그가 안 볼 때 저 액자를 꼭 때리라 다짐했다.

"혼자 있을 때 내 목소리 듣고 싶을 때 내 설교 테잎 들어 알았지?"

전도사는 계속 나에게 무언가를 가져다 주었는데 나는 정말 반갑지 않았다. 내가 원하는 선물은 명품시계, 화장품, 가방 그런 것들이었지 이러한 이상한 음악과 쓸데없는 액자가 아니었는데 그는 참 포인트를 못 맞추기 시작했다.

그러나 그가 집으로 가고 난 후, 나 혼자 있을 때 설교 테잎을 통해서 그의 목소리를 들을 수 있었고, 내용은 별로 중요하지 않았지만 아침에 화장을 하면서도 보고 싶은 그의 목소리를 들을 수 있어서 좋았다. 그렇게 일 년이라는 시간은 너무도 빨리 흘러갔고, 냉혹한 현실을 항상 직시하고 있는 나로서는 서서히 현실로 돌아와야 한다는 생각을 문득 하게 되었다.

'또다시 시작하지 말았어야 하는 만남을 시작한 것인가?'

우리의 사랑이 깊어져 가면서 뻔히 보이는 아픈 과거를 다시 재연하길 원하지 않았다. 우리에게는 미래가 없었다. 나는 이 상태로 그와 아무런 조건 없이, 미래에 대한 계획도 없이, 그냥 사랑을 나누기를 원했지만, 나의 그러한 이기주의적인 이유만으로 그의 미래를 막고 있으면 안 될 것 같다는 생각이 들었다. 그는 내가 알고 있는 상류층의 남녀들처럼 잠깐 즐기다가 헤어져도 그만이라고 생각하는 사람이 아닌 정말 진실된 사랑을 갈망하는 사람이었다.

'남자에게 아름답다는 표현을 쓸 수 있을까?'

그는 내가 평생을 살아오면서 만난 사람들 중 겉과 속이 가장 아름다

운 사람이었다. 그와 사랑을 속삭이는 것은 정말 탐스러운 빨간 장미꽃
밭에 둘려 있는 것과 같았다. 나는 그윽한 향기 속으로 점점 빠져만 갔
다. 그와 영혼토록 사랑하고 싶었다. 이 몽롱한 향기 가운데서 깨어나
고 싶지 않았다. 그러나 온통 상처투성이인 내 자신이기에 이러한 사랑
을 계속 지속할 수 있을지 자신이 없었다. 그래서 나의 가슴은 다시 아
프도록 절여오기 시작했다.

'애당초 나 같은 여자를 만났으면 안 되는데……. 당신은 나보다 더
착하고 좋은 여자를 만나서 결혼하고 아이도 낳고 새로운 가정을 꾸려
나가야 해요…….'

그는 야망을 위해서 돈을 벌기 위해서 계산하고 닳고 닳은 사람도 아
니었으며, 자신이 믿고 있는 신념과 사랑을 위해서는 과감하게 모든 것
을 포기할 수 있는 남자였다. 그러하기에 이제는 전도사에게 서서히 이
별을 준비해 주는 것이 그가 새로운 삶을 살 수 있도록 도와주는 것이
라는 생각을 하게 되었다.

"내가 당신에게 분명히 하고 싶은 얘기는, 나는 앞으로 절대로 다시
는 결혼하지 않을 것이라는 거예요. 나는 아이를 낳을 수 없는 몸이에
요. 또다시 불행한 삶을 반복하는 것뿐이야. 우리가 처음 1, 2년은 신혼
같이 행복하겠지. 하지만 5년이 지나고 10년이 지났을 때 그때도 지금
처럼 행복하고 서로 사랑하는 마음이 유지될까? 나는 매우 현실주의적
인 여자에요. 뻔히 보이는 불행한 선택을 더 이상 하지 않을 거예요."

나는 그에게 못을 박아 놓아야 했다.

단호하게 나의 의견을 말했을 때 전도사는 침묵을 지켰고, 우리는 서
로의 다른 마음을 알아 버린 채 그날은 그렇게 헤어졌다. 그리고 며칠
동안 꾹 참고 그를 만나지 않았다. 그러나 그를 볼 수 없는 시간은 나에

게 매우 견디기 힘들었다.

"자기야 보고 싶어, 지금 와 줄 수 있어?"

내가 보고 싶다는 말에 그는 다시 평촌에서 종토까지 쏜살같이 달려오곤 했다.

"도대체 몇 키로를 밟고 달려온 거야? 어떻게 30분만에 올 수 있어?"

나는 눈 깜짝할 사이에 차를 운전해서 온 존도사에게 감격을 했다.

"나도 송하 보고 싶으니까 전속력으로 달려왔지!"

"자기야 나 추워."

내가 그렇게 말하면 그는 한겨울에도 밖에서 나에게 코트를 벗어 주었고 자신은 "앗싸!" 합창을 외치며 추위를 찰았다. 우리 둘은 울진 해양도로에서 자전거를 타며 봄날을 만끽하기도 했고, 설악산을 비롯하여 많은 산을 오르면서 "산 정상에 올라가면 뽀뽀해 줄게." 하며 상금을 걸고 겨울 산을 탔다. 우리는 대포항에서 감칠맛 나는 회를 먹으며 밤새는 줄 모르고 인생을 이야기하곤 하였다. 1+1의 행복은 2가 아니었다. 사랑하는 사람과 함께하는 에너지의 원동력은 백, 천, 만이 될 수 있었다.

그리고 헤어진다는 것은 함께했던 많은 행복한 추억을 가슴속에서 갈기갈기 찢어버린다는 의미였다.

도망

나는 이제 서둘러서 이별을 준비해야 했다. 어떻게 그와 헤어져야 할지 몰랐다. 내가 태어나서 처음으로 진정한 사랑을 느낀 사람이었다. 그도 나를 정말 사랑하고 있다는 것을 알고 있었지만, 전도사가 나와 같이 있으면 우리는 또다시 불쌍해질 것이다.

나는 저주받은 인생이었다. 나의 내면 깊은 아픔을 모르는 사람들은 겉으로 보기에 완벽한 신붓감이라고 생각할 수 있다. 하지만 나의 삶은 불행한 과거와 흩어진 가족, 나의 깨어진 가정과 비정상적인 상처, 외로움, 우울증이 가슴 깊이 자리 잡고 있었다. 나는 내 자신을 너무나 잘 알고 있었기에 나의 과거는 결국 미래 나의 발목을 잡는 쇠고랑이 될 것이 뻔했다. 나의 저주받은 과거를 절대로 벗어날 수 없다는 생각과 나의 불행을 이 남자에게 같이 짊어지고 가게 할 생각 또한 추호도 없었다. 자존심, 다시 상처받을 것에 대한 두려움, 그렇다 지금은 가슴이 조금 아프더라도 더 이상 힘들어지기 전에 그동안의 행복했던 추억은 꿈이었다고 생각하고 독하게 마음을 먹고 헤어짐을 준비해야 했다.

그러던 나에게 어느 날 한 통의 전화가 걸려 왔다.

"채 실장님 안녕하셨어요. 지난번에 한번 연락 드렸던 IT 회사 포지션에 대해서 다시 의사를 물어보기 위해서 전화를 드렸어요."

나를 오래 전에 프라다에 소개를 시켜 준 리쿠르터 사장님이 나에게 전화를 하셨던 것이다. 어느 미국 IT 회사 사장님이 나를 꼭 스카웃 해 달라는 요청을 받고 몇 개월 전에 나에게 연락을 했지만, 나는 회사를 이동할 의사가 전혀 없음을 표현했던 것이다.

"그쪽 회사에서 채 실장님이 원하시는 연봉과 스톡옵션을 주겠다는 제의를 했습니다. 직급은 부장입니다. 그리고 사장님은 나이에 상관없이 젊은 인재들을 임원으로 키워 주실 계획을 가지고 있습니다. 이처럼 좋은 조건은 앞으로도 없을 것 같은데, 이제 저 일은행에서 나오는 것을 진지하게 생각해 보시는 것이 어떤가요?"

그녀의 제안에 나의 귀가 솔깃해 졌다. 그 IT 회사는 미국에 본사를 두고 있었고, 한국, 대만, 일본, 유럽 등에 지사를 드고 있었기 때문에 미국 본사 및 해외 지사를 출장 다니며 비행기 안어서 살아야 하는 시간이 많았고, 국내에 없는 시간도 많게 될 조건이었다. 나에게는 전도사와 헤어질 수 있는 절호의 기회였다. 서로 안 보면 그도 나를 잊을 것이고, 나도 다시 새로운 일에 빠져서 그를 잊을 수 있을 것이라는 생각이 들었다. 그리고 그 제의를 바로 받아들였다. 그러나 나의 퇴사에 대해서 가장 크게 타격을 입고 마음이 상한 분은 부행장님이셨다.

"크리스탈이 새로운 도전을 향해 간다는 것은 인정하지만, 다시 한 번만 진지하게 생각해 봐요."

부행장님은 앞으로 남은 일년 반의 임기 동안 내가 함께 있어주길 바라셨다. 그분이 떠난 후에 나는 은행에 남아서 앞으로 최연소 여자 지점장이 될 수 있도록 지점으로 파견 나가서 현장 업무도 배우라고 말씀을 해 주셨다. 정부에서는 현저히 감소하고 있는 여성 인력에 대해서 각 대기업들에게 여성 임원 승진에 대한 부분을 증가시키라는 방침이 계속되고 있었다. 내가 남들보다 그리 똑똑하지 않아도 시대의 흐름만 잘 탄다면, 30대 후반이 되었을 때 충분히 가능성이 있는 자리였다. 그러나 나의 목적은 전도사와 헤어져야 했고, 이제 이 나라를 떠나서 아무도 모르는 곳에 가서 살고 싶었다. 나에게는 그 외에 아무것도 중요하지 않았다. 처음에는 외롭고 힘들겠지만 헤어짐의 아픔도 곧 잊을 수 있을 것이라고 믿었다.

"루센트에 있던 젊은 사장이 나의 비서실장을 빼앗아 갔어. 나도 이제 늙었나봐."

다른 지인들을 통해 부행장님이 나의 퇴사에 대해서 넋두리를 하면서 무척 실의에 빠졌다는 얘기를 듣고 마음이 많이 아팠다. 외국계 기업의 CEO들은 서로의 이름 정도는 알고 있었기 때문에, 내가 어떠한 회사에 갈 예정인지 부행장님도 알게 되었던 것이다. 퇴사 일을 앞두고 매일 출근하여 부행장님의 얼굴을 보면서 업무를 정리하는 시간이 나에게도 눈물을 참아야 하는 시간이었다.

이번에는 내가 결코 잘하고 있는 것이 아니라는 것을 알고 있었지만, 어느 누구에게도 내가 왜 이러한 선택을 해야만 하는지, 나에게 진정한 인생의 목표와 성공에 대해서 깨닫게 해 주신 부행장님과 그리고 진정한 사랑을 알게 해 준 남자를 떠나야만 하는지 말할 수 없었으니 아무도 이해하지 못할 것이다. 나는 멀리 도망을 가야 했고, 그러기에는 은행도 퇴사를 하고 새로운 삶을 찾아서 이 땅을 떠나야 했다. 같은 하늘 아래 살고 있으면서 그와 헤어질 자신이 나에게는 없었기 때문이다. 어둠의 손은 그렇게 유혹할 만한 조건으로 나에게 다가왔다.

그리고 나는 2주 동안 미국으로 출장을 떠났다. 샌프란시스코에서 새로운 회사의 각국 지사장들이 참석하여 국제 회의가 진행되었고, 나를 소개도 하고 다른 중역들과 처음으로 인사를 나누는 자리가 되었다. 샌프란시스코에 도착하여, 낯선 도시에서 낯선 호텔에 짐을 풀고 첫날 밤을 맞이하게 되었을 때 나는 앞으로 내가 겪고 이겨내야 할 가슴에 사무치는 이 외로움 때문에 눈물이 주르륵 흘렀다. 나는 다시 혼자가 될 준비를 해야 했다.

'이런 사랑은 시작도 하지 말걸……. 나에게 사랑은 사치야. 내 곁에 있으면 그도 불행해 질거야.'

내가 첫 결혼을 실패하고 나서 그렇게 상상을 초월하는 가슴앓이를 했던 것이 결국은 나의 잘못이었다. 나의 더러운 죄악 같은 과거로 인해 정상적인 가정을 만들어 줄 수 없는 상황을 뻔히 알면서 결혼을 강행했던 나의 불찰이었다. 시간을 돌릴 수만 있다면, 가출했던 그 시간을 나의 인생에서 지워버릴 수 있다면, 예전에도 지금도 악마에게라도 나의 영혼을 팔고 싶을 만큼 그 후회스러운 시간을 되돌리고 싶었다.

그렇게만 할 수 있다면 나는 악에 이끌려 스무 살에 나의 순결을 무의미하게 버린 후, 자살에 실패하고 망가진 몸으로 한 번의 결혼과 이혼을 거치게 되었다. 많은 세월이 흘러서 서른 살이 넘어서 진정으로 내가 사랑하는 사람을 만나게 되었지만, 나의 무지한 과거 때문에 가슴을 찢고 통곡을 하며 후회를 하게 되었다.

내가 진정으로 사랑하고 그를 위해서 나의 목숨까지도 바칠 수 있는 한 남자를 만나게 되었는데 내가 그에게 해 줄 수 있는 선물은 아무것도 없었다. 나의 순결도 없었고, 그의 자녀를 낳아서 행복한 가정을 만들어 줄 수도 없는 몸으로 그를 만나게 되었다. 젊은 시절 아무것도 모르고 선택한 우리의 운명이 지금은 보이지 않을 것이다. 하지만 먼 훗날 10년이 지나고, 20년이 지나고 우주의 오묘한 뜻을 깨닫게 되었을 때 땅을 치고 후회할 수 있는 불행과 저주의 씨앗이 될 수 있다는 것을 뼈저리게 느끼게 되었다. 그리고 나는 행복으로부터 도망을 치기 시작했다.

전도사는 내가 무슨 계획을 세우고 있는지 전혀 모르고 있었다. 내가 출국할 때 공항에서 불안한 얼굴로 나를 배웅 나온 전도사의 모습이 내 기억 속에서 떠나질 않았다. 나는 미국 출장 후 새로운 사장과 나의 업무와 주거할 나라에 대해서 협의한 후 돌아가서 집을 정리할 계획을 가지고 있었다. 그리고 나는 2주 동안 한 통화의 전화도 걸지 않았다. 이제는 정말 매정하게 행동을 해야 했기 때문에, 그가 아무리 가슴이 아프더라도 이별을 강행해야 했다.

"도착하자마자 꼭 전화해야 돼, 알았지? 많이 보고 싶을거야. 그래도 참을게! 송하의 첫 생일을 이렇게 따로 보내다니……."

전도사는 내가 출장 중에 생일을 맞이한다는 점에 우리가 함께하지 못하는 생일을 가슴 아파했다.

'내 생일 따위는 중요하지 않아…….'

나는 한 번도 생일을 제대로 챙겨 본 적이 없었다.

미국에서 회의가 진행되고 있는 동안, 나는 또다시 전혀 이해할 수 없는 IT 회사에 들어와서 처음부터 새롭게 모든 업무를 파악해야 하는 힘든 과정을 통과해야 했다. 머리는 다시 빙빙 돌기 시작했다. 점심은 새로 만난 현지 직원들과 인사를 나누며 먹었지만, 저녁 식사는 대부분 나 혼자 호텔 주변 식당에서 해야 했다. 일주일이 그렇게 흘렀고, 어느 날 나는 혼자 식당에서 엄청난 사이즈의 스테이크를 앞에 놓고 저녁 식사를 하려고 하는데 문득 한국에서 나의 전화를 눈 빠지게 기다리고 있을 전도사의 얼굴이 생각났다. 그러면서 스테이크 위에 눈물을 뚝뚝 흘렸다.

'이제 마음을 독하게 먹어야 해. 그와 헤어져야 해. 이렇게 계속되는 만남은 앞으로 아무런 의미가 없어. 그를 놓아 주어야 해. 나를 안 보고 그렇게 시간이 지나면 그도 새로운 삶을 찾을 수 있을 거야.'

전도사는 미국의 나의 연락처를 전혀 모르고 있기 때문에 내가 전화를 하지 않으면 나에게 연락할 길이 없었다. 이것이 내가 그에게 보내는 무언의 통보였다.

미국에 있는 2주 동안 나는 밥을 먹어도 모래를 씹는 것 같았다. 새로운 회사에 적응해야 하는 긴장감으로 인해 더더욱 음식이 입으로 들어오지 않았고, 나도 그가 너무나 보고 싶고 목소리를 듣고 싶었지만 전도사에게 이렇게 모질게 해야 하는 내 자신 때문에 더욱 가슴이 미어졌다. 밤마다 또다시 시작되는 외로움으로 눈물을 흘렸다. 그러나 다음 날 퉁퉁 부은 얼굴로 사람들을 만날 수 없었기 때문에 마음껏 울 수도 없었다. 그렇게 나의 생일을 혼자서 아무도 모르는 타지에서 맞이하게 되었고, 나는 사장과 모든 조건을 맞추고 한국으로 귀국을 했다.

굿바이

2주간의 미국 출장을 마치고 인천공항에 도착하던 날 가장 먼저 나

를 반겨 준 사람은 바로 전도사였다. 그도 그럴 것이 나에 대한 그리움
과 불안함에 나를 손꼽아 기다렸던 것이다. 얼굴에 덥수룩하게 수염이
길러져 있었고 말할 수 없이 초췌한 모습이었다. 그도 나만큼 마음 고
생이 심했었던가 보다. 나는 그의 차를 타고 집으로 향했다. 그리고 그
는 차 안에서 내 손을 꼭 잡고 이런 노래를 불렀다.

나 혼자만이 그대를 알고 싶소.
나 혼자만이 그대를 사랑하오.
나 혼자만이 그대를 사랑하여
영원히 영원히 행복하게 살고 싶소.

"우리 이제 그만 헤어져. 나는 가야 할 길이 있고 꿈이 있어. 당신과
이러한 소꿉장난을 끝내야 할 시간이 왔어. 나 미국으로 갈거야. 그렇
게 다 얘기가 되었고, 이미 계약서에 사인했어."

나의 마음을 그렇게 전달하게 되었고, 이미 그는 불길한 예감을 예상
하고 있었던 것 같았다.

"난 당신을 사랑하지 않아요. 이제 내 갈 길을 가야 하니, 더 이상 방
해하지 말아요. 나는 내 꿈과 성공이 더 중요하지, 당신은 내 인생에서
결코 중요하지 않은 사람이에요. 그동안 즐거웠어요. 나 이런 여자에
요. 이제 알았죠? 당신도 이제 당신 인생을 개척하고 더 좋은 여자 만나
서 나를 잊고 행복하게 살길 바라요."

나는 그야말로 얼음처럼 차가웠다. 내가 전도사에게 해 줄 수 있는
말은 이것밖에 없었다. 그에게 차갑게 대하지 않으면 나 또한 가슴 아
픈 이 현실을 참지 못하고 울음을 터트려서 모든 것이 원점으로 돌아갈

것이다. 전도사는 평범하게 직장을 다니며 돈을 버는 생활에 만족할 사람이 아니었다. 무엇인가 큰 꿈이 있었고, 내가 이해할 수 없는 비전이 있는 사람이었기 때문에 그의 앞길을 막으면 안 된다는 생각이 들었다. 그래서 나의 결심을 매정하게 강행하기로 했다. 그는 왠지 선하고 고귀하고 희생하는 길을 가야 할 사람 같았다. 그러나 나는 그와 함께 그 길을 함께 갈 수 있는 자격도 되지 않을 뿐더러, 함께 갈 의사가 전혀 없었기 때문이었다. 그 후 나는 한국 지사에서 얼마간 일을 배우면서 매일 밤 11시가 넘어서 퇴근을 했다. 물론 그를 만나 줄 시간도 없었고, 전화도 받지 않았다.

'다시 일에 파묻혀서 살리라. 나는 일할 팔자야. 앞으로 이런 연애는 절대로 하지 말자.'

그러나 하루하루 너무나 견디기가 힘들었다. 높은 연봉은 그만큼 나의 수명을 돈과 바꾸는 악마와의 거래였다. 나는 다시 몸을 최대한 혹사시키기 시작했다. 이미 오래 전부터 정기적으로 3개월마다 병원을 찾아가서 약을 처방해 먹고 있었다. 3개월 동안 위장약을 먹고 나서, 초겨울에 접어들어 기침이 시작되면 회의 때마다 말을 깊이 해야 하는 나의 직업상 빨리 천식 약을 또 3개월 동안 먹어야 했다. 그리고 나면 간의 회복을 위해서 간 약도 3, 4개월 먹어야 했고, 그렇게 일 년이 지나면 다시 위장약으로 돌아간다.

"도대체 언제까지 이렇게 술을 마시고, 위를 혹사할 겁니까? 당신은 선천적으로 모든 기관이 약하고 특히 위가 약하기 때문에 이러다가 위암에 걸릴 수도 있어요!"

내가 5년 동안 찾아가던 의사 선생님이 어느 날 나에게 화를 내셨다. 지난 5년 동안 똑같은 약을 계속 타가면서 건강은 호전이 되지 않았고,

6개월 또는 일 년에 한 번씩 내시경 검사를 할 때마다 나의 위는 계속 헐어 있었고 위벽은 상처투성이였다. 그래도 나는 술을 끊을 수가 없었다. 그래서 위장약을 먹으면서 계속 술을 마셨다. 답은 간단했다. 나는 더 이상 그 병원을 가지 않고 다른 병원을 찾아갔다.

나에게는 목표가 생기면 무섭게 계획하고 실천해 나가는 추진력이 있었다. 실패할지라도 절대로 나의 선택에 후회하지 않았다. 그리고 뒤돌아보지 않는다. 후회한들 소용이 없다는 것을 알기 때문이다. 이제 나의 목적은 오직 한국을 떠나야 했고, 전도사로부터 멀리 떠나야 한다는 것이었다.

우리가 헤어진 지 한 달 만에 회사 앞에서 나를 기다리고 있는 그의 모습을 보게 되었고, 그동안 거의 식음을 전폐하고 가슴앓이를 한 것 같은 초췌한 그의 모습에 나의 가슴도 아팠지만 내색을 하지는 않았다. 나보다 더 살이 빠진 그가 오히려 나를 걱정해 주었다.

"많이 말랐네……. 잘 먹으면서 일해. 지금은 버틸 수 있을지 모르지만 너무 힘들게 강행하면 나중에 쓰러질지 몰라."

전도사가 나의 마른 모습을 보면서 말했다. 우리는 지금 누가 더 말라가는지 경쟁하고 있는 사람들 같았다. 나도 그를 볼 수 없는 동안 음식이 제대로 입에 들어가지 않았다. 기쁨이 없는 삶 가운데 많은 사람을 만나며 아무리 맛있고 고급스러운 요리를 먹는다고 해도 나에게는 아무런 맛을 느낄 수가 없었다. 그냥 일하기 위해서 생존을 위해서 영양분을 섭취해야 할 의무감으로 먹었다. 나도 모든 치마가 허리에서 횡횡 돌아갈 정도로 살이 급속도로 빠지는 것을 느꼈다. 그리고 며칠 후 전도사가 마지막 굿바이를 하러 퇴근 시간에 회사 앞을 찾아왔다.

"우리가 헤어지는 건 헤어지는 거지만 그 사장 해도 너무한 것 아니야? 어떻게 매일 밤늦게까지 일을 그렇게 시킬 수 있는 거야!"

전도사는 그렇게 전화상으로 선포하고 나서, 퇴근하여 1층에 자가용을 타려고 내려가는 사장과 마주치게 된 것이다. 그때 전도사가 갑자기 사장에게 당돌하게 맞서려고 하는 것이었다. 나는 이 비상 사태를 어떻게 수습해야 할지 몰라서 사무실에서 뛰쳐나가며 둘 사이를 막았다. 전도사가 이성을 잃고 흥분하여 한 방을 날리더라도 내가 대신 맞아야 그가 불리한 상황이 되지 않을 것이라는 생각이 번득 들었다.

"당신이 사장이면 다야? 왜 직원들을 혹사시키는 것을 당연하게 생각하며 매일 야근을 시키는 거야? 그러다가 쓰러지거나 병원에 입원하게 되면 당신이 책임질 거요?"

전도사는 그야말로 막무가내였다.

'오 마이 갓 제발……'

나는 속으로 빌었다.

"홧 이스 히 세잉?"(이 사람이 뭐라고 하는 거지?)

사장도 흥분하여 소리를 질렀다.

"당신이 돈이 얼마나 많은지는 모르겠지만 이 세상에 돈이 다가 아니야!"

이렇게 사장에게 버럭 소리를 지르는 전도사는 이미 사장 앞에서 물불을 안 가릴 기세였다. 그의 이러한 무모한 용기가 어디서 나오는 것일까?

"크리스탈, 이 사람이 당신과 헤어진 남자친구인가? 왜 회사까지 와서 행패지? 명예회손으로 고소당하기 전에 조용히 사라지라고 해!"

젊은 사장은 싱글인 재미교포였고 한국말을 잘 못했다. 그는 성공을 위해서라면 인정사정 보지 않는 사람이었고, 직원들에게는 실력과 성과만으로 매정할 정도로 몰아치는 CEO였다. 그러기에 젊은 나이에 대표이사가 될 수 있었던 것이다. 그동안 나를 진심으로 아껴 주고 가르쳐 주었던 부행장님과는 전혀 반대되는 성품을 가지고 있었다. 교포 사장은 정치인과 재벌 2세들과 어울리는 사람이었고 사회적 위치도 높았기 때문에 섣불리 건드리면 안 되는 사람이었다. 그런데 전도사는 물불을 가리고 않고 나를 혹사시킨다는 이유만으로 화가 나서 사장의 앞을 이렇게 가로막고 있는 것이었다. 다행히도 전도사는 곧 이성을 되찾았지만, 사장은 화가 나서 차를 타고 출발했다. 이 상황에서 나도 그의 편은 아니었다. 우리 둘은 강남 테헤란로 한복판에 위치한 회사 빌딩 앞에서 서로를 노려보며 한 동안 묵묵히 서 있었다. 나는 할 말이 없었다. 그의 진실된 마음을 너무나 잘 알고 있었고, 그가 오직 나를 위해서 이러한 돌발 상황을 만들었다는 것 또한 알고 있었기 때문이다.

"출국하기 전에 마지막으로 송하 얼굴 한 번 더 보려고 왔는데……. 그래, 이제 송하를 놓아 줄게. 내가 너무 많이 부족한 사람인데 너를 잡아서 미안하다. 멋있게 남자답게 너를 놓아 주어야 하는데 그렇지 못한 내가 미안해. 그러나 네가 이렇게까지 몸을 혹사시켜 가면서 돈을 벌어야 하는지 마지막으로 묻고 싶었어. 너무나 약한 몸을 가진 사람이……. 내 가슴이 너무 아팠어. 하지만 너는 똑똑하고 능력도 있으니까 어디를 가든지 잘할거야. 잘 살아라. 이 말 해 주려고 왔는데 내가 이성을 잃었네. 마지막으로 집에 데려다 주고 싶은데 네가 싫다고 할 것이고…… 그럼 나 갈게."

그는 그렇게 말하고 내 눈을 마지막으로 오랫동안 쳐다본 후 차를 타고 떠났다. 날씨는 한여름이었지만 나의 가슴은 너무나 추웠다. 그 후 나는 짐을 정리하며 이사할 준비를 하고 있었다. 열흘 뒤면 이 나라를 떠날 것이다. 그리고 앞으로 다시는 돌아오지 않으리라……. 오빠와 나의 친구였던 올케도 미국에 살고 있으니 그래도 주말이면 볼 수 있을 것이고 미국생활이 그리 외롭지 않을 것 같았다.

'이제 나의 모든 과거를 가슴에 묻고, 사랑도 묻고, 잊을 사람은 잊어버리자.'

나의 모든 현실은 미국을 향해 완벽하게 준비되어 가고 있었다. 그러나 자꾸 누군가가 가지 말라고, 가면 안 된다고 나의 마음속에 속삭이는 것 같았다. 마치 천사와 사탄이 나를 가운데 놓고 줄다리기를 하는 것 같았다. 마음이 너무나 괴로웠다. 그와 헤어져야 했지만 막상 미국에 가서 살 자신이 없었다. 한국보다 더욱 치열한 경쟁 속에서 생존해야 하는 나의 미래가 두렵기만 했다. 이를 악물고 다시 도전하면 못할 것은 없겠지만 그동안 너무나 강행만 해 왔던 지난 10여 년의 세월이 이제는 육체적, 정신적으로 너무나 지쳐 있는 내 자신을 보았다.

전도사와 함께했던 시간이 나의 생에서 가장 행복한 추억으로 기억되었다. 그가 없는 나의 삶은 너무 공허했고 외로웠다. 이제 밥도 혼자서 먹어야 했고, 쇼핑을 할 때도 조잘조잘 얘기하며 함께 갈 사람도 없다. 나의 아이스크림을 뺏어 먹는 사람도 없었으며, 나를 사랑해 주는 사람이 이제 없다는 현실에서 너무나 큰 고독감이 밀려왔다. 처음부터 이런 사랑을 느끼지 않았다면 더 좋았을 것을……. 내가 알지 못했던 사랑의 감정들. 그러나 절대로 다시는 예전으로 돌아가지 않으리라…….

"크리스탈 당장 다음 주에 출국을 하도록 하세요. 샌프란시스코에

있는 내 별장을 내 줄 테니 거기서 살도록 해요. 내 신용카드도 집에 있
으니 마음 놓고 사용하면서 내가 갈 때까지 푹 쉬도록 해요. 내 말 무슨
뜻인지 알겠지요?”

교포 사장은 나에게 명령조로 말했다.

‘그래, 미국이 내가 가서 새로운 도전을 시작할 대륙이다 . 떠나자!’

“굿바이!”

사랑의 힘으로

"승객 여러분 안녕하십니까? 오늘도 대한항공 712편을 이용해 주셔서 대단히 감사합니다. 이 항공기는 인천국제공항을 출발하여 목적지인 오클랜드 국제공항에 도착할 예정입니다. 비행 시간은 이륙으로부터 11시간 소요되어 현지 시각으로 오전 8시에 도착할 예정입니다."

기장의 안내방송이 계속 이어졌다.

"내일 오클랜드의 날씨는 매우 화창할 것으로 보고되고 있습니다. 여러분의 안전을 위해 안전벨트를 매어 주시길 바라며 즐거운 여행이 되시길 바랍니다."

나는 기내 창가 좌석에 앉아서 안전벨트를 매었다. 항상 비행기가 이륙하여 하늘 높이 떴을 때, 작은 창문을 통해 땅에 있는 도시와 자연을 내려다보는 것을 나는 좋아한다. 세상의 모든 것이 작아 보이며, 나에게 커다랗게 보였던 문제들도 작아 보이며, 높은 곳에서 한눈에 볼 수 있는 이 시간을 즐긴다.

'저 아랫동네에는 많은 사람이 아등바등하며 살고 있겠지…'

거리의 수많은 사람을 본다. 모두가 겉으로는 너무나 정상적인 것 같아 보인다. 그리고 모든 것을 다 소유하고 있는 것처럼 보이는 연예인들과 재벌들의 화려한 삶 가운데 왜 그들이 수없이 이혼을 하고, 자살을 하고, 놀음과 마약에 중독이 되고, 우울증에 빠지는지 이제는 알 수 있다.

오래 전에 물귀신은 나의 정신세계를 지배하기 원했다. 내 자신이 만들어 놓은 감정이라는 감옥 안에서 평생 살면서 나를 향한 하나님의 소명이 있다는 것조차도 깨닫지 못하고 살게 했다. 나의 정신이 무너지면 모든 것이 무너지게 되어 있다. 그러나 이미 수많은 경험 속에서 악은 달콤한 유혹으로 다가오며 선과 진리는 고난이라는 포장에 쌓여져 있었던 것이다.

때로는 사업 실패로 내가 가지고 있는 모든 것을 잃었다 해도, 가장 사랑하는 사람이 나를 배신했다 해도, 빚더미에 있는 자신을 바라볼 때도, 아무도 나를 인정해 주지 않고 나의 미래가 보이지 않을지라도, 죄악의 구렁텅이에 빠져서 돌이킬 수 없이 자신을 망가트렸다 해도, 이미 돌아가기에 너무 멀리 와 있는 것 같고 너무 늦었다고 생각될지라도.

"받아들여야 할 현실을 진정 받아들이는 용기 있는 사람이 되세요! 그리고 나의 목을 칭칭 감고 있는 엉켜진 쇠사슬을 다시 하나씩 풀어나갈 용기를 가지면 되는 거야!"

그동안 엉망이 되어 버린 나의 삶을 풀어가면서 나는 침착하게 원점으로 돌아가서 다시 시작할 수 있는 용기를 가져야 했다. 시간을 되돌릴 수는 없었지만 아무리 늦었다고 생각될 지라도 처음부터 다시 시작할 수는 있었다. 내가 다시 시작할 결심을 했을 때는 내 자신을 보이지 않는 힘에 온전히 맡길 수 있는 힘이 생겼다는 의미였다. 그리고 내가 결단하고 곧바로 행동으로 옮겼을 때, 도전이란 다람쥐 쳇바퀴 돌듯이 돌아가는 삶을 박차고 나올 용기가 있는 사람에게만 주어지는 것이다.

어떠한 절망 가운데 있을지라도 인생은 살 가치가 있었다. 이 세상에 나를 사랑해 주는 단 한 사람이 있고, 내가 사랑하는 단 한 사람이 있다는 것은 포기하지 않고 살아갈 수 있는 원동력이 된다는 것이다. 내가 방황했던 시절 나를 위해 희생한 엄마의 눈물을 생각하며 어둠 속에서도 나는 한 걸음 한 걸음 나아갈 수 있었다. 내가 살아오면서 돈세탁, 음흉한 재벌의 세컨드 제의 등 수많은 유혹의 손길이 있었지만 내 육신은 고독함이라는 혼돈 가운데 잠시 망가졌지만 내 영혼을 팔지는 않았다.

나에게 미친 사람

그 후 나는 IT 회사와 미국행을 포기했다. 회사로부터 계약 위반의 위약금을 톡톡히 치르며 사장한테는 온갖 욕을 다 얻어먹었다. 회사로서는 그동안 시간의 손실과 나에게 들어간 비용이 만만치 않았기 때문이다. 그러나 슬프지도 불안하지도 열 받지도 않았다. 왜냐하면 그동안 내 눈을 덮고 있었던 비늘이 벗겨졌기 때문이다.

'진실이 아닌 것을 알면서 계속 똑같은 선택을 반복할 것이니?'

어느 날 내 자신에게 물었다.

무엇이 진실이고 무엇이 가식인지, 무엇이 은밀하게 쌓여 있는 예비된 행복인지, 무엇이 겉만 화려한 포장된 삶인지……. 눈에 보이는 현

실과 조건으로 따라서 과거와 똑같은 선택을 통해 죽음의 길로 가려는
내 자신이 보였다. 돈을 아무리 풍족하게 벌어도, 내로라하는 기업에
높은 직책에 소속되어 있어도, 불행했고, 가슴 시리도록 외로웠고, 절
망의 문턱에서 위태롭게 서 있던 내가 드디어 지옥불로 점프를 하려 했
던 것이다.

꿈을 꾸게 되었다. 꿈속에서 하얀 비둘기가 날개가 부러진 채 바닥에
서 퍼덕이며 고통스럽게 날갯짓을 하고 있었다. 내 옆에는 어느 중년의
아저씨가 있었는데 그 비둘기를 보면서 하염없이 눈물을 흘리고 있었
다. 그분의 너무나 애처롭고 슬프게 울고 있는 모습에 나도 같이 서럽
게 울면서 나의 우는 소리에 잠에서 깨었다. 그리고 바로 전도사를 만
나러 달려갔다.

"자기야, 우리 결혼해!"

내가 바로 그에게 달려가서 안기며 먼저 프로포즈를 했다. 오늘 오전
에 이미 출국을 했어야 했던 나를 안으며 그는 아무것도 묻지 않았고,
우리는 아주 긴 시간 서로를 안고 달콤한 키스를 했다. 내가 떠나면 영
영 이대로 남남이 되어 버릴 수밖에 없었던 한 여자와 남자가 이렇게
운명을 거슬리고 다시 만나게 되었다. 우리에게는 말이 필요 없었고,
이제 앞으로 어떻게 행복하게 살아갈 것인지 계획만 있을 뿐이었다.

"사랑해, 송하야! 너만 사랑할거고, 앞으로 다시는 슬프지도 외롭지
도 않게 해 줄거야."

전도사는 그렇게 나에게 다시 약속을 했다. 나는 그와 나의 남은 평
생을 올인하기로 결심했다. 내가 살아오면서 더 편하고 윤택한 삶을 선
택할 수 있었던 많은 기회와 유혹들이 있었다. 그러나 더 이상 내 자신

을 속이지 않기로 결심했고, 남들이 바보 멍청이라 해도, 진실과 사랑을 믿고 선택했을 때 나의 삶은 놀랍도록 내가 상상할 수 없는 세계로 인도되었다. 내가 그를 선택한 기준은 매우 간단했다. 사랑, 의리, 그리고 용기였다. 내 경험으로 학벌 좋고 돈 많은 남자들은 세상에 널려 있었다. 그러나 그들은 성공, 돈, 명예를 좇아가는 무의미한 목적을 가지고 살았다. 사랑, 인류, 더 고귀한 목적을 위해 자신을 희생할 용기가 있는 남자는 그리 흔하지 않았다. 그리고 내 자신에게 물어보았다.

'그와 살면서 남은 평생 돈 없이 가난하게 살아도 후회하지 않을 거야?'

가슴속으로 나는 대답했고 내가 선택한 사랑은 전도사였다.

나는 너무나 아름답고 빨간 장미를 잡았다.

그러나 그 장미에는 가시가 있었다.

내 손에서 피가 철철 흘렀다.

이상하게 아프지 않았다.

오히려 그 피로 인하여 나의 상처가 씻겨졌다.

그리고 나는 아름다운 장미를 소유했다.

깨달음은 폭포수 같은 눈물과 함께 왔다. 나의 가슴 깊이 갈기갈기 찢겨진 상처, 분노, 외로움, 홀로 생존해야 했던 고달픈 삶과 서러움. 이 모든 것은 나의 선택이었고 나의 잘못이었고 나만의 생각의 틀에 자신을 갇혀 놓고 있었었다. 나에게 이미 주어진 것들이 너무나 많은데 가지고 있는 것들은 당연하게 생각을 하고, 내가 가질 수 없는 것만을 쫓아가며 울고 있었던 내면 아이를 발견했다.

그리고 극진한 남편의 사랑과 눈물을 통해서 나의 상처가 씻겨져 내렸다. 내 삶은 왜 이래야 하나, 나는 왜 행복할 수 없는 것인가, 왜 내 눈에서는 눈물이 마를 날이 없는가. 왜, 왜, 왜 라고 끝없이 물어왔던 물음이 하나님을 만나고 나서 그 의문점들과 조각난 퍼즐들이 정확하게 맞춰지게 되었다. 내가 왜 그렇게 혹독한 특수 훈련을 받으면 살아왔는지, 또 왜 죽지 않고 지금까지 살아 있는지 하나님의 주신 그 목적과 소명을 깨달았을 때, 나는 비로서 나의 선택과 미래를 전혀 다른 시각에서 바라볼 수 있게 되었다.

"나는 당신이 이제 일하는 것을 원하지 않아. 당신의 꿈을 포기하라는 것이 아니라, 우리 인생에 있어서 더 중요한 것들을 먼저 챙기고 나서 당신이 하고 싶은 일을 했으면 좋겠어."

남편은 내가 돈을 벌어오는 것도 바라지 않았고 나의 연봉도 그에게는 중요하지 않았다.

"나에게 지금 가장 중요한 것은 자기의 건강이고, 우리 가정이고 사랑이야. 당신을 위해서 내가 돈을 벌어야 한다면 내가 목회를 잠시 접고 사업을 할거야."

"내가 나의 갈 길을 포기했으니, 당신도 목회를 포기하고 당신 교회 자리에서 학원을 하는 것이 좋겠어요."

우리는 서로 합의하에 목회를 포기했다. 그 당시 아직도 나의 고정관념을 깨지 못하고 내 자신이 사모감이 절대로 아니라고 믿었기 때문이었다. 남편은 나를 극진히 간호해 주었고 태어나서 처음으로 마음의 평온이 존재한다는 것을 알게 되었으며 나는 그 옆에서 행복하고 편안하게 잠을 잘 수 있었다. 악몽을 꾸지 않고 평안함 가운데 잠을 잘 수 있다는 것이 이렇게 행복할 줄이야!

결혼하고 우리는 평촌에 보금자리를 마련하였다. 나는 결혼은 했지만 당시에 고생길이 훤한 목회를 함께 간다는 것은 상상하지 못했고, 당연히 그의 목회의 길을 뒷바라지 할 생각도 없었다. 남편도 나를 위해서 모든 조건을 다 들어주었다. 사랑에 눈이 멀어 다시 나를 잃을 수 있다는 불안함 때문에 그는 목회도 하나님도 포기하고, 교회도 다니지 않고 우리는 영어학원 사업을 시작했다.

아버지 목사님이 물려주신 성전을 허물고 그 자리에 그 당시 잘나가던 프랜차이즈 영어학원을 새로 인테리어 해서 쉽게 돈을 벌 수 있을 줄 믿었다. 그러나 1년 후 결과는 2억의 손실, 그리고 2년 후 결과는 4억의 적자였다. 그렇게 다시 행복 끝 불행이 찾아오면서 내가 또 무엇을 잘못하고 있는가라는 혼돈에 빠졌다. 욕심부리지 않았고 행복과 사랑을 선택했다고 믿었고, 열심히 노력했고, 최선을 다해서 살았는데, 계속 부족하고 계속 내 인생에 답을 찾을 수 없었고, 다시 절망 속으로 빠져들어 갔다.

"주의 종으로 부르심을 받은 분이 목회를 포기하고 교회도 안 다니면 안 되지요. 우리 교회에 한 번 가 봐요. 소개시켜 드릴 분이 있어요."

우리 학원 원생의 학부모이자 교회 집사님이셨던 이유정 집사님은 우리 남편이 전도사였는데, 목회를 포기하고 학원 사업을 하고 있는 현실을 보고 매우 안타까워 하며 우리 부부를 위해 기도하며 계속 분당에 있는 어느 교회를 나가서 박순애라는 분을 만나보길 권했다. 그렇게 그분의 따뜻한 전도로 우리 부부는 그 당시 베스트셀러 《찔레꽃 그 여자》의 저자인 박순애 전도사님의 부흥 집회에 참석하게 되었고, 한 번의 집회로 너무나 많은 깨달음과 폭포수 같은 눈물을 흘리며 하나님에게서 기다리고 예비하신 뜻을 깨닫게 되었다.

눈에 보이는 돈을 쫓아가기 위해서 성전을 허물고 사업을 시작했던 우리가 얼마나 무지했고 용감했는지 알게 되었다. 그리고 마음의 평화와 축복은 오직 하나님이 주시는 것임을, 내가 허공을 향해 아무리 손짓을 하고 잡으려 해도 잡히지 않았던 이유를 하나님을 만나고 깨닫게 되었다. 우리 부부는 첫 학원을 매매하여 전액을 선교를 위해 헌금했고, 분당에 2개의 학원을 운영했고 남편은 다시 찬양 전도사로 사역을 시작하게 되었다. 그러던 어느 날이었다.

"뉴질랜드에 가기로 한 이 전도사 가정이 비행기표 다 예약해 놓고 출국 10일 전 인데, 못 가겠다고 취소를 했단다. 오클랜드에 있는 교회에서는 아직 얘기를 못했어⋯⋯."

그 후 우리 부부의 영적 어머니가 되어 주신 박순애 전도사님이 우리와 식사를 하던 중 걱정이 되셔서 말씀하셨다.

"뉴질랜드요? 와! 그 천국 같은 나라에서 사역하고 싶어 하는 목회자들이 여기부터 여의도까지 줄을 설 텐데요. 취소했다니 아쉽네요. 그러면 우리가 갈게요!"

남편은 갑자기 흥분이 되어 선포하듯이 외쳤다. 그 후 놀라운 일들이 펼쳐졌다. 학원 2개가 일주일만에 매매되는 기적, 그리고 우리 부부는 다시 전 재산을 하나님에게 드리고 한 달 후 빈손으로 뉴질랜드 미지의 땅을 향해 출국했다.

마지막 남은 지상낙원 뉴질랜드

때는 2007년, 남편과 함께 선교를 떠난 뉴질랜드는 나에게 잊을 수 없는 축복의 땅이 되었다. 한국에서 호흡기내과와 위궤양 치료에 유명하다는 의사들을 찾아다녔지만 나의 건강은 호전되지 않았다. 대부분의 의사는 5분도 안 되는 시간을 할애하여 빨리 진료하고 다음 환자를 받는다. 환자의 가정 환경과 청결하지 않은 집 안의 진드기로 인한 알레르기, 일하는 환경에서 오는 스트레스, 그리고 술, 담배 등에 대해서 자상하게 설명을 해 줄 시간도 없으며 환자의 환경과 생활 습관을 개선하도록 조언해 주는 의사도 없었다.

주기적인 항생제 투여와 호흡기 없이는 숨도 제대로 쉬지 못했던 심각한 천식 환자이며 만성 위궤양을 앓고 있었던 내가 뉴질랜드에서 다시 러닝머신 위에 올라가 뛸 수 있었고 3년 후에는 하프마라톤에 도전할 수 있었다. 그 이유는 나를 극진히 사랑해 준 남편뿐만 아니라 모든 것을 훌훌 털고 간 뉴질랜드에서 기적 같은 마누카 꿀의 효능을 알게 되었기 때문이다.

나의 몸과 마음, 영혼 그리고 추악한 과거까지도 모두 사랑해 준 한 남자가 있었기에 나는 남편을 통해서 하나님의 사랑과 위로하심을 체험하게 되었고 폭포수 같은 눈물을 한없이 흘리게 되었다. 기도하며 눈만 감으면 나의 죄악의 나날들이 낱낱이 보였다. 나의 삶은 그동안 그야말로 거짓투성이였다. 돈을 벌 수 있다는 자만과 인간적인 기교를 부리며 남들에 대해서 정죄하며 살았고, 내가 원하는 것을 반드시 쟁취하려는 욕심과 이기적인 생각을 가지고 살아왔다.

오래 전 내 자신은 시궁창에 빠져 있었는데 마치 그곳이 성스러운 오아시스인 줄 알고 마냥 우아하게 풍덩거리며 내 몸을 담그고 있었고 그 물을 생수처럼 마시고 있었던 것이다. 내 자신이 괴수처럼 느껴졌을 때, 이 악인을 그동안 참고 바라봐 준 그분이 계시기에 나를 이토록 사랑한 하나님의 무한한 은혜는 체험한 사람만이 깨달을 수 있다.

'내가 너를 지명하여 불렀나니 너는 내 것이라!'

이제 그분께서 주신 사명과 소명이 명확히 보였다. 나는 이미 태어나기 전부터 목회자의 아내가 될 계획을 하나님은 세우셨던 것이다. 단 내가 깨닫지 못하고 물귀신의 혼돈 작전에 말려들면서 살아왔으며, 세상이 주는 목표, 명문대, 부유한 남자와 결혼, 성공, 집 한 채 마련, 노후 보장 등이 우리가 바라보며 살고 있는 허상이었다.

"축하해요, 주민관 목사님!"

남편은 한국에서 기독교대한하나님의성회(여의도) 교단에서 목사 안수를 받았다. 그리고 우리 부부는 오클랜드를 향하는 기내 안에서 내 옆자리에 앉아 있는 남편의 볼에 키스를 하면서 말했다.

"감사해요, 사모님! 나를 위해서 당신이 소망하던 길을 포기하고 나와 결혼해줘서 내가 얼마나 고마워 하고 있는지 알지?"

남편은 존경의 표시로 나의 손등에 키스를 했다. 겉으로 보기에는 내가 더 큰 것을 포기한 것 같으나, 한때 남편이 나를 위해서 더 소중하고 가치 있는 것을 포기한 사람이었다. 뉴질랜드에서도 나의 직장은 우리나라를 대표하는 오클랜드 삼성전자 CSP가 예비되어 있었고, 우리 부부는 남태평양 선교를 위한 비전도 받았다. 환태평양교회 이여호수아 선교사님이 지난 20년 동안 수많은 남태평양 섬나라 원주민을 위한 사역을 통해 놀라운 가르침이 있었고, 우리 부부의 멘토가 되어 주셨다.

남편은 뉴질랜드에서 3년 동안 부교역자로 사역하다가 하나님의 인도하심으로 나의 건강을 놀랍게 회복하게 해 준 마누카 꿀을 가지고 우리 부부는 다시 한국으로 귀국하게 되었다.

"앞으로 평생토록 사랑할 것이며, 우리는 시간이 흘러도 정으로 사는 부부가 아니라 불타오르는 사랑으로 사는 부부가 될 것이야. 정말 사랑한다. 당신을 이 세상에서 가장 행복한 여자로 만들어 줄 것이야!"

남편은 나에게 이렇게 맹세를 했고, 우리가 결혼한 지 십 년이라는 세월이 지났지만 그의 사랑은 더욱 열정적이 되었다.

"그리고 두 번 다시 과거의 아픔을 당신에게 겪게 하지 않을 거야!"

내 곁에는 수호천사 넘버 투가 생긴 것이다.

8장

비서가 CEO 되다

기도는 길어도 응답은 순간이다.
고난은 길어도 축복은 순간이다.
– 박순애 전도사

내 자신이 얼마나 존귀한 존재이며 나의 소명이 무엇인지
깨달았을 때, 나의 삶을 함부로 망가트릴 수 없다.

천상의 보석, 마누카 꿀

"사모님, 안녕하셨어요. 하준이 엄마에요. 음…… 흐흐흑……."

나에게 전화를 건 하준이 엄마의 목소리가 말을 잇지도 못하고 울기 시작했다.

"하준이가 더 악화되었나요?"

나는 너무나 걱정이 되어서 물었다.

생후 7개월이 된 남자아이 하준이는 극심한 아토피로 얼굴부터 발끝까지 피부가 전부 짓무른 상태에서 고름이 나오고, 그 어린 것이 간지러움을 참지 못하며 극심한 고통 속에 몸부림을 치고 있었다. 아기가 밤새 얼굴부터 온몸을 손톱으로 긁어 놓기 때문에 엄마와 외할머니가 두 손을 잡고 잠을 자야 했다. 온몸에 거즈를 칭칭 감고 있어서 동네에서는 화상을 입은 아이로 유명할 정도였다. 강남 S병원에서도 너무 어려서 항생제 및 강한 스테로이드로 손을 쓸 수 없기 때문에 집으로 데리고 가라고 한 상황였다. 하준이 엄마는 절망 같은 시간을 보내고 있었고, 지푸라기라도 잡고 싶은 심정에 지인을 통해서 마누카내추럴에 대한 소문을 듣고 나에게 도움을 요청해 왔다.

그 소식과 사진을 본 다음 날 나는 남편과 함께 요양을 위해서 포항에 내려간 하준이를 만나러 항공편으로 날아갔다. 그리고 하준이의 모습을 보자 끔찍한 아기의 얼굴에 가슴이 너무 아파서 흐르는 눈물을 감출 수가 없었다.

'어떻게 이 어여쁜 아이 얼굴이 문둥병 환자처럼 이토록 무너져 내릴 수가 있단 말인가! 아토피라는 이 질병은 도대체 어디서 온 병인가?'

"하준이 어머니, 저희 제품은 치료약이 아닙니다. 다만 천연으로 항균 효능이 있는 마누카 꿀이 30%까지 함유되어 있어서 하준이가 병원에서 처방한 모든 스테로이드 연고를 멈추고, 마누카내추럴 제품으로만 시간을 두고 치료를 원하신다면 저희 제품으로 박테리아를 억제하고 피부 재생을 돕는 방법을 추천해 드리는 것입니다. 마누카내추럴로 하준이의 아토피를 치료해 보고 싶은데, 저를 믿고 참고 이겨내실 수 있으시겠어요?"

내가 회사의 대표로 하준이 엄마의 손을 꼭 잡고 말했다.

"네, 믿어 볼게요. 이제 솔직히 다른 방법도 없습니다. 대표님이 이렇게 직접 와 주시니 제가 더 죄송하고 큰 감동을 받았습니다. 사모님을 만났을 때 이미 제품에 대해 신뢰할 수 있는 마음이 들었고, 우리 하준이 꼭 낫게 해 주세요."

하준이 엄마도 그동안 참아왔던 눈물을 보이며 나와 그렇게 약속을 했다.

"기도하며, 하나님이 마누카내추럴 제품을 통해 하준이를 낫게 해 주시리라 믿어요. 우리 직원 모두 하준이를 위해서 같이 기도할게요."

나는 그렇게 약속을 하고 하준이가 나을 대까지 우리 제품을 무상으로 제공해 주기로 하고, 제품의 사용법에 대해서 자세한 설명을 해 주고 포항을 떠났다. 그리고 계속 하준이의 상태를 수시로 확인하면서 4개월이 흘렀다.

"우리 하준이가요…… 글쎄…… 깨끗하게 다 나았어요, 사모님! 하준이 사진 문자로 도착했을 거예요. 어떻게 감사를 드려야 할지……."

하준이 엄마가 전화상에서 다시 이성을 찾고 나에게 또박또박 말을 해 주었다. 사진 속에 하준이는 놀이터에서 활짝 웃으며 뽀송뽀송한 피부를 자랑하고 있었다. 예전과 전혀 다른 너두나 예쁜 남자아이가 나를 보고 웃고 있었다.

'하나님 감사합니다……. 하준이를 통해 마누카내추럴을 통해 역사하신 하나님에게 모든 영광 올려 드립니다.'

내 눈에서 감사의 눈물이 또다시 주르륵 흘렀다. 몸은 지치고 힘들지라도 다시 힘을 내서 나아갈 수 있는 보람과 에너지는 굳이 큰 성공과 매출에서 나오는 것이 아니었다. 천연화장품 회사가 병원에서 포기한 극심한 아토피 아이를 고치게 된 역사적인 날이었던 것이다.

무일푼으로 설립한 법인

2년 전 한국으로 귀국해서 무일푼으로 천연화장품 사업을 시작하며 감동과 눈물을 뺀다면 글을 이어갈 수 없을 것이다. 뉴질랜드에서 3년 반이 지난 후, 남편의 사역과 나의 회사를 뒤로한 채, 우리 부부는 다시 새로운 도전을 위해 그 나라를 떠나게 되었다. 하나님이 가라하신 땅

뉴질랜드에 순종하며 도착했을 때에는 맨손으로 왔지만 떠날 때는 내 손에 귀한 것이 들려 있었다. 그것은 뉴질랜드에서 나를 치료한 마누카 꿀이었다. 뉴질랜드의 유명한 토산품 중에 하나인 마누카 꿀 중에서 치료 효능이 있는 UMF 등급은 5+, 10+, 15+, 20+ 로 나뉜다. 위에 좋다고 해서 마누카 꿀 UMF 15+를 복용하고 15년 동안 나를 괴롭혔던 위장병이 한 달 만에 완치되었다. 때로는 속이 뒤틀리고, 위 경련이 일어나며, 위를 갈고리로 긁는 듯한 고통 속에서 때굴때굴 구르며 살아야 했던 나의 15년 만성 위궤양이 너무나 간단히 치료된 이 현실에 나는 믿을 수가 없었다.

그 후 뉴질랜드에 살면서 나는 마누카 꿀 마니아가 되었다. 마누카 꿀을 가장 저렴하게 살 수 있는 알바니에 위치한 어느 허름한 꿀 농장을 찾아가서 꿀을 고르다가, 우연히 마누카 꿀이 함유된 천연화장품을 발견했다. 비누, 토너, 콜라겐과 마누카 꿀이 함유된 영양크림, 양태반과 마누카 꿀이 함유된 영양크림, 상처용 상비 크림 등 전 제품을 다 구매하여 사용하기 시작했는데, 그 보습 효과가 탁월했다.

나는 출장과 여행을 통해서 해외를 많이 다녔기 때문에 면세점에서 명품 화장품을 구매하는 것을 당연하게 또한 자랑스럽게 생각해 왔다. 그러나 뉴질랜드에 와서 자연과 함께하는 소박한 생활과 인공적인 것과 화학이 아닌 천연의 원료들이 얼마나 우리 생명을 위해서 소중한 자원인지 보고 체험하게 되었다.

'마누카 매직'

이름도 내 마음에 들었다. 이름처럼 모든 피부 문제에 탁월한 제품이었다. 나는 본사인 허니콜렉션에 3년 동안 충성 고객이 되어 1년에 한 번 정도 한국에 방문할 때 가족들을 비롯하여 친척들과 지인들에게 유

일하게 선물하는 것이 이 마누카 화장품들이었다.

"송하야! 다음에 언제 한국 오니? 마누카 화장품 꼭 다 사 줘. 우리 엄마가 피부 문제가 심각한데, 이거 쓰고 너무 좋아졌단다."

"채 사모님! 지난 번에 선물 주신 마누카 화장품을 다음에는 제가 사고 싶습니다. 뉴질랜드에서 보내 주실 수 있는지요."

"송하야, 엄마다! 지금까지 네가 준 선물 중에 최고다! 너무 좋다."

한국에 있는 지인들이 내가 귀찮을 정도로 마누카 화장품을 애찬하기 시작했다. 별다른 생각 없이 준 선물이 이렇게 찬사를 받고 있어서 기분이 좋았을 뿐이었다. 뉴질랜드를 다녀간 많은 사람 중에서 마누카 꿀이 좋다는 것을 아는 사람은 많을 것이다. 그리고 마누카 꿀로 위암 초기까지 치료했다는 분도 있었다.

그러나 하나님은 나를 뉴질랜드에 보내신 다른 이유가 있었을 것이다. 그 나라에서 풍요롭게 잘 먹고 잘살기 위함도 아니요, 영주권을 받고 죽을 때까지 남편이 선교사로 사역을 하는 것도 아니었다. 그럼 무엇인가? 남편은 뉴질랜드 한인교회에서의 사역이 순조로웠고, 우리 가정도 삶이 하나씩 풍요롭게 이루어졌지만 왜 하나님이 이 땅에 우리를 오게 하셨는지 그 크고 놀라운 목적은 계속 퍼즐로 남아 있었다.

오랜 훈련의 세월 동안, 직접 가서 보고 체험하는 것이 얼마나 귀한 지혜를 쌓게 해 주는지 깨달았다.

"여호와께서 아브람에게 이르시되 너는 너의 고향과 친척과 아버지의 집을 떠나 내가 네게 보여 줄 땅으로 가라" 〈창세기〉 12장 1절의 말씀에는 놀라운 순종의 묘미와 하나님의 예비하신 축복에 대한 비밀이 있었다. 그곳에 가지 않으면 찾을 수 없다. 그러나 그곳은 미지의 세계이며, 눈에 아무것도 보이지 않는 현실 가운데 믿음의 훈련이 되어 있지 않은 사람에게 순종이란 공포로 다가올 뿐이다.

그러던 어느 날 남편이 갑자기 날벼락 같은 말을 꺼냈다.

"여보, 며칠 동안 계속 기도를 하는 중에, 나 이제 오클랜드 사랑의 교회에서의 사역이 끝이 난 것 같아. 한국에서 사역하던 교회가 재정적으로 힘들어졌다고 하니, 내가 다시 귀국해야 하는 마음을 주시네."

"당신이 그렇게 결정을 하면 나는 따라야지요. 나는 이곳에서 정리할 시간이 필요할 것 같은데 당신이 준비되는 대로 먼저 출국을 하세요. 한국은 곧 겨울인데 건강 조심하고 사랑해요."

그렇게 남편이 11월에 먼저 한국으로 귀국하고, 나는 이제 다시 대륙을 이동하기 위해서 회사와 집과 은행 정리 등을 마무리해야 했다.

마누카내추럴의 천연 치유

"이렇게 마누카 꿀이 고농축으로 함유되어 있는 진실된 제품은 명품 화장품에서도 찾아볼 수 없어요. 국내 시장을 타깃으로 하려면 용기 디자인 및 비아이 작업을 다시 합시다. 과대 포장 하지 않으면서 훌륭한 제품을 좋은 용기에 담아야 빛이 나지 않겠어요."

에스티로더 전무님이셨던 권미경 전무님의 컨설팅으로 마누카내추럴 브랜딩이 시작되었다. 브랜드 비아이 디자인, 용기 제작, 식약청 서류 절차 그리고 전 제품을 가지고 가서 뉴질랜드 로케이션 촬영을 마치고 9개월 동안 밤을 세우며 마누카내추럴 런칭을 준비했다.

다시 끝없는 배움의 시작 그리고 알게 된 현실. 대기업의 어마어마하게 쏟아붓는 공중파 광고비의 경쟁력 속에서 무명 화장품이 생존한다는 것은 1% 확률뿐이라는 것. 그러나 이제 더 이상 현실적인 확률 게임은 나에게 소용이 없었다. 준비하고 임상실험을 하는 과정에 이미 우리 제품은 하준이를 비롯하여 많은 아토피 아이들과 성인들을 놀랍게 치유했고, 하나님이 기업의 목적과 사명을 깨닫게 하셨다.

우리나라에 아토피로 고통을 받고 있는 아이들이 어마어마했다. 우리나라는 자원이 없기 때문에 산업화를 선택할 수밖에 없었고, 그 결과 콘크리트 아파트 안에 갇혀 살면서 도심의 공해 속에서 피부 질환으로 몸부림을 치고 사는 세계를 향한 미래의 리더들인 우리 아이들을 보게 하셨다.

문익점이 목화 씨를 가져온 것처럼, 하나님이 나를 뉴질랜드로 보내신 목적은 나의 손에 마누카 꿀이라는 귀한 보석을 한국으로 가져오기 바라셨던 것이다. 나는 스무 살의 자살 시도 이후 몸의 모든 기능이 저하되어 위장병, 천식, 피부 문제 등으로 건강과의 싸움을 수년 동안 하고 있었다. 결국 자연으로 돌아가서 천연의 진실된 원료들만이 생명을 연장할 수 있다는 것을 뉴질랜드에서 배우게 되었다.

그리고 그동안 내로라하는 우수 기업들에 종사하며 기업들의 비리에 대해서 많이 알고 있었지만, 뒷돈, 비자금, 접대, 등 특히 화장품 업계 비리들을 알고 나서 정말 화가 치밀었다. 그동안 내가 사용해 왔던 샴푸, 섬유제, 비누, 스키토너, 영양크림, 에센스, 색조화장품 등에 함유된 인체 해로운 파라벤이라는 방부제와 화학 성분들이 너무나 많이 함유되어 있었던 것이다. 화장품의 원가보다 용기와 연예인 광고비가 몇십 배 더 크게 책정되어, 소비자들을 우롱하고 현혹시키고 있는 것이 화장품 시장의 현실이었다.

그리고 의학계도 마찬가지였다. 스테로이드 연고가 아이들의 인체에 결코 도움이 되지 않으며 그 후유증이 심각하다는 것을 의사들도 이미 알고 있음에도 불구하고 처방을 할 수밖에 없는 것이 현실이다. 스테로이드는 세포 조작을 통한 마취제 역할뿐이지 낫게 하는 치료제가 아니라는 것을 알지만 의료보험 혜택이 되는 다른 선택이 없기 때문에

처방을 할 수밖에 없는 것이다. 이미 후 항생제 시대에 돌입하여 슈퍼
박테리아가 확산이 되고 있다.

슈퍼박테리아 '후 항생제 시대'

"병원 한 번 찾지 않을 정도로 건강했던 한 남자아이가 어느 날 원인
을 알 수 없는 지속적인 고열에 시달리다가 병원에 갔는데, 치료를 해
도 차도가 없던 아이는 결국 패혈증 증세를 보이다 끝내 사망하고 말았
습니다."

우리 자녀들은 지역 사회에서 이미 모든 항생제에 내성을 습득해 항
생제가 더 이상 효과가 없어 사망에 이를 수 있다고 한다. 세균이 내성
을 획득하게 되면 항생제가 있어도 치료가 더 이상 안 된다. 이미 의학
계에선 모든 항생제가 거대하고 강력해져 버린 세균을 이겨 낼 수 없어
항생제가 없던 시대와 다를 바 없는 '후 항생제 시대'가 도래했다고 경
고한다.

구백 년 전 항생제가 없던 시기에 인류는 천연두, 홍역, 말라리아, 콜
레라, 이질, 설사, 폐렴, 폐혈증 등으로 사망하는 경우가 대부분이었다.
이렇게 항생제가 없어 세균의 공격에 속수무책으로 당할 수밖에 없던
시기를 '전 항생제 시대'라고 한다.

이후 1928년 알렉산더 플레밍이 푸른곰팡이(Penicillium notatum)에
서 '페니실린'을 발견하면서 '항생제 시대'를 열었다. 페니실린은 인류
의 수명을 연장시켰을 뿐만 아니라 2차 세계대전에 참가한 군인들이
병원균의 감염으로부터 목숨을 지켰다. 불치병으로 치부됐던 폐렴, 디

프테리아, 파상풍도 손쉽게 치료가 가능해졌다. 그러나 페니실린이 상용화된 지 1년도 채 지나지 않아 페니실에 내성을 가진 돌연변이 세균이 등장했다.

항생제를 개발하는 데 소용되는 시간은 20여 년이지만 세균이 내성을 획득하는 데는 불과 1년여 년밖에 걸리지 않았다는 것이다. 인류는 오랜 세월 동안 많은 항생제를 만들어 세균과의 전쟁을 해 왔으나 이젠 더 이상 세균을 대적할 만한 항생제가 없는 '후 항생제 시대'에 돌입했다. 세균은 인간보다 훨씬 오래됐으며 세균이 한번 분열을 시작하면 인간이 상상할 수 없을 정도로 빠른 속도로 번식한다. 세균은 항생제에 노출이 많이 될수록 항생제 내성을 획득한다.

인간이 할 수 있는 방법은 항생제 사용을 줄이는 방법밖에 없다고 전문가들은 입을 모은다. 정 교수는 "어떤 강력한 항생제도 세균을 물리칠 수 없다는 것은 이미 후 항생제 시대의 문을 열고 들어온 것이다."며 "지금은 세균들이 어떠한 경로를 통해 언제 침투할 것인지를 알지 못하는 위태로운 상황이다."라고 강조했다. 위독한 중환자들에게는 치료를 하지 않으면 안 되기 때문에 의료진들은 지푸라기 잡는 심정으로 사용하고 있다.

2000년대부터 미국과 영국에서도 슈퍼박테리아 퇴치를 위한 연구가 활발하게 진행되고 있지만 슈퍼박테리아의 기세는 사그라지지 않고 있다. 태초부터 수업이 변화된 환경 속에서도 현존해 온 세균은 인간의 어떠한 공격에도 대응할 준비가 되어 있던 것이다. 카바페넘계 이후 더 이상의 항생제가 없는 현 시점에 인류는 위기에 직면해 있다.

'아토피 피부염이 완치가 안 되는 이유 중 하나가 여기에 있었군.'

길고 흰 구름의 나라에서 세상으로

나에게 중요한 것은 출발선이 아니라 도착점이다. 내가 어디에서 시작하느냐는 어디에서 어떻게 끝내느냐 만큼 중요하지 않다. 나는 생각한다. 인생의 마지막 순간에 어디에 있고 싶은가?

저주받은 운명은 있다. 태어날 때부터 선택할 수 없는 운명이란 내가 태어나게 된 국가, 피부색 그리고 나의 부모님이다. 국가가 가난하고 부모가 가난하면 그 가난과 불행은 자손대대로 이어질 수밖에 없다. 공부를 가르칠 돈과 환경이 안 되고, 무식과 가난을 대물림시켜 줄 수밖에 없는 절대적인 절망의 운명을 가지고 사는 필리핀 빈민촌 사람들을 보며 어린 시절 나는 살아왔고, 그 외에도 26개국이 넘는 수혜국가들이 있다. 꿈을 꾸는 것이 무엇인지조차 모르며 그냥 하루하루 생존해야 하는 많은 남태평양의 섬나라, 아프리카, 남미의 많은 희망을 잃어가는 사람들이 있다.

필리핀에서는 선진국 담배 회사들의 횡포로 인해 후진국 아이들은 여덟 살 때부터 담배를 배우게 된다. 한 3년 정도 담배를 무료로 공급한 후 끊어 버리면 중독으로 인해 선배 조직들이 시키는 온갖 범죄를 저지르면서 담배 살 돈을 마련하게 되어 있다. 그러다가 후에 마약에 접하는 단계가 된다.

주기철 목사의 일대기를 읽고 나서 물귀신은 똑같은 방법으로 과거나 현재에 우리 인간들을 늪으로 빠지게 한다는 것을 알게 되었다. 일제시대 한국을 영원한 식민지화 하기 위해 화투 보급, 창녀 보급, 아편 보급을 일본 총독은 합법화였다. 우리 민족은 혼돈이 왔고, 가정 파괴, 도박 중독, 청소년들의 유혹 등을 통해 사회를 몰락의 길로 이끌었다. 그때에도 하나님의 소명을 깨달은 기독교인들이 기도하며 나라를 지켜왔기 때문에 오늘날 이렇게 축복받은 대한민국이 존재한다.

환한 빛 가운데 있으며 온실 안에서 보호받으며 살고 있는 사람들은, 때로 선택의 여지가 없이 운명의 덫에 걸린 끔찍한 삶을 살고 있는 사람들을 감히 상상도 할 수 없을 것이다. 그러나 온실 속에서 자라는 것이 결코 축복은 아니다. 고난 없이 따뜻한 환경에서 무방비 상태로 살다가 언젠가는 그 온실이 무참히 깨어질 상황은 반드시 발생하기 때문이다.

오래 전, 내 가슴속에 있었던 분노, 질투, 욕망 그리고 정욕이 불타오르게 되었을 때 나에게 보이는 것이 없었다. 머릿속의 생각은 오로지 나의 목적을 채우는 것뿐이었다. 무엇이 악이고 무엇이 선인지 판단하는 능력도 잃게 되었고, 복수 또는 욕정을 달성하는 것만이 내가 살아서 숨 쉬는 이유가 되었다.

나에게 그렇게 어둠의 영이 스믈스믈 덮어오면 정신을 똑바로 차려야 했다. 내 안에 있는 악과 싸우는 일은 너무나 힘든 전쟁이며 지금도 나는 계속 그 싸움을 끊임없이 하고 있다. 왜냐하면 더욱 업그레이드된

악의 세력들은 계속 보내지고 있는 것을 느끼기 때문이다.

"유 원트 베이비 걸? 트웰브? 에잇 위 해브!"(어린 여자아이를 원하세요? 열두 살? 여덟 살도 있어요!)

시장 원리로 인해 수요가 있으면 공급이 있게 마련이다. 캄보디아에서는 이렇게 어린 여자아이 매춘이 횡행하고 있다. 그리고 필리핀에도 예전에 미군이 버리고 간 필리핀 여자들을 일본 남자들이 와서 데리고 놀다가 버리고 간다. 그다음에는 한국 남자들이 와서 데리고 놀다가 버리고 간다. 우리나라가 아시아에서 강대국이 되어 가면서 많은 동남아 후진국에 가서 한국 남자들이 버리는 횡포와 망신살이는 정말 창피한 수준이다. 우리나라가 가난했던 시절 '아메리칸 드림'을 꿈꾸며, 할리우드의 배우들과 팝송을 즐겨 들으며 미국을 동경하고 갈망하던 시절이 있었던 것처럼, 이제 많은 동남아 아시아인들이 한류 열풍으로 인해 한국에 와 보는 것이 소원이 되었다. 이제 대한민국은 아시아에서 선진국이 되었고, 1950년대에 수혜국가로 시작한 우리나라가 이제는 후원국으로 돌아왔다.

누누이 얘기하지만 이 세상에서 가장 볼품없고 가치 없는 삶은 나 혼자만 또는 우리 가족만 잘 먹고 잘사는 것이라고 생각한다. 때로는 모든 것을 훌훌 털고 떠날 수 있는 담대함을 가져야 했다. 때로는 달성하기 위해 전략을 세우고 최선을 대해서 달려갈 수 있는 용기를 가져야 했다. 때로는 희생하고 철저하게 자아를 죽일 수 있는 낮아짐을 배워야 했다. 때로는 사랑을 위해 온 힘을 다해 노력하며 목숨도 바칠 수 있는 무모함도 필요했다.

나는 이미 오래 전에 죽은 몸이었다. 하나님과의 첫사랑을 잊지 않으며 살아갈 것이다. 하나님의 은혜와 사람의 은혜도 잊지 않으며 살아갈 것이다. 이 땅에서 부모님과 함께할 시간도 얼마 남지 않았다. 효도하리라. 용서하리라. 베풀며 살리라. 이 한 평생 살아가면서 사랑할 시간도 없다. 그러니 어떻게 미움을 갖고 살겠는가.

열아홉 살, 내가 가출한 후 집에 돌아오지 못했다면 어느 창녀촌의 여자들과 비슷한 운명을 같이 했을지도 모른다. 죄는, 내 자신의 존귀함을 포기하게 만든다. 다시는 가족의 품으로, 정상적인 생활로 돌아가지 못하도록 좌절의 영으로 나에게 족쇄를 채운다. 다시 돌아가야 한다는 두려움과 공포는 내가 여기서 포기하고 내 인생을 망가트리는 것을 알면서 차라리 자포자기 하게 만드는 것이다.

한 번의 실수로 물귀신은 많은 젊은이의 꿈을 포기하게 만든다. 나도 물론 오래 전에 평범한 여자로서 엄마로서의 삶을 꿈꿔왔다. 결혼을 하고 자녀를 낳아서 가르치며 살림을 하고 남편의 보호 안에서 안락한 가정을 꾸리는 것이 여자로서 당연하고 가장 행복하며 소박한 삶이었다.

지금 내가 한 기업의 CEO로서 주어신 책임과 기쁨의교회 담임목사의 사모로서 남편을 뒷바라지 해야 하는 삶이 때로 고달프고 힘들게 느껴질 때가 있다. 왜 아니겠는가! 그러나 하나님은 나에 대해서 나보다 더 잘 알고 계셨다. 나의 생각과 고정관념은 오직 나만이 초전박살을 낼 수 있다. 그랬을 때 하나님이 나를 향한 놀라운 계획을 보여 주실 것이다.

'그건 네 생각이고, 나의 계획은 다르단다!'

지금 이 시대에 뱃속에서 낙태되어 죽어가는 많은 아기의 영혼을 위로하소서⋯⋯. 그렇게 세상의 빛도 못보고 사라져 간 태아들은 다른 이들이 간절히 소망하는 하나의 생명인 것을…….

'이 세상 가운데 버려진 수많은 아이의 고귀한 생명과 미래를 위해서 나는 달려가리라 !'

뱃속에서 세상의 빛도 보지 못하고 죽어간 내 아들의 몫을 위해, 내가 태어날 수 있도록 먼저 간 어린 쌍둥이 성균 오빠의 몫을 위해, 나를 수호천사처럼 지켜준 지금은 하늘나라에 있는 동균 오빠의 몫을 위해 그리고 나의 몫까지 이렇게 네 배로 열심히 나는 살아가리라.

인생은 어차피 나그네 길이며 모험이다. 하나님과 함께 남은 인생을 걸리라. 좁은 길로 들어가리라. 그곳에 보물이 숨겨져 있고 축복의 비밀이 열리기 때문이다.

끝없이 내 자신에게 물으며 살리라. 하나님 보시기에 부끄러움이 없는가? 주님을 위해 죽을 수 있는가?

하늘에서 움직이고 계시다

모든 직원이 퇴근하고, 전화벨도 멈추고, 고객 문의 등 친절하고 따뜻하게 상담하는 하현경 부장님의 목소리도 들리지 않는 늦은 밤, 고요한 사무실 내 방에서 나 홀로 하루의 업무를 마무리하고 내일 그리고 다음 주 다음 달의 계획을 집중하며 정리하기 시작했다.

문득 오래 전에 제일은행에서 근무할 때가 생각났다. 몸은 힘들어도 보람 차고 일에 대한 열정이 넘쳤던 나의 서른 초반. 그때도 낮에는 하루 종일 부행장님과 모든 부서의 회의를 참석해야 했고, 항상 밤 늦게까지 야근을 하며 쏟아지는 하루의 업무를 정리해야 했다. 던컨 부행장님은 본인 방 책상에서, 비서인 나는 바로 옆방 내 책상에서 다른 임원들과 직원들은 이미 퇴근한 지 오래였고, 고요한 사무실에 던컨의 볼펜 소리와 나의 타이핑 소리만 들렸던 시절이다.

은행의 구조 조정을 위해 10개의 가장 핵심 오퍼레이션 부서들을 지휘하며, 고뇌하고 걱정하면서 때로는 선진국에서 성공했던 금융상품도 한국 시장에 접목하며 새로운 모험을 시도해야만 했던 부행장님이었다. 그가 리더로서 홀로 외로운 싸움을 하는 모습을 나는 밖에서 아무 말 없이 느낄 수 있었다. 정상에 올라왔을 때, 리더로서의 책임감은 철저하게 혼자만의 고독한 싸움이라는 것을 나는 알게 되었다. 남편도 아내도 비서도 친구도 절대로 같이 해 줄 수 없는 외롭고 떨리는 영역이 기다리고 있었고, 혼자만의 독백과 최종 결정을 해야 하는 기로에서 부행장님은 하나님에게 기도하며 나아가셨던 분이었다. 그리고 다음 날 멋지게 선포하며 은행을 기가 막히게 살리셨다. 십여 년 전 그분에게 배운 그대로 지금 하고 있는 내 자신을 보았다.

내가 보고 체험한 금융업계는 나의 상상을 초월하는 조경 단위의 금액들이 움직이는 곳이었다. 4년 후 부도난 제일은행을 멋지게 살리고 스탠다드차타드에 제일은행을 3조 4천억 원에 매각한 장본인을 내가 모시고 있었다니……. 3조 원의 이익, 그분을 개인적으로 존경하지만, 왜 우리나라에는 이러한 인재가 없는지 참으로 안타까웠다.

거대한 이윤을 창출해 낼 수 있고, 선한 곳에 사용할 줄 아는 리더, 돈이 더러운 것이 아니라 돈을 손에 넣게 되는 사람의 그릇에 따라서 악한 목적으로 또는 선한 목적으로 사용될 수 있는 것이었다.

'던컨, 당신이라면 지금 이 상황에서 기도하며 어떤 결정을 했을까요?'

　그때 한 통의 메일이 도착했다고 신호가 왔다. 모 기업의 해외 사업부 이사님이 보내온 메일을 확인했다.

　"지난번 미팅 후 귀사의 브랜드를 저희 기업과 함께 해외시장 진출에 대한 사업 확장을 진진하게 상의 드리고 싶습니다. 저희 회사의 중국과 일본 지사를 통해 추진할 계획이니 사업 계획을 검토하시고 연락을 부탁드립니다."

　휴대전화로 전화 한 통이 걸려왔다.

　"채 대표님, 마누카내추럴 면세점 사업 확장에 대해서 저희 회사에 총판권을 주시면 바로 추진하도록 하겠습니다."

　진정한 행복은 미래를 위해서 지금 내 자신을 희생하는 것이라고 한다. 나의 자아가 죽고, 욕망이 죽고, 오늘도 나는 죽는다. 우리 후손들의 미래를 위해서…….

지금 우리 부부가 이 자리에 있을 수 있도록 도와주신 은인들입니다.

저희 부부가 세상에서 방황할 때 주님을 만나게 해 주시고, 소명을 찾을 수 있도록 용기와 믿음을 심어 주신 나의 영적 어머니 《찔레꽃 그 여자》, 《절대희망》의 저자 박순애 전도사님 그리고 신승균 전도사님.

작은 예수로서의 삶을 지난 25여 년 동안 몸으로 실천하며 살고 계시며, 우리 부부에게 각별한 사랑과 가르침을 주시고 영혼 살리는 소명을 완성하게 해 주신 나의 영적 아버지 밥짓는 시인, 다일공동체 대표 최일도 목사님.

뉴질랜드에서 목숨을 걸고 남태평양 원주민 선교를 20년 동안 하시며 우리 부부에게 오지의 세계를 향한 하나님의 마음을 깨닫게 해 주신 영적 멘토, 환태평양 선교회 이여호수아 목사님.

말씀암송의 비전을 깨우쳐 주시고 후손들을 위해 백 년을 향한 목적을 깨닫게 해 주신 303비전성경암송학교 여운학 장로님.

언제나 지혜로운 조언으로 우리 부부에게 아낌없는 사랑과 지원을 해 주신 CBS 총괄, 박용수 상무님.

이 책을 두 분의 저택에서 집필할 수 있도록 해 주신 나의 뉴질랜드 부모님 오클랜드 유니스시 사장님, 임국근 장로님, 강정애 권사님.

나에게 진정한 성공이 무엇인지 깨닫게 해 주시고 아낌없는 격려와 더욱 큰 목표를 향해 나아갈 수 있도록 깨닫게 해 주신 영원한 나의 보스 제일은행 전 부행장님, 던컨 바커.

한국에서 다시 무에서 유를 창조하시는 하나님의 도구로 사용되어 기쁨의교회 개척에 초석이 되어 주신 주필련 권사님.

부족한 주의 종의 가정 곁에서 언제나 힘이 되어 주시고 모든 아픔을 함께 견뎌 주신 기쁨의교회 이재덕 장로님, 이정미 전도사님.

아무 능력없는 저를 대표로 세우시고 믿어 주시고 사업이 힘들 때마다 묵묵히 지원해 주신 두 분의 주주이사님, 민용기 대표님과 서부석 대표님.

20년 동안의 인연 그리고 내 곁에서 나단 선지자와 같이 비서실장 역할을 탁월하게 잘해 주고 계시는 하현경 부장님.

남편이 주의 종으로 다시 세워질 수 있도록 눈물로 기도해 주신 이유정 집사님.

그리고 평생 눈물로 기도하시며 이 부족한 며느리, 못난 딸을 너무도 사랑해 주신 나의 시어머니, 정희자 사모님과 친정엄마 이춘희 여사.

지금은 하늘나라에 먼저 간 너무나 그리운 동균 오빠. "동균 오빠! 송하와 엄마는 열심히 사명 감당하고 갈게. 하늘나라에서 보자!"

"주민관 채송하 부부가 평생 은혜를
갚아 드려야 할 은사님들에게 진심으로 감사를 드리며
주님에게 모든 영광을 올려 드립니다!"